高校绿色校园运行管理体系

陈淑琴 著

中国建材工业出版社

图书在版编目（CIP）数据

高校绿色校园运行管理体系/陈淑琴著. --北京：中国建材工业出版社，2022.11
ISBN 978-7-5160-3550-4

Ⅰ.①高⋯ Ⅱ.①陈⋯ Ⅲ.①高校管理—环境保护—中国 Ⅳ.①G647 ②X3

中国版本图书馆CIP数据核字（2022）第130971号

高校绿色校园运行管理体系
Gaoxiao Lüse Xiaoyuan Yunxing Guanli Tixi
陈淑琴 著

出版发行：	中国建材工业出版社
地　　址：	北京市海淀区三里河路11号
邮　　编：	100831
经　　销：	全国各地新华书店
印　　刷：	北京印刷集团有限责任公司
开　　本：	787mm×1092mm 1/16
印　　张：	11.5
字　　数：	270千字
版　　次：	2022年11月第1版
印　　次：	2022年11月第1次
定　　价：	**46.00元**

本社网址：www.jccbs.com，微信公众号：zgjcgycbs
请选用正版图书，采购、销售盗版图书属违法行为
版权专有，盗版必究。本社法律顾问：北京天驰君泰律师事务所，张杰律师
举报信箱：zhangjie@tiantailaw.com 举报电话：（010）57811389
本书如有印装质量问题，由我社市场营销部负责调换，联系电话：（010）57811387

前言

高校绿色校园建设是我国节能减排工作的长期重要内容。2008年起，住房城乡建设部联合教育部、财政部通过制定政策、建立标准和财政扶持等手段，推动我国高等学校开展节约型校园建设示范，在全国范围内取得了显著的效果。在资源节约型、环境友好型社会发展需求以及"创新、协调、绿色、开放、共享"等发展理念的推动下，当前我国节约型校园建设已经向绿色校园建设发展。绿色校园建设不仅仅涉及能源资源节约，还有建筑室内外环境、废弃物管理、校园绿化、绿色采购等多项内容。从节约型校园向绿色校园转型是一条艰难之路，不仅需要绿色理念的引领，更需要一套科学、合理的校园运行管理制度和方法，才能确保绿色校园建设的成效。

本书依据高校校园能源资源使用及环境管理领域的运行管理现状，借鉴ISO 14001和ISO 50001运行管理体系中的相关方法，建立一套合理的高校绿色校园运行管理体系，为高校绿色校园建设中的能源资源使用和环境管理提供科学指导和理论支持。首先，全面总结了我国高校绿色校园运行管理现状、问题及其成因，为高校管理者进行绿色校园建设提供了准确目标和有效依据。在此基础上，界定了高校绿色校园运行管理的适用范围。其次，利用PDCA理论，从技术端和管理端两个方面，确立了高校绿色校园运行管理体系的涉及内容及运行模式，建立了高校绿色校园运行管理体系的框架结构。在技术端，明确了高校绿色校园运行管理的影响因素，进行了运行管理相关标准识别和运行管理要素识别，进而确定了高校绿色校园运行管理绩效目标的制定方法。在管理端，建立了高校绿色校园运行管理方法。绿色校园运行管理体系的建立，为中国高校运行管理标准化和制度化提供了理论与方法支撑。最后，选取了国内外绿色校园建设的典型高校，对其校园运行管理实践进行经典案例分析，为读者开阔了绿色校园运行管理的全球视野。

本书在编写过程中得到了中国建筑节能协会绿色大学工作委员会以及绿色校园研究和应用实践领域的多位国内外学者和管理专家的支持和帮助。感谢中国建筑节能协会绿色大学工作委员会秘书长谭洪卫教授、浙江大学竺可桢学院常务副院长/建工学院葛坚教授、浙江大学国际联合学院（海宁国际校区）屈利娟副院长、英国诺丁汉特伦特大学Zhong Hua博士和Peter Redfern博士对本研究的大力支持和指导。感谢教育部学校规划建设发展中心投资建设处王晴副处长、中教能源研究院黄刚副院长的支持和帮助。感谢李森淼、黄宇蕊、蔡雨轩、朱毅攀、蒋一帆等课题组多名研究生和本科生，以及浙江大学总务处王立民老师、浙江大学建筑设计研究院有限公司朱晟炜工程师在本课题研究中付出的大量辛勤劳动。感谢配合高校校园运行管理现状调研的20所高校后勤管理部门及师生们。中国建材工业出版社为本书的编辑和出版提供了大力支持。在此，谨向在出版本书过程中给予帮助的各位同仁和专家表示衷心的感谢。

本书出版得到了住房城乡建设部科学技术计划项目《高等院校校园建筑能源管理体系研究》、教育部学校绿色发展研究基金项目《高校校园环境管理认证体系研究》、浙江大学平衡建筑研究中心项目《基于不确定性的区域综合能源系统"源—网—荷—蓄"多目标协同优化设计》配套资金以及教育部产学合作协同育人项目《基于"理论—案例—实践"的绿色建筑课程模块化实训教学改革》的经费资助，特此鸣谢。

绿色大学建设是当前国内外高等学校建设的重要方向，是我国实现碳达峰和碳中和的重要领域之一。高校校园运行管理涉及校园规划、建设、运行等各环节，能源资源节约、环境保护等各领域，以及后勤处、资产处、实验室管理处、财务处等各部门，并需要全校师生员工主动参与。建立科学的高校校园运行管理体系需要长期探索和实践，衷心希望本书能为可持续校园研究和管理提供参考和借鉴。限于水平、时间，本书在绿色校园运行管理体系方面的研究挂一漏万，疏漏和不足在所难免，敬请批评指正。

陈淑琴
2022年9月于求是园

目 录

1 绿色校园与运行管理 　　001
　1.1 绿色校园建设的意义 　　001
　1.2 绿色校园的定义和内涵 　　004
　1.3 国内外高校绿色校园的发展历程 　　005
　1.4 国内外绿色校园运行管理现状 　　011
　1.5 研究目的与内容 　　023
　本章参考文献 　　025

2 我国高校校园运行管理现状与问题 　　030
　2.1 调研方法 　　030
　2.2 高校校园运行管理现状 　　031
　2.3 高校校园运行管理现状成因分析 　　052
　本章参考文献 　　056

3 高校绿色校园运行管理体系的构建 　　057
　3.1 构建绿色校园运行管理体系的目的 　　057
　3.2 构建绿色校园运行管理体系的原则 　　057
　3.3 绿色校园运行管理体系的控制范围界定 　　058
　3.4 基于 PDCA 理论的绿色校园运行管理模式 　　059
　3.5 小结 　　069
　本章参考文献 　　071

4 高校绿色校园运行管理的因素识别 　　072
　4.1 影响因素 　　072
　4.2 校园运行管理相关标准的识别 　　073
　4.3 运行管理要素的识别 　　075
　4.4 小结 　　078
　本章参考文献 　　078

5 高校绿色校园运行管理绩效目标的确定方法　　079
5.1 高校绿色校园运行管理绩效指标体系的确定　　079
5.2 绩效目标的确定　　090
5.3 节能减排量的计算方法　　099
5.4 小结　　102
本章参考文献　　103

6 高校绿色校园运行管理方法　　104
6.1 绿色校园运行管理机构的建立　　104
6.2 校园运行管理规划和方案的制定　　110
6.3 人员培训　　111
6.4 运行管理体系文件编制　　112
6.5 体系运行　　118
6.6 交流与沟通　　129
6.7 内部审核　　129
6.8 管理评审　　131
6.9 小结　　131
本章参考文献　　132

7 国内外高校绿色校园运行管理案例　　133
7.1 中国高校——浙江大学　　133
7.2 澳大利亚高校——麦考瑞大学　　144
7.3 日本高校——京都大学　　151
7.4 美国高校——加利福尼亚大学伯克利分校　　163
本章参考文献　　171

8 结论与展望　　173
8.1 本书主要研究结论　　173
8.2 不足与展望　　175

1 绿色校园与运行管理

1.1 绿色校园建设的意义

自改革开放以来,尤其是近二十年以来,我国的高等教育事业取得了长足发展,高校数量不断增加,建筑设施量不断扩大。高校大规模扩招以及大量高校合并重组,使得高等教育规模逐年稳步增长[1]。2000 年至 2019 年,据《全国教育事业发展统计公报》的数据显示:全国普通高校数量从 1041 所增长至 2688 所,普通高校在校学生总规模从 586 万人增长至 3318 万人,普通高校教职工从 111.28 万人增长至 256.67 万人,普通高校校舍总建筑面积从 2.07 亿 m^2 增长到 10.12 亿 $m^2$①[2-3]。

由图 1.1 和图 1.2 可以看出,随着在校师生数量、校舍面积等的迅速增长,使得教学科研任务呈现快速增长的态势,校园能源和资源消耗、废弃物排放量也随之增长。但是,我国高校校园设施运行还处于低能效阶段。科研教学设施能耗、校园建筑设施运行能耗、学生生活能源及资源消耗等方面都呈现出刚性增长趋势,具有巨大的节能潜力,校园生态环境和能源资源管理亟须受到重视。

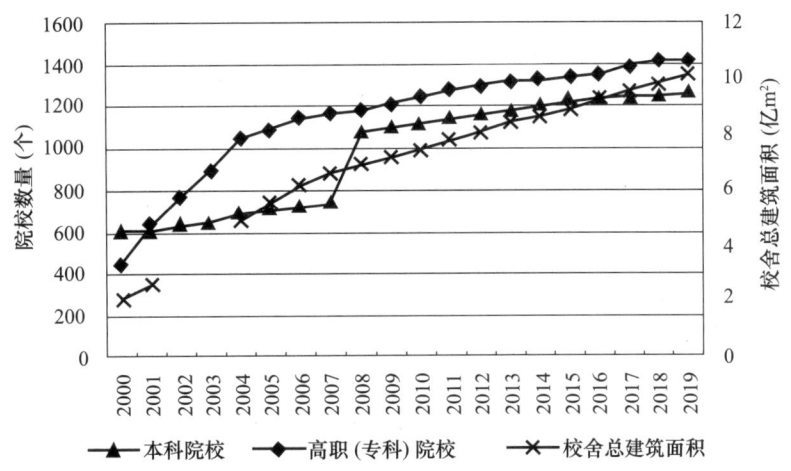

图 1.1 我国普通高校数量和校舍总建筑面积逐年增长情况
注:2002 年和 2003 年的校舍总建筑面积缺数据

---

① 包括学校产权和非产权独立使用。

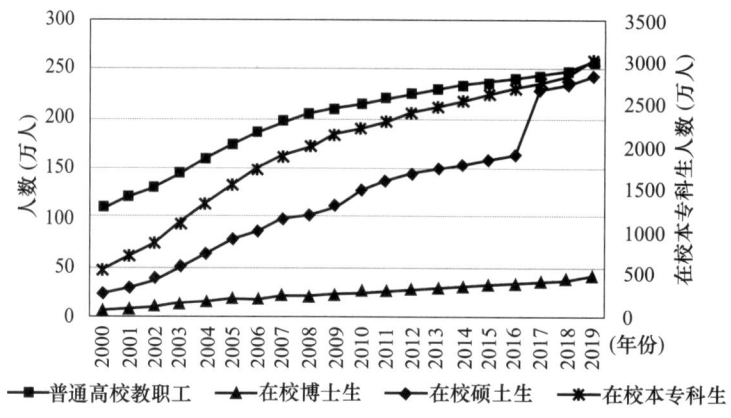

图 1.2 我国普通高校学生和教职工数量逐年增长情况

(1) 科研教学设施发展与能耗

近年来,我国普通高校国有资产总量迅速增加,以仪器设备为例:2004 年至 2019 年,全国普通高校教学科研仪器设备总金额从 1052 亿元增长至 6095 亿元①,增幅高达 479%;生均仪器设备值从 7453 元增长至 18370 元,增幅为 146%,见表 1.1[2-3]。

表 1.1 近年来普通高校设备增长情况

年份	教学科研仪器设备总金额(亿元)	生均仪器设备值(元)
2004	1052	7453
2005	1254	7556
2006	1456	7894
2007	1644	8202
2008	1842	8591
2009	2046	8974
2010	2279	9553
2011	2555	10331
2012	2935	11452
2013	3310	12501
2014	3658	13389
2015	4059	14410
2016	4514	15600
2017	4995	16554
2018	5533	17825
2019	6095	18370

2019 年,全国普通高校固定资产已达 26398 亿元[4]。高校服务产业、企业和社会需求获得的科研经费总额超过 2028 亿元,占高校科研经费总量的 33.8%;科技成果直接交易额超过 196 亿元[5]。高校牵头承担 80% 以上的国家自然科学基金项目和一大批 973、863 等国家重大科技任务,依托高校建设的国家重点实验室占总数的 60%。科研

---

① 包括学校产权和非产权独立使用。

教学的快速发展势必带来能耗的刚性增长,而大多数校园尚处于粗放型管理的阶段,且一直存在能源和资源的浪费现象。相关研究表明,高校建筑能耗占总能耗的90%以上。相较于教学楼、办公楼、宿舍等高校建筑,科研楼能耗强度更高。此外,科研楼的能耗水平也与其学科类别有很大关系。以上海某高校21栋科研楼为例,文科类科研楼的平均年耗电量为30.7kW·h/m^2,远低于理科类的80.7kW·h/m^{2}和工科类的90.0kW·h/m$^{2[6]}$。科研楼作为高校科研教学工作的主要场所,具有功能多样、设备数量多、使用频率高、使用规律复杂等特点。目前,全国高校科研教学设施能耗尚缺乏统计,科研楼的用能特征、影响因素及节能方法都亟待研究。

(2) 校园学生生活设施发展与能耗

在学生集体住校管理下的我国高校校园,在校学生的校园生活能耗在高校总能耗中占很大比例。由于我国经济的快速发展和人民生活水平的持续提升,在校学生对校园舒适性、便捷性的需求不断增加,导致了高校能耗的显著增长。

高校的生均能耗明显高于全国城镇居民人均水平。屈利娟对全国各地区共70所高校的用能和用水情况进行了统计分析[7],如图1.3所示,样本高校的生均能耗量为768.91kgce/人,是全国人均能源消费量的2.30倍[①];单位建筑面积能耗为21.80kgce/m^2,与2013年度公共建筑(不含北方地区供暖)单位建筑面积能耗(21.30kgce/m^2)基本持平[②];生均水耗为82.60t/人,是2013年度全国人均生活用水量的1.49倍[③];生均能耗和水耗费用为1484元/生,占全国高校生均教育经费支出的15%[④]。

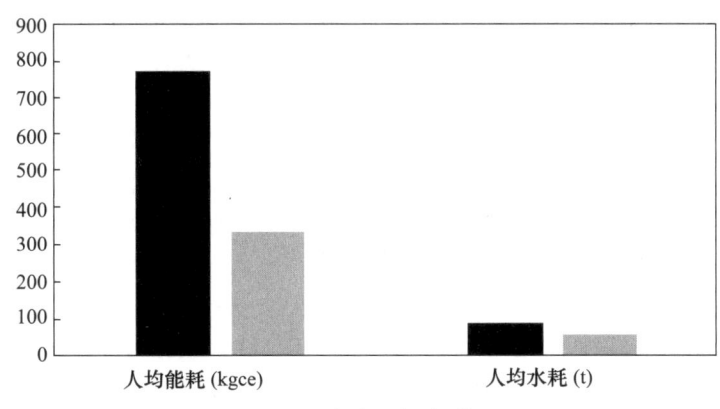

图1.3 高校生均能耗、水耗与全国居民人均指标对比

---

① 人均生活能源消费来源:国家统计局. 中国统计年鉴2015;表9-13 人均生活能源消费量[M]. 北京:中国统计出版社,2015. http://www.stats.gov.cn/tjsj/ndsj/2015/indexch.htm.
② 数据来源:江亿,等. 中国建筑节能年度发展报告2015[M]. 北京:中国建筑工业出版社. 2013年度公共建筑(不含北方地区供暖)单位建筑面积能耗电力折算系数采用供电煤耗法对终端电耗进行换算,为325kgce/kW·h,此处存在一定的折算误差.
③ 人均用水量来源:国家统计局. 中国统计年鉴2014;表8-12 供水用水情况[M]. 北京:中国统计出版社,2014. http://www.stats.gov.cn/tjsj/ndsj/2014/indexch.htm.
④ 生均教育经费来源:教育部财务司,国家统计局社会科技和文化产业统计司. 2012中国教育经费统计年鉴:表1-32 各级学生生均教育经费支出(全国教育和其他部门)[M]. 北京:中国统计出版社,2012.

若按生均能耗指标数据测算校园总能耗，则全国高校 2013 年的校园建筑商品能耗为 2060.39 万 tce，约占 2013 年全国建筑商品能耗的 2.69%，占全国公共建筑（不含北方地区供暖）总量的 9.65%。若按生均用水量测算，全国高校生活用水总量为 21.96 亿 t，约占 2013 年度全国城市生活用水量的 8.17%。2013 年全国高校的能耗费及生活用水费支出约为 380.89 亿元，约占当年普通高校公共财政预算教育事业费总支出的 12.26%。

秦岭、淮河以南是我国在计划经济时期划定的"非采暖地区"。随着经济的发展，人们对"非采暖地区"建筑室内热舒适性的追求日益增强，校园建筑已经步入普及采暖空调的时期。近十年来，夏热冬冷和夏热冬暖地区高校开始全面启动学生宿舍安装空调计划。全国各高校也已逐步实现淋浴设施到宿舍楼、进房间，并全天候供应热水。在这些趋势的影响下，高校学生生活能耗呈现出刚性增长。

（3）校园公共建筑运行与能耗

我国高校校园建筑能源消耗情况受气候条件、建筑类型、建筑年代、建筑面积等因素的影响，其能源结构、能源消耗总量、用能强度以及用能特点等都存在较大差异，建筑运行管理水平也参差不齐。我国普通高校基本属于事业单位，主要依靠国家和地方财政拨款。针对高校的办公楼、图书馆、教学楼、体育场馆等公用设施的管理一直处于粗放型管理状态，资源浪费现象严重。高校能源开支由学校财政统一支付，绝大部分高校无计量、无定额管理、无独立核算。由于缺乏能耗的基础数据，能源费用支出与院系部处的经济利益也尚未挂钩，直接导致高校整体存在节能意识淡薄、用能管理粗放的现象[8]。推进校园用能设施的节能需要全校师生和职工的共同参与。但是当前高校缺乏节能宣传，广大师生绿色生态意识薄弱，造成大量的浪费现象。相关研究表明，大约 7%的高校校园能耗属于人为浪费[9]。

此外，受过去的经济发展和技术水平所限，绝大部分既有校园建筑都无法满足现行的建筑节能设计标准。随着用能水平的提高，校园建筑用能强度也不断增大，其中产生的巨大节能潜力，亟待通过建筑节能改造和合理用能管理来实现。

综上所述，我国高等教育事业的发展直接导致能源消耗的显著增加，粗放型管理、低效率运行的现状，预示着校园存在巨大的节能减排潜力。在全球面临能源危机和生态环境严重失衡的大背景下，节能减排成为全世界的共同课题，因此，在高校率先实践绿色校园建设具有重要的现实意义和深远的社会意义。

同时，校园还是传承知识、培养科技人才的基地。校园绿色人文的形成和绿色理念的倡导，对增强学生的可持续发展观念、拓展相关科学知识、形成绿色校园文化和低碳生活方式具有重要的作用。此外，结合绿色校园建设，推动绿色创新实践和绿色科技应用，能够带动相关绿色产业的发展。因此，通过绿色校园建设，将高校校园打造成全方位可持续的教育基地，对推动全社会的经济建设具有积极意义。

1.2 绿色校园的定义和内涵

大学校园是一个复杂的社会系统，在系统中进行着教学、科研、社会服务、校园文化、校园运行管理等各项活动。如图 1.4 所示，所有活动都需要耗费大量的能源、建筑材料、试验材料以及其他资源，附带产生大气污染物、固体污染物、废弃物及危险物品等。此外，这些校园活动的主体非常庞大，由数以万计的教职员工和学生组成，而广大师生的各项活动直接影响各种能源资源的消耗量和环境废弃物的排放量。

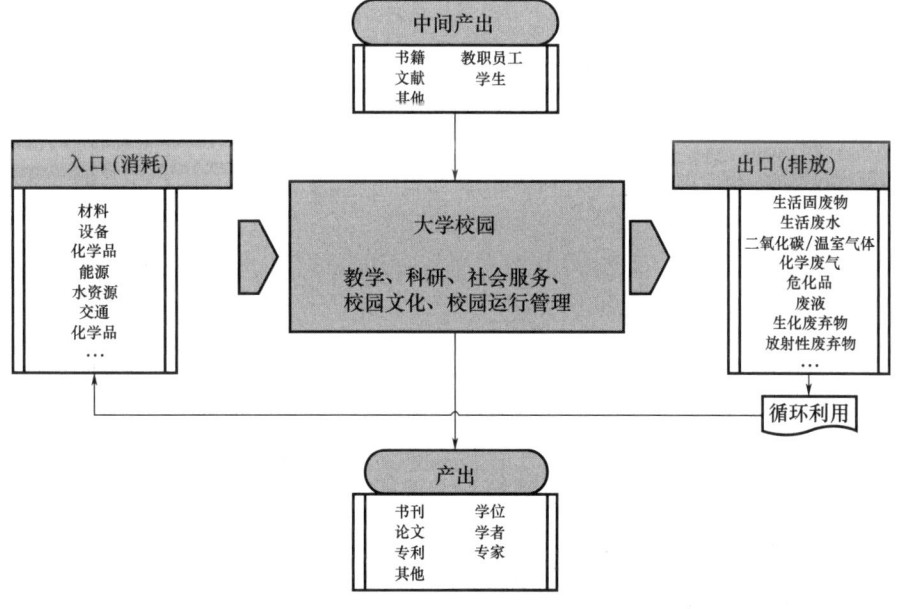

图 1.4　校园系统结构图

绿色校园于 1996 年首次提出。它强调将环保意识和行动贯穿于学校、教育、教学和建设的整体性活动中，引导教师、学生关注环境问题。绿色校园建设是面对广大师生并涉及学校各项活动的重大工程。首先，绿色校园建设需要进行与绿色校园相关的配套管理制度和技术体系研究与建设；其次，绿色校园建设需要在校园规划、建筑环境、运行系统、教学、科研、学生活动等各方面践行可持续发展。绿色校园建设是在学校各部门通力合作和资源整合的前提条件下，以学生和教职员工活动为可持续教学与研究主体，将校园居民（如学生、教职工等）和外界（如企业、政府及社会团体等）联系起来，将整所大学打造成可持续发展的活教材和实践基地（live laboratory）。

由此可知，绿色校园的核心是可持续发展，其内涵包括 5 个方面：①以可持续发展为前提的教育教学资源配置、科研资源配置以及科技创新；②围绕可持续发展理念的教育体制改革、学科和课程设置创新；③以资源节约和环境友好为目标的绿色校园建设与运行管理；④绿色校园文化的形成；⑤为可持续发展社会的建设献计献策。

1.3　国内外高校绿色校园的发展历程

1.3.1　国外高校绿色校园的发展历程

1972 年在瑞典斯德哥尔摩人类环境会议上最早提出了绿色学校的理念，但是并未形成成熟的理论。1992 年联合国在巴西里约热内卢召开全球可持续发展大会。此后，

1994 年联合国教科文组织（United Nations Educational, Scientific and Cultural Organization）提出要把可持续发展的理念融入学校教育中，并建立了环境、人口和可持续发展项目（Project on Education for Environment Population and Sustainable Development），要求把环境教育与发展教育、人口教育等相融合，首次将环境教育转向可持续发展的方向[10]。1997 年，联合国教科文组织在希腊的塞萨洛尼基召开国际社会与环境会议，确定了"可持续发展教育（Education for Sustainability，EfS）"的理念[11]。这标志着环境教育已不再是仅仅对应环境问题的教育，而是与和平教育、发展教育及人口教育相结合，形成了"可持续发展教育"的理念。同年，美国乔治·华盛顿大学开始进行绿色校园的先导计划，目标是将该大学建设成为全美甚至全世界的第一所绿色校园。

为了提高环保意识、促进可持续性发展教育实践和校园建设，1997 年美国一些大学发起了名为"卓越环境校园联盟"（The Campus Consortium for Environmental Excellence，C2E2）的非营利组织联盟[12]。该联盟在美国环境保护署的支持下，积极开展试点项目建设。

2005 年在日本爱知世博会"自然的智慧"主题背景下，由瑞士联邦政府支持，瑞士联邦工科大学、日本东京大学、日本法政大学以及联合国大学共同发起"高等教育可持续发展论坛（东京论坛）"，开始全方位探讨高等教育在教育体制、课程设置、校园建设、社会贡献等领域的可持续发展问题。

高等教育可持续性促进协会（Association for the Advancement of Sustainbility in Higher Education，AASHE）成立于 2005 年 12 月，是北美首个校园可持续发展高等教育协会[13]。AASHE 定义了广义上的可持续高等教育，包括人类和生态健康、社会正义、安全生活以及世代相传的美好世界。AASHE 旨在将高校的教职员工和学生培养为具备可持续发展创新意识和能力的人才，从而推动高等教育的可持续发展。目前，其会员已包括北美及北美以外的高等院校、商业组织和公益组织，共 900 多家。AASHE 的标杆项目之一是针对高校校园的"可持续追踪评估与评级系统"（The Sustainability Tracking，Assessment & Rating System，STARS），通过该系统的评分标准来衡量高校各部门的可持续性。高校成员单位可根据 STARS 自我报告的要求，向协会提供评级所需的信息。系统根据评价指标给出相应分数和对应等级。2015 年，美国科罗拉多州立大学（Colorado State University）是首家获得 STARS 最高白金奖的美国高校。通过这种评级方式，不仅可以建立全球可持续校园建设数据库，根据评价结果总结出未来高校建设的方向，还能为各类高校的可持续校园建设提供最佳实践案例，从而帮助高校实现校园可持续性建设。

2007 年 4 月，瑞士成立了可持续发展校园联盟（International Sustainable Campus Network，ISCN），旨在建立一个全球范围的可持续发展大学建设经验交流和信息共享平台。来自美国、欧洲、日本和中国等 30 多个国家和地区的 80 余所著名大学加入该联盟，如哈佛大学、麻省理工学院、耶鲁大学、北京大学和清华大学等。ISCN 的成员彼此学习，分享知识，共同努力为全球高校的可持续发展做出贡献。

2007 年 6 月，美国发起成立了美国学院和大学校长气候承诺联盟（American College & University Presidents' Climate Commitment，ACUPCC），现已有 659 家教育机构签署，并声明要将大学校园建成"碳中和"园区，力争通过植树、节能、使用可再生能源等方式，实现直接或间接的二氧化碳排放量削减。这些大学基本涵盖了全美所有名校[14]。参与联盟的校长们需签署承诺，确保各学校将逐渐减少其校园活动对全球变暖的影响。承诺内容还包括：各高校建立一个可持续校园组织机构来监督学校各项项目的发展和实施；每年均需确定校园碳排放清单；建立气候中和行动计划（Climate Netural Action Plan），并采取有效措施减少温室气体排放；进行可持续课程建设；每年公示碳排放清单、碳中和行动计划以及进展报告。气候中和行为计划主要从以下 7 个方面展开：①制定建筑节能相关政策，要求所有校园新建建筑按照美国绿色建筑协会的 LEED 银级标准或同级别的标准建造；②制定绿色电器采购政策，要求各高校所在州如果执行"能源之星"认证，则该高校必须购买获得"能源之星"认证的电器产品；③执行相关碳减排措施，以抵消高校师生采取航空交通工具进行差旅活动所产生的温室气体排放；④鼓励所有教职员工、学生和来访人员使用公共交通工具，并为其乘坐公共交通工具提供便利；⑤在各高校加入"美国学院和大学校长气候承诺联盟"并签署承诺的一年内，开始购买由可再生能源生产的绿电或自行利用可再生能源进行发电，购买的绿电量或可再生能源发电量须至少满足校园用电量的 15%；⑥制定政策或成立一个委员会，为高校投资的校办企业提供基于气候和可持续发展的行动提案；⑦加入全国 Recycle Mania 竞赛的废弃物最小化项目，并采取 3 项或以上措施减少废弃物排放。

  绿色校园组织的成立和发展，成功引领并有效推动了全球的绿色校园建设。目前世界范围内有影响力的绿色校园组织主要有美洲的高等教育可持续性促进协会（Association for the Advancement of Sustainbility in Higher Education，AASHE）、美国学院和大学校长气候承诺联盟（American College & University Presidents' Climate Commitment，ACUPCC）、欧洲的英国大学和学院环境协会（Environmental Association for Universities and Colleges，EAUC）、国际可持续校园联盟（International Sustainable Campus Network，ISCN）、哥白尼联盟（COPERNICUS Alliance）、亚洲的韩国绿色校园倡议协会（Korean Association for Green Campus Initiative，KAGCI）、国际绿色校园联盟（International Green Campus Association，IGCA）、全球环境与可持续发展大学联盟（Global Universities Partnership on Environment and Sustainability，GUPES）、中国建筑节能协会绿色大学工作委员会（China Green University Network，CGUN），以及澳大利亚的澳大利亚校园走向可持续发展组织（Australasian Campuses Towards Sustainability，ACTS），其分布如图 1.5 所示。

  2012 年 6 月在巴西里约热内卢召开的全球可持续发展峰会（The United Nations Conference on Sustainable Development held in Rio）上，由联合国环境规划署主持了"可持续发展的高等教育发起仪式"，将高校可持续教育纳入可持续大学建设的主要内容。与此同时，国内外一些大学也纷纷开始了可持续相关的课程以及可持续学科专业的建设。

  纵观绿色校园的发展历程，国外绿色校园的推进包括以下 3 个阶段，如图 1.6 所示。①"绿色学校（Green School）"建设（1972 年至 1994 年）。此阶段侧重在绿色理念的倡导和绿色教育的普及，范围涵盖大中小学。②可持续校园（Sustainable Campus）建设（1997 年至 2010 年）。绿色校园的发展是建立在具有可持续发展理念的校园规划基础上的，将校园的规划、建设和运行融为一体、全面推进。其中包括校园绿色总体规划，如限量使用土地资源及其他自然资源，保护生态系统；进行合理的校园建筑实践，包括设计、建造、改造和运行等各步骤，并推进可再生能源应用、校园能源系统等园区规划；推行校园绿色交通，鼓励低碳出行方式；推行校园低碳运行模式，有效管理校园废弃物和推进资源循环利用；积极参与地域协作和社会融合、促进地域经济协同发展。③可持续大学（Sustainable University）建设（2011年至2012年）。整合校园设施、研究及教育资源并实现创新发展，创造可持续发展体验和实践基地（living laboratory）。

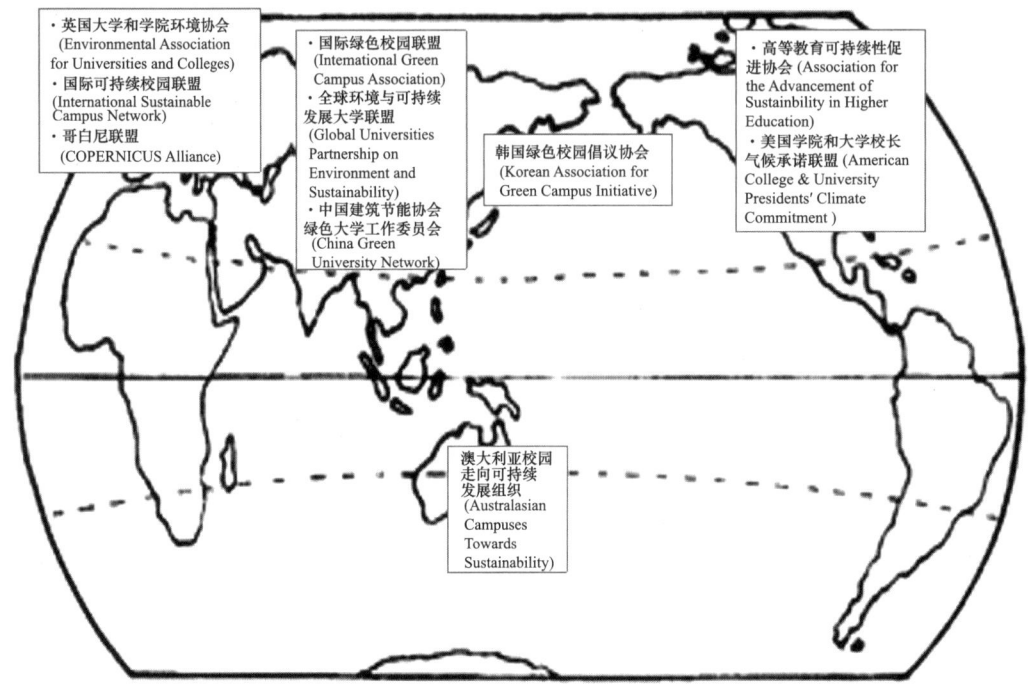

图1.5　国际知名绿色校园组织及其分布

图1.6　国外绿色校园发展历程[13]

1.3.2　国内高校绿色校园的发展历程

国内对绿色校园的认识和发展也经历了类似的过程。1996年国家环境保护局、国家教育委员会、中共中央宣传部联合颁布了《全国环境宣传教育行动纲要（1996—2010

年)》,并提出到2000年,在全国逐步开展创建"绿色学校"活动[15]。这项活动主要是针对中小学校。我国高校绿色校园建设开始于2000年前后,空前的院校合并以及扩招将国内校园建设推向高潮。在国际上开始形成"可持续发展教育"理念的阶段,我国的部分校园建设却出现了异常的规模扩张、超标准豪华建设等现象,受到学术界及政府相关部门的极大关注。

为了贯彻落实国务院有关精神,教育部于2005年印发了《2005年做好建设节约型社会近期重点工作的通知》(教发〔2005〕19号)[16]。随后在2006年,教育部发出《教育部关于建设节约型学校的通知》(教发〔2006〕3号)[17],提出了7点要求:①要充分认识建设节约型学校的重要意义;②各地各学校要把建设节约型学校作为学校发展战略列入"十一五"规划和中长期发展规划;③要积极推进技术进步,提高资源利用率;④要加强制度建设,深入推进管理体制和运行机制改革;⑤要加强能源及资源节约新技术的运用和研究开发;⑥要在学校日常工作中加强节约管理;⑦要加强节约资源的宣传教育,强化师生员工的节约意识。

21世纪的我国大学校园建设,在国际环境问题的背景形势下开始了有益的探索,出现了绿色校园的办学理念,其核心是树立可持续发展观念,立足学校长远发展来组织和实施学校当前的各项工作。但是当时提出的范围和定义较为宽泛,难免过于宏观而缺乏抓手,大都停留在绿色办学理念的倡导层面。

2006年我国进入"十一五"国民经济发展关键时期,加大了建筑节能工作推进力度,校园设施基本建设受到关注,就此开始了我国节约型校园建设的探索。2008年起,住房城乡建设部、教育部会同财政部开展节约型校园建设示范工作。首批启动包括中共中央党校、清华大学、浙江大学、同济大学、天津大学、江南大学、华南理工大学、合肥工业大学、山东建筑大学、北京师范大学、内蒙古工业大学、重庆大学等12所节约型校园建设的重点示范高校,补助资金4935万元。2009年12月启动了第二批18所示范高校,中央财政补助资金7950万元。2010年启动了第三批42所示范高校,中央财政补助资金1.845亿元[18]。

2008年,在教育部发展规划司、住房城乡建设部科技司的联合主持下,由同济大学牵头并联合清华大学、天津大学、浙江大学、重庆大学、山东建筑大学等单位的建筑节能及环境保护等相关领域专家学者共同编制了我国首部《高等学校节约型校园建设管理与技术导则(试行)》。至此,我国高校节约型校园的建设工作有了明确的定位、清晰的路线和具体的抓手,为高校建设节约型校园提供了指南。2009年,住房城乡建设部又陆续颁布了《高等学校校园建筑节能监管系统建设技术导则》[19]《高等学校校园建筑节能监管系统运行管理技术导则》《高等学校校园设施节能运行管理办法》《高等学校校园建筑能耗统计审计公示办法》以及《高等学校节约型校园指标体系及考核评价办法》。

2009年至2012年,高校校园节能监管体系建设示范项目得到推广。2012年住房城乡建设部制定的《"十二五"建筑节能专项规划》提出,要重点加强高校节能监管,规划期内建设200所节约型高校,形成节约型校园建设模式。2014年,住房城乡建设部又颁布了《节约型校园节能监管体系建设示范项目验收管理办法(试行)》[20],其验收的主要参考依据是建设部和财政部印发的《关于加强国家机关办公建筑和大型公共建筑节能管理工作的实施意见》(建科〔2007〕245号)、财政部印发的《国家机关办公建筑和大型公共建筑节能专项资金管理暂行办法》（财建〔2007〕558 号）、住房城乡建设部、教育部印发的《关于推进高校节约型校园建设 进一步加强高等学校节能节水工作的意见》（建科〔2008〕90 号）、《高等学校节约型校园建设管理与技术导则（试行）》（建科〔2008〕89 号）及《高等学校校园建筑节能监管系统建设技术导则》（建科〔2009〕163 号）、财政部和住房城乡建设部印发的《关于进一步推进公共建筑节能工作的通知》（财建〔2011〕207 号）等管理办法和技术导则[21-25]。

2010 年 6 月由清华大学、中国人民大学等百所中国高校参与的"全国高校节能联盟"在北京成立。联盟接受中国节能中心指导，隶属高等教育研究会后勤分会领导。

2011 年 6 月，中国建筑节能协会绿色大学工作委员会成立，其成员单位为各节约型校园节能监管体系建设示范高校。该联盟接受住房城乡建设部建筑节能科学技术司和教育部发展规划司后勤改革处指导，隶属中国建筑节能协会领导。

为进一步推广高校校园节能监管体系建设，住房城乡建设部在前述节约型校园节能监管体系建设示范项目验收成功后，将节约型校园节能监管体系的建设任务下放到各省市，由各省住房和城乡建设厅负责，各高校在建立省级高校校园节能监管体系后向各省住房和城乡建设厅申请验收。

至此，我国的节约型校园建设已经如火如荼地开展起来。节约型校园的建设主要针对校园节能减排展开，包括校园建筑的能耗监管、统计审计、能效公示、改造及评估等工作。建设部、财政部联合颁布的《关于加强国家机关办公建筑和大型公共建筑节能管理工作的实施意见》（建科〔2007〕245 号）中要求在政府或其指定的官方网站以及本地主流媒体对建筑能耗统计结果和能源审计结果进行公示，其示范范围包括：各直辖市、计划单列市；河北、辽宁、江苏、浙江、福建、山东、河南、湖北、湖南、广东、广西、海南、四川、贵州、陕西等 15 个省（自治区）本级及其省会城市，且 2007 年 12 月底前，除海南省之外的各示范省、自治区、直辖市均完成不少于 5 所高校的能效公示。在示范建设取得经验后，2008 年开始扩大示范范围，在全国逐步推开，各省市增加分项能耗指标、综合能效排名的公示，每年对建筑单位面积能耗排名前 20% 的建筑进行公示，对能效高的建筑按类型各选取 3 个作为标杆建筑进行公示[21]。同时，财政部印发的《国家机关办公建筑和大型公共建筑节能专项资金管理暂行办法》（财建〔2007〕558 号）中提到，根据财政部和建设部的统一部署建立建筑节能监管体系的高校，中央财政对建立能耗监测平台给予一次性定额补助；此外，在起步阶段，中央财政对建筑能耗统计、建筑能源审计、建筑能效公示等工作，予以适当经费补助[22]；地方财政应对当地建立建筑节能监管体系予以适当支持。2012 年，住房城乡建设部颁布的《"十二五"建筑节能专项计划》要求充分发挥高校技术、人才、管理优势，会同财政部、教育部积极推动高校节能改造示范，高校建筑节能改造示范面积应不低于 20 万平方米，单位面积能耗应下降 20% 以上。规划期内，启动 50 所高校节能改造示范[26]。当前，节约型校园建设在中国已经广泛开展起来，全国有近 300 所高校列入国家节约型校园示范行列。随着高校节能意识的逐渐增强，校园建筑节能开始由节约型校园向绿色校园转型。

绿色校园是在节约型校园基础上进一步的发展，其内涵更为丰富，内容也更为广泛，包括新校园的可持续规划建设、既有校园的节能改造、既有设施的节能管理与运行、校园绿色人文培育等。绿色校园是在高校全面推进科技节能、管理节能和教育行为节能"三位一体"的综合体系。

2013年3月，中国城市科学研究会绿色建筑与节能专业委员会颁布了行业标准《绿色校园评价标准》（CSUS/GBC 04—2013）[27]。2014年4月18日，中国城市科学研究会联合20多家单位成立编制组，开始了绿色校园评价国家标准的编制工作。2014—2016年，编制组前往多个城市的中小学、职业学校和高校，展开不同区域气候的绿色校园建设调查与研究。针对校园整体评价、地域性气候特征、校园能源与资源消耗、室内外环境质量控制、运行与管理、水资源利用、碳排放和绿色教育、区域性创新与特色提升等方面进行了综合研究，不断完善相关条文与评价方式，最终完成了国家标准《绿色校园评价标准》（GB/T 51356—2019）的编制[28]。该标准于2019年10月1日起实施。作为我国开展绿色校园评价工作的技术依据，该标准适用于新建、改建、扩建以及既有中小学校、职业学校和高校绿色校园的规划和运行评价工作[28]。

高校绿色校园是在节约型校园基础上更高层次的提升，其核心理念和国外可持续大学的定义一致，旨在将大学打造成绿色科技基地、绿色人文校园和绿色设施校园，实现可持续教育体系建设和可持续学科领域创新，最终实现设施、科研、教育、文化、社会服务等各方面均可持续发展。

1.4 国内外绿色校园运行管理现状

根据绿色校园的定义和内涵[27]，要建成绿色校园，除了要合理进行绿色校园的规划和设计外，建立有效的运行管理系统亦尤为重要。绿色校园运行需要一个专门的团队来进行管理，需要一系列的制度保障，同时还需要合理的运行管理体系进行支撑。

1.4.1 国外绿色校园运行管理现状

在绿色校园运行管理领域，相对于国内而言，国外处于领先地位，且已开展了大量的工作，这主要有两个方面。

① 相关标准的建立：专门针对绿色校园建立的标准主要有评价标准和运行管理认证标准两类。第一类标准主要为国内外的绿色校园建筑评价类标准和绿色校园评价体系，如美国学校能源与环境设计先导（Leadership in Energy and Environmental Design for Schools，LEED for Schools）、英国建筑研究院学校环境评估方法（Building Research Establishment Environmental Assessment Method for School，BREEAM School）等，属于典型的绿色校园建筑评价标准。这些标准主要针对校园建筑，从建筑设计、施工、运行等阶段，对建筑的能源和资源使用、环境保护等领域进行综合评价。在此基础上，进一步产生了绿色校园用能管理及可持续发展相关的评价标准和指南，如高等教育可持续性促进协会（Association for the Advancement of Sustainability in Higher Education，AASHE）的可持续追踪评估与评级系统（The Sustainability Tracking, Assessment & Rating System，STARS）等。上述标准的建立，为国外高校在绿色校园设计、

施工、运行等各阶段的可持续发展提供了指南。第二类标准主要为校园运行管理认证类标准。例如，ISO 14000 环境管理系列标准、ISO 50001 能源管理体系、英国高校校园环境管理认证体系 Eco-campus 等，属于典型的绿色校园运行管理认证标准。同时，英国、爱尔兰等国家还制定了《能源管理指南》及《运行管理体系要求与使用指南》。上述标准的建立，为国外高校在提高其能源利用效率及环境绩效方面提供了指导。

② 绿色校园运行管理：国外处于领先地位的部分高校也纷纷采取了校园运行管理的相关制度与措施，如节能激励政策、用能管理条例、运行管理计划等，以促进校园的可持续发展工作。

1.4.1.1 国外绿色校园评价标准与管理认证体系

(1) 绿色校园建筑评价标准

① LEED For Schools。目前，美国绿色建筑协会颁布的《能源与环境设计先导》(Leadership in Energy and Environmental Design，LEED) 被认为是最完善、最有影响力的绿色建筑评估标准。在 LEED 评价体系中，不同类型的建筑按照不同类型的评价指标体系进行认证。LEED For School 是在考虑校园空间特殊性的基础上，为使用者创造健康、舒适、高效节能的学校环境而设置的绿色学校评估工具。

LEED For Schools 是在 LEED-New Construction (LEED-NC) 评价标准的基础上，加上教室声学、整体规划、防止霉菌生长和场地环境等评估内容，专门针对学校而制定的评价标准。在 2007 年之前，学校项目通常选择 LEED-NC 认证，2007 年 4 月 LEED For Schools 认证体系完成，所有新建和改造的中小学校不再适用 LEED-NC 评价体系，开始使用该标准[29]。

LEED 2009 for School 共有四个认证级别，总计 110 分，四个认证级别及分值分别为：认证级（40～49）、银级（50～59）、金级（60～79）、铂金级（80～110）。LEED 2009 for School 评价体系仍沿用 LEED 2007 for School 的体系框架，包括以下 7 个方面的评价指标：可持续性场址、节水、能源与大气、材料与资源、室内环境质量、创新与设计以及区域性，各类评价指标百分值占比如图 1.7 所示。其中，能源与大气领域的指标分值占比最大，主要针对校园建筑能效展开评价，指标涉及建筑能源系统的调试运行、最低能效、可再生能源、绿色电力等内容。

② BREEAM Education 2008。英国是对学校建筑环境和节能关注较早的国家。1931 年英国建筑研究院（Building Research Institute）就开始对教室的热工性能进行调研，1944 年出版了《学校建筑设计推荐》(Recommendations on School Design)。2004 年针对中小学校园环境发布了评价标准 Building Research Establishment Environmental Assessment Method for School (BREEAM School)，之后又出台了高等教育设施的环境评估标准 Building Research Establishment Environmental Assessment Method for Facility Evaluation (BREEAM FE)。2008 年合并两个标准，编订了普遍适用于大中小学的评估标准——Building Research Establishment Environmental Assessment Method for Education (BREEAM Education)。该评估标准是为教育建筑（幼儿园、学校、预科学院、继续教育/职业院校、高等教育院校）量身定制的绿色评价标准，可用于建筑物整

个生命周期,包括设计、建造和改造阶段,旨在把全英的中小学校都建设成为可持续发展学校[30]。

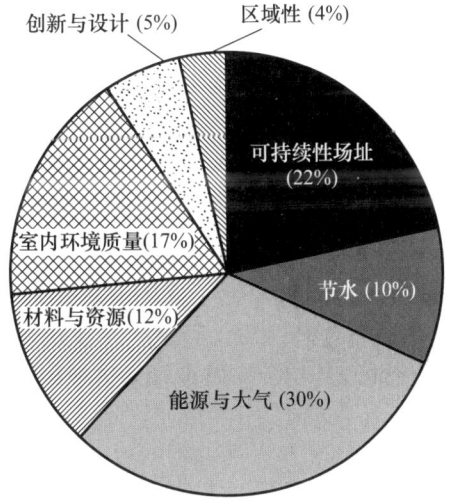

图 1.7 LEED for School 主要评价内容与分值占比

BREEAM Education 的评价范围由管理(总体的政策和规程)、健康与舒适(室内和室外环境)、能源(能耗和 CO_2 排放)、交通(场地规划和运输时 CO_2 排放)、水(消耗和渗漏问题)、材料(原料选择及其对环境的作用)、废物(除 CO_2 之外的空气和水污染)、土地利用(绿地和褐地使用)与生态(场地的生态价值)以及污染(除 CO_2 之外的空气和水污染)等 9 个领域组成。其中,能源的评价指标全面涵盖了各类用能设备系统、低碳排放或零排放的技术、建筑结构性能、能源计量、CO_2 减排量等内容。针对这 9 个领域的内容进行加权评分,另设加分项(可持续创新)进行总评分。各领域的评分权重如图 1.8 所示。最后根据总得分划分为 5 个评估等级:大于等于 30 分且小于 45 分为通过、大于等于 45 分且小于 55 分为好、大于等于 55 分且小于 70 分为很好、大于等于 70 分且小于 85 分为优秀、大于等于 85 分为卓越[30]。

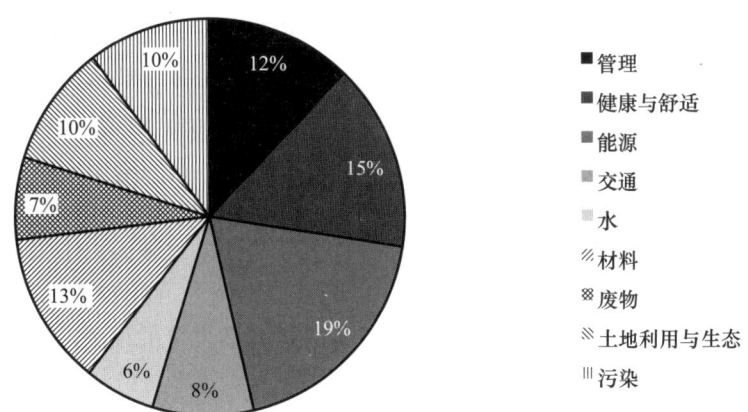

图 1.8 BREEAM Education 主要评价内容与分值占比

③ CASBEE。日本绿色建筑委员会（Japan Green Build Council）和日本可持续建筑联合会（Japan Sustainable Building Consortium）及其附属机构合作研发了《建筑物综合环境性能评价体系》(the Comprehensive Assessment System for Building Environmental Efficiency，CASBEE)。CASBEE 中并没有专门针对高校建筑的评价工具，但校园建筑可以纳入其评价范围以内，小学、初中、高中、大学、高等专科学校、进修学校等各类学校建筑均适用于 CASBEE 评价。

CASBEE 在整个建筑物生命周期的维度上，从建筑环境品质与性能以及建筑物环境负荷两个方面对建筑进行评价，如图 1.9 所示。同时应用环境效率的思想，引用建筑物环境效益（Building Environmental Efficiency，BEE）的概念，用于表达建筑环境评价的结果。CASBEE 根据最后得分判断评价等级，一共分为 5 级：S 级（优秀）、A 级（很好）、B+级（好）、B-级（略差）、C 级（差）。在建筑能源使用方面，分别设置了建筑外围护结构热负荷、自然能源利用、建筑设备系统效率、建筑有效运行等相关指标进行评价[31]。

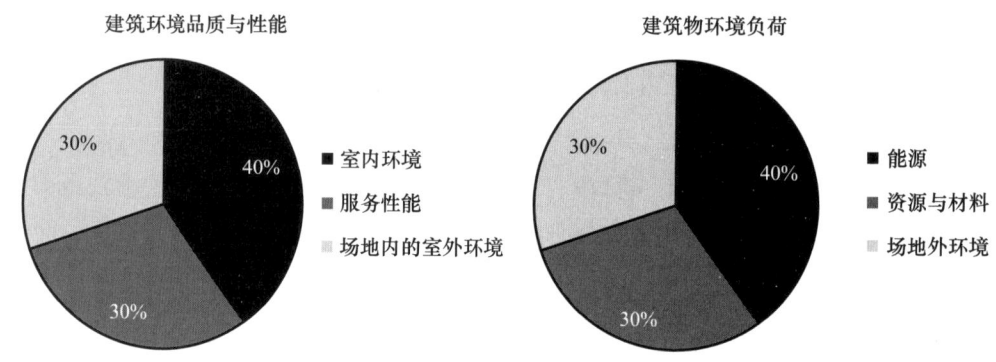

图 1.9 CASBEE 的评价内容及其权重

（2）绿色校园评价体系

为建立长效机制评估绿色校园建设和运行效果，当前国际上已经在绿色校园评价领域做了大量的研究工作，建立了一系列的评价方法。

最初，国外各高校试图通过公开的大学年度环境报告来评估大学和各学院的可持续性建设[32]。为了揭示可持续发展的过程和现状，确定校园内的最佳实践，一些高校进行了大量的现场调研和问卷调查。典型的例子是可持续性评估问卷（Sustainability Assessment Questionnaire）和校园可持续性评估审查项目（Campus Sustainability Assessment Review Project）[33]。然而，这些报告和问卷仅限于评估者对校园环境影响的内部认识和单个校园的自我评价，不能用于不同大学之间的比较。由于采用指标评价体系比问卷的叙述性评估更容易进行大学间的衡量和比较[34]，因此自 2002 年以来产生了更多的指标评价体系。其中，一些评价体系注重对可持续教育的评价，目的是引导教育系统的可持续性建设[35]。例如，Lozano 等人开发的大学课程可持续性综合评估工具可以评估大学课程可持续发展的问题，已用于利兹大学环境学院和商学院的学士和硕士课程[36-37]。其他指标评价体系主要集中在校园运营的环境效益方面。例如，《校园可持续发展选定指标快照和指南》(Campus Sustainability Selected Indicators Snapshot and

Guide）可快速评估校园运营状况及其环境影响[38]。GREENSHIP 包含 6 个类别，分别是合适的场地开发、节能、节水、材料资源与循环、室内健康与舒适、建筑运行管理[39]。此外，还有一些评估工具可集成评估校园可持续发展的某几个方面，例如，基于单元的可持续性评估工具（Unit-based Sustainability Assessment Tool，USAT）和选择性大学评估项目（Alternative University Appraisal project，AUA）考虑了校园环境和经济方面的问题[40-41]。最后，一些评价体系试图涵盖校园可持续发展的所有重要问题，包括能源、水、粮食、土地、交通、建筑环境、社区、研究、教育、外联和决策等，其中比较有代表性的有高等教育可持续性促进协会（AASHE）提出的 STARS[42]。STARS 是一个自愿的、以自报式框架来帮助高校跟踪和测量其可持续性发展的评级系统，供所有高等教育院校评估其在各自的运作、教育、研究和推广领域的可持续发展绩效。自 2007 年发布的 STARS 0.4 到 2019 年颁布的 STARS 2.2，13 年中一共更新升级了 8 次。根据最新的 STARS 2.2 版本，STARS 的评价内容主要分为学术（AC）、参与（EN）、运营（OP）、规划管理（PA）四大类，还有加分项创新与领导力（IN）。参评高校按照评价条款，根据校园实际建设情况提交相应的报告及证明文件，对其可持续建成程度进行打分。AASHE 根据最终的总得分对参评高校颁发相应的认证奖章，从低到高共五级，依次为：参与奖（0~24 分），铜奖（25~44 分），银奖（45~64 分），金奖（65~84 分），白金奖（85~100 分）。STARS 四大类评价指标的分值比例如图 1.10 所示[43]。其中，对于建筑能效，从改善建筑性能、提高建筑和设备能效、减少能源消耗、使用可再生能源等方面，对校园建筑设计与建造、运营与维护两个阶段进行评价；对于能效管理，要求将能源及资源可持续性纳入制度化管理，同时鼓励学校师生和社区参与可持续发展项目，包括日常生活和工作中建筑能源资源节约激励活动和培训等。

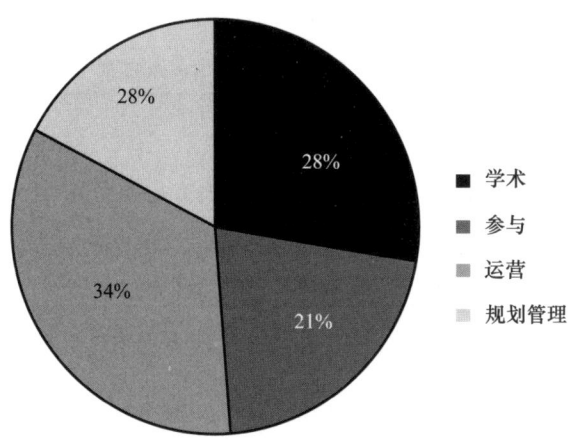

图 1.10　STARS 2.2 的评价指标类型与分值比例

此外，少数国外大学也针对学校自身的建设制定了绿色校园评价体系。如美国宾州州立大学的宾州绿色使命委员会（Penn State Green Destiny Council）提出了宾州州立大学报告（Penn State Indicators Report），提出能源、水、交通、建成环境等方面的 33 个指标评价校园的可持续性[44-45]。美国华盛顿州立大学也列出一系列评价指标，并根据民意决定其重要程度，其中较为显著的几项指标包括减量/再利用/资源回收、水质与用水、运输、社区意识等[46]。

(3) 高校校园运行管理体系

环境及能源管理体系认证对高能耗单位的节能运行及环境管理有着重要作用。鉴于此，各国政府纷纷制定环境及能源管理体系认证并将其应用在高耗能领域和单位，以期提高其能源利用效率及环境绩效。

1991 年 7 月，国际标准化组织（International Organization for Standardization，ISO）成立了"环境战略咨询专家组"（Strategic Advisory Group of Experts，SAGE），把环境管理标准化问题提上议事日程。经过一年多的工作，SAGE 向 ISO 提出建议：要像质量管理一样，制定一套环境管理标准，以加强衡量和改善环境的能力。根据 SAGE 的建议，ISO 于 1993 年 6 月正式成立一个专门机构 TC207，着手制定环境管理领域的国际标准，即 ISO 14000 环境管理系列标准。1996 年，ISO 首批颁布了与环境管理体系及其审核有关的 5 个标准，引起了各国政府和产业界的高度重视。在 ISO 14000 系列标准中，以 ISO 14001 环境管理体系认证最为重要，它是对各单位建立环境管理体系并对其环境管理过程及效果进行评审的依据，包括环境因素识别、重要环境因素评价与控制、适用环境法律和法规的识别、获取和遵循以及环境方针和目标的制定与实施等内容，以期达到污染预防、节能降耗、提高资源利用率、最终达到持续改进环境绩效的目的[47-49]。除环境管理体系认证之外，2011 年 6 月，国际标准化组织又颁布了 ISO 50001 能源管理体系。制定能源管理体系的目的是向各组织或用能单位提供一整套国际化、标准化的过程管理方法，并将节能措施应用纳入到组织的管理体系当中。当前，ISO 50001 能源管理体系已广泛应用于工业企业等机构中。ISO 50001 能源管理体系采用 PDCA 的管理方法，对组织单位的用能过程采用"策划—实施—检查—处置（Plan-Do-Check-Act，PDCA）"的循环管理，具体包括总要求、管理职责、能源方针、策划、实施与运行、检查与纠正、管理评审等 7 个步骤，如表 1.2 所示[50-51]。

表 1.2 ISO 50001 运行管理体系内容

步骤	内容
总要求	组织应确定运行管理体系覆盖的范围，并按本标准的要求建立、实施、保持和持续改进运行管理体系，并形成文件，以确保降低能源消耗、提高能源利用效率
管理职责	规定组织的最高管理者和管理者代表在运行管理体系中的具体职责
能源方针	规定能源方针应包含的内容以及方针的管理要求
策划	包括法律法规及相关规定、能源因素、能源管理基准及标杆、能源目标和指标、能源管理方案等内容
实施与运行	包括资源、能力、培训和意识、信息交流、文件控制、记录控制、运行控制等内容
检查与纠正	包括监视、测量与评价、不符合与纠正、纠正措施和预防措施、内部审核等内容
管理评审	包括总则、评审输入、评审输出等内容

欧洲一些国家在能源管理体系建设方面积累了很多经验，其中英国、爱尔兰比较具有代表性。英国在 1993 年正式公布了《能源管理指南》。该指南的目的是指导评价用能组织能源管理的状态以及能源效率[52]。该指南对组织的能源方针、能源管理基础、组织机构、激励、信息控制、筹措资金等关键管理活动的评价方法做出了说明。英国的能源管理实践说明，能源管理不仅是一个技术问题，它还是一个管理问题。有效的能源管

理需要管理层的承诺和支持,也需要组织基层的理解和协作[53]。2005 年,爱尔兰国家标准局(National Standards Authority of Ireland,NSAI)发布了 I.S. 393—2005《能源管理体系要求及使用指南》(Energy Management Systems Technical Guideline,EMSTG)[54]。该标准的运行经验说明,标准化的运行管理体系一旦与企业和政府间的节能协议联系起来,便能有效地促进企业的节能。据参加能源协议项目的企业报告显示,67%的节能工程是由运行管理体系产生或推动的。

在发达国家中,日本是实行能源管理师制度最早的国家之一。日本的能源管理师制度的经验表明:先进的节能理念和政策不能只是高高在上的空洞教条,能源管理师起到了日本节能政策最前沿落实者的作用,使日本节能行政指令在耗能较高的大中企业中具有很高的效率[55]。

上述环境和能源管理体系认证已经很好地应用于电子、机械、化工等高能耗行业与企业中,但在高校环境与能源管理中的应用较少。英国是全世界范围内屈指可数的建立了高校校园环境管理体系的国家。英国高校校园环境管理认证体系 Eco-campus 于 2005 年开始作为自筹资金项目被推出,一直在成功地独立运作。该体系将高校运行管理认证分为铜、银、金、铂金四级,分别对应策划、实施、检查、处置四大部分,层层递进地对高校环境进行评价。到 2016 年,英国高校校园环境管理认证体系 Eco-campus 已对 60 多所大学和学院认证,其中,18 所高校已同时获得了英国高校校园环境管理认证体系的白金认证和国际环境管理体系 ISO 14001 认证[56]。

1.4.1.2 国外绿色校园运行管理现状

在绿色校园运行管理方面,国外高校在节能与能源利用、水资源循环利用、废弃物处理与回收、校园环境、生物多样性、绿色采购、绿色交通等多方面展开了广泛的工作,包括建立可持续发展规划、制定技术方案、新建绿色建筑、既有建筑节能改造、可再生能源应用等各项活动。

(1)北美高校

耶鲁大学、哈佛大学、麻省理工学院、卡耐基梅隆大学等在绿色校园建设,特别是校园建筑节能方面的工作颇具代表性。耶鲁大学建立了校园可持续发展框架,该框架由校园生态环境保护、能源节约、材料回收与再生、餐厅食品供应管理等四部分组成,分别制定了发展目标规划。为实现能源节约、降低建筑能耗,耶鲁大学对全校 300 座大楼中的 90 座进行了供暖、通风和空调系统的全面改造,并对照明系统采用全自动控制;此外,所有大楼都安装节能窗和地源热泵系统[57]。所有的新建大楼和既有建筑改造项目均达到或超过了 LEED 银级标准。另外,购置了新的发电设备,并对现有设备进行了改造,大大节约了燃料。通过两年的努力,耶鲁大学的碳排放减少了 43000 吨,即在 2005 年的水平上下降了 17%[58]。耶鲁大学森林与环境学院所在建筑——克鲁恩大楼(Kroon Hall)获得 LEED "铂金级" 认证,较同等水平的普通建筑降低了 53%的能耗。该大楼设计重视内外环境相连的设计理念,使建筑的碳足迹最小化。该建筑设置了废物回收系统、雨水回收系统和净化池,并利用可循环使用的绿色建筑材料,体现可持续发展及保护环境的理念。同时,充分利用太阳能、地源热能等新能源,通过照明设计和暖通节能策略,减少建筑热能和电能[59]。

由卡耐基梅隆大学行政人员、教职工和学生组成的绿色实践委员会，旨在通过校园师生在学习、工作、生活中开展节能减排实践活动以提升环境质量和能效。此外，校园内50%的既有建筑完成了节能改造，校园新建建筑均达到LEED银奖及以上的标准要求。目前，卡耐基梅隆大学有包括Gates Complex建筑在内的4栋建筑获得了LEED金级认证，包括Porter Hall建筑在内的7栋建筑获得了LEED银级认证[60]。

（2）欧洲高校

英国诺丁汉大学、芬兰阿尔托大学、瑞典皇家理工学院等高校一直致力于绿色校园建设工作。

英国诺丁汉大学朱比丽分校是著名的生态校园建设典范。该分校由迈克·霍普金斯建筑事务所（Michael Hopkins & Partners）进行规划设计，突出生态设计的特点，将一块废旧的工业用地最终转变成了一个充满自然生机的公园式校园。通过基地策略、采光策略、通风策略、绿色材料使用策略、水资源的应用处理策略等方法，充分利用环境资源、自然资源来达到人工环境与自然环境的平衡，实现减少污染、降低能耗的目的[61]。英国东英吉利大学则将各种先进的可持续节能技术应用于校园建筑中。如著名的Elizabeth Fry建筑采用被动式建筑设计，利用先进的Termodeck system技术，成为绿色校园建筑的经典。之后相继建立的ZICER、MEDⅠ、MEDⅡ和TPSCⅡ等高校办公建筑也延续了高效节能的性能和高性价比的特点。其中TPSCⅡ作为东英吉利大学最新的绿色校园建筑，应用被动式技术、冷热电联供系统、电气照明系统以及能源监测系统等多项节能减排技术及高性能系统，成为该园区节能低碳建筑之最[58]。英国学者McDonach与Yaneske强调了高校建立运行管理体系的必要性，介绍了Strathclyde大学（University of Strathclyde）运行管理手册的编制过程及其方法[62]。

（3）亚洲高校

在亚洲，开展高校建筑节能工作的大学数量也逐步增加。

日本的大学校园建设体现因地制宜的思想，既有校园强调拆旧建新、更新改造，新建大学强调科学规划、合理布局、功能分区和新科技利用。如东京大学先是拆旧建新、拆低建高以节省土地资源，高效利用现有资源；其次改造旧设备，充分利用新技术。2003年新建的北九州大学城市学院也采用多项可持续建设技术。主要措施有：①改造低效的空调系统；②提高校园绿化率（含建筑绿化）；③使用太阳能等可再生能源及废热能；④垃圾循环处理；⑤使用再生材料；⑥保持与环境的协调一致性；⑦中水利用（含生活杂用水和雨水）。校内各场所的大门进出、各类设备的使用以及在餐厅用餐等校园的一切活动均采用一卡通模式进行智慧校园管理[63]。

此外，韩国的汉阳大学，印度的新德里大学、印度统计学院，马来西亚的马拉亚大学，泰国的清迈大学等均在探索高校建筑节能改造及环境管理等工作。

（4）澳大利亚高校

澳大利亚的各大学在可持续大学建设方面也做出了卓越的努力。澳大利亚大学在全校范围内制定节能减排及运行管理的中长期规划目标及年度目标，在生物多样性、能效管理、水资源管理、废弃物管理、低碳出行减排、绿色采购、绿色学生活动等多方面进行绿色校园建设。例如，澳大利亚国立大学从2006年开始执行"环境管理计划"（Environment Management Plan），从能源使用、水资源使用、碳排放、绿色交通、垃圾填埋等方面分别设定目标限值，并通过一系列环保行动计划，以5年为周期考核环境绩效情况，并且设定了专门的组织机构进行校园运行管理[64]。

1.4.2 国内绿色校园运行管理现状

区别于国外高校自发进行绿色校园建设，我国绿色校园建设采取典型的"自上而下"式贯彻机制。在政府主导下，节约型校园建设在我国高校如火如荼地开展起来。据教育部相关部门的调研，现有超过750所节约型校园建设示范高校建立了或正在建设校园节能监管平台，对校园建筑能源消耗进行实时监管。在节能监管的基础上，进一步开展节能审计、公示、节能改造等各项节能减排工作。此外，部分领先的高校制定了绿色校园运行管理方法，旨在提高其能源利用效率及环境绩效。不同高校的工作各有特色，呈现百花齐放的状态。

1.4.2.1 国内绿色校园评价标准

（1）节约型校园建设系列导则

2006年，教育部发出《教育部关于建设节约型学校的通知》（教发〔2006〕3号），明确指出高校必须加强节能节水工作，建设节约型学校。2008年，住房城乡建设部会同教育部共同编制了《高等学校校园建筑节能监管系统建设技术导则》《高等学校校园建筑节能监管系统运行管理技术导则》《高等学校校园建筑能耗统计审计公示办法》《高等学校校园设施节能运行管理办法》，使得我国节约型高校建设在节能监管系统建设及运行、建筑能耗统计、校园节能运行管理等方面有了更深入细致的规范与指导。此外，从2011年开始，在国家财政政策的激励下，已有231所高校进一步开展了建筑节能改造工作。

在上述导则和办法实施的同时，住房城乡建设部也颁布了《高等学校节约型校园指标体系及考核评价办法》，建立了节约型校园建设综合考核评价体系。该办法制定了相关指标和评分办法，以评价各高校在节约型校园建设的组织机制、节能技术应用、节能规章制度等各领域中所取得的进展和成果。

（2）《绿色校园评价标准》

2013年，中国城市科学研究会颁布了《绿色校园评价标准》（CSUS/GBC 04—2013）[27]，适用于评价新建、既有的中小学校园和高校的绿色校园建设。标准分别从规划与可持续发展场地、节能与能源利用、节水与水资源利用、节材与材料资源利用、室内环境与污染物控制、运行管理、教育推广等7个领域进行评价，见表1.3。

表1.3 《绿色校园评价标准》（CSUS/GBC 04—2013）普通高校评价项[27]

绿色校园评价标准——普通高校								
指标项数	规划与可持续发展场地	节能与能源利用	节水与水资源利用	节材与材料资源利用	室内环境与污染物控制	运行管理	教育推广	总计
控制项	4	5	6	2	8	2	2	29
一般项	9	10	6	8	11	6	8	58
优选项	2	4	1	2	2	2	3	16
总项数	15	19	13	12	21	10	13	103

2019年10月1日,《绿色校园评价标准》(GB/T 51356—2019)开始实施[28],作为我国开展绿色校园评价工作的技术依据,适用于新建、改建、扩建以及既有中小学校、职业学校和高校绿色校园的评价工作。绿色校园的评价以单个校园或学校整体作为评价对象。对于处于规划设计阶段的校园,可依据本标准对校园的规划设计图纸进行预评价,重点在评价绿色校园设计阶段采取的各项"绿色措施"的预期效果。考虑到我国校园建设的实际情况,在量大面广的既有校园作为评价对象时,更偏重考虑"运行评价",评价相关"绿色措施"所产生的实际效果。评价内容主要包括规划与生态、能源与资源、环境与健康、运行与管理、教育与推广等5个方面。

(3)《运行管理体系要求》

2009年4月,我国颁布国家标准《运行管理体系 要求》(GB/T 23331—2009),并于同年11月1日正式实施。该标准旨在为组织确定有效的运行管理体系要素和过程,帮助组织实现能源方针和目标,通过统一方法,提高组织能源管理效率和水平。运行管理体系要求涉及的各个环节与ISO 40001类似,具体内容如表1.4所示。运行管理体系标准正式实施后,国家先从钢铁及有色金属、煤炭、电力、化工、建材、造纸、轻工、纺织、机械制造等重点行业开展了运行管理体系认证试点工作,并取得了明显的效果[65]。目前,在节约型校园建设的背景下,各高校正积极加强节能工作,而国家和地方并没有相关的能源管理政策、理论及技术汇总,能源管理存在一定的盲目性,能源管理工作推进缓慢。高校的建筑能源管理急需科学合理的运行管理体系和方法,而国家标准《运行管理体系要求》却尚未在高校建筑能源管理领域进行试点。如能借鉴运行管理体系的相关思想和方法,将其合理应用在高校建筑能源管理领域,并将高校建筑能源管理标准化,将具有重要的意义和价值。

表1.4 《运行管理体系要求》涉及的环节和内容

环节	内容
管理职责	包括管理承诺、能源方针、职责和权限
策划	包括能源因素、法律法规标准及其他要求、能源管理基准和标杆、能源目标和指标、能源管理方案
实施与运行	包括能力、培训和意识、信息交流、文件控制、记录控制、运行控制、应急准备和响应
检查与纠正	监视、测量与评价、不符合、纠正措施和预防措施、内部审核
管理评审	管理评审的具体内容、环节、执行机构等

1.4.2.2 国内绿色校园运行管理现状

在政府的大力推动和支持下,各节约型校园示范高校纷纷开展校园节能减排和环境管理工作,并取得了一定的成效。各高校加强组织制度建设,成立校园节能工作领导小组,部分高校制定建筑节能管理长期目标,进行建筑能耗审计、公示和定额管理,推进管理体制和运行机制改革;依托校园建筑节能监管平台对全校建筑用能进行实时监管,并加强节能、节水新技术的运用,提高能源和资源利用率;通过宣传教育,强化师生员工的环保意识和节约用能行为。

1 绿色校园与运行管理

清华大学为实现大学校园节能对建筑用能进行基础数据（包括不同建筑的耗电、采暖耗热）计量，得到了各类建筑的用电、用热等数据[66]。目的是掌握学校建筑能耗现状，挖掘校园建筑节能潜力。

天津大学成立天津大学校园节能工作领导小组，负责校园建筑能耗管理长期规划，制定符合本校的建筑能耗管理方法；在此基础上，聘请校内相关专业教授专家，为节约型校园建设出谋划策；以能耗监管平台为基础，通过能耗统计、分析等工作，完善能耗管理[67-68]。

浙江大学以校园网为主要媒介，分部门、分学科对校园主要用能建筑、用能设施实施动态监测。能耗在线检测范围包括全校代表性的重点建筑和全校蒸汽系统、中央空调系统、校园供电系统等重点用能系统的能耗，以实现对校园建筑能耗进行精细化规划与管理[69]。图1.11展示了浙江大学校园能耗监管平台界面功能。

图1.11　浙江大学校园建筑能耗监测平台界面示例

同济大学在学校高度统筹领导下，建立了绿色校园建设管理机构，围绕以下五个方面扎实地开展了卓有成效的工作：树立节约理念，探索校园可持续发展模式；普及节能环保科技在校园建筑设施中的应用；建立和完善校园设施的能效管理机制和平台；促进学科交叉发展，强化节能环保科技支撑；创新节约教育科研实践，培育节约校园文化[70]。

华南理工大学通过建立校园建筑节能监管平台，实现学校各类建筑用电、用冷、用水的分类计量和用电分项计量，利用学校已取得的具有自主知识产权的系列科研成果，建设校级空调节能集中管理控制平台，将能源监管和空调节能控制有机结合，实现空调的集成管理优化控制以及末端空调运行的精细化管理[71]。

江南大学以新校区建设为契机，宣传节能降耗理念，改善原校区设施设备陈旧、水电管理水平低、能耗开支大的问题，成立了学校水电管理与节能领导小组，指导高起点数字化节约型校园建设；成立节能研究所，具体负责节能技术的研发与推广。通过数字化管理系统建设，强化能耗实时监控，建成了数字化智慧校园[72]。

北京师范大学成立校级绿色校园建设专题课题研究组，以科学发展观为指导，把科学发展观运用到绿色校园建设工作中，促进学校发展与资源节约、环境优化相协调。节约用水工作是绿色校园建设重点领域，学校坚持加强日常管理，完善现有用水管理模式；坚持推广高新技术，提升节约用水技术水平；加强宣传与政策导向、调动师生员工全员参与。同时，积极开展校园节能监管体系建设，加大力度进行节水型校园建设工程实践，建立节约用水考核评价及管理制度建设[73]。

北京交通大学在"管、改、育、研"四个方面采取措施进行校园建筑能耗管理，采取水电定额指标管理，落实责任、建立长效机制，学校专门出台能源节约激励政策，做到"谁投资谁受益、谁节约谁得奖"[74]。

虽然国内高校均做了很多校园运行管理方面的研究，但仍存在一些问题，缺乏一个科学、系统、行之有效的，适应我国国情的高校校园建筑运行管理体系和方法。

同时，近几年来在政府的大力推动和支持下，校园运行管理中的环境管理也成为了我国高校绿色校园运行管理的重要内容之一。我国校园环境管理内容和国外类似，近年来主要着重于校园绿化、水资源节约、化学废弃物管理等工作，但环境管理过程和效果评价以及环境管理认证的相关工作并未开展。我国已颁布的《绿色校园评价标准》（GB/T 51356—2019）[28]对能源与资源、环境与健康、运行与管理等方面都有单独的评价指标。由于标准制定的时间较晚，当前我国高校的环境管理评价和认证几乎尚未开展，但在非常有限的几个中小学已有相关研究和应用。例如，香港民间环保组织长春社编制了《迈向绿色学校——学校环境管理指南》[75]将中小学环境管理的内容分为八个方面——环保宗旨及目标、废弃物管理、节约用水、节约能源、环保采购、降低噪声、室内空气质量和校园绿化美化。国内中小学校园的环境管理研究与应用可分为两大部分[76]：一是将最先用于企业运行管理的 ISO 14001 环境管理体系引入学校环境运行管理，建立适合于学校的环境运行管理体系并运行；二是对学校环境运行管理进行绩效评价和认证。将 ISO 14001 环境管理体系应用于学校的环境运行管理，可总结为以下八个步骤：建立学校运行管理机构；开展环境保护培训；学校环境评估并发现问题；确立学校运行管理指导思想并制定运行管理规划；运行管理规划的实施；定期检查并完善学校运行管理；总结与评估学校的运行管理效果；条件允许的学校进行第三方认证[77]。我国环境教育学者吴祖强[78]以上海建承中学为试点学校，尝试建立并运行基于 ISO 14001 环境管理体系的全校环境教育模式，并进行环境绩效评价。环境绩效是组织通过一系列运行管理措施或生态环保措施所获得的环境改善成效[79]。运行管理绩效评价体系将评估指标分为环境质量改善绩效、环境影响改善绩效、环境教育成效和管理成效，并对以上四个指标进行了详细的调查，得到相应的调查数据。综上可见，我国高校急需借鉴中小学环境管理示范案例的经验，建立适合我国高校实际运行特征的环境管理体系。

1.4.3 国内外校园运行管理的特点及存在问题

分析上述国内外高校校园运行管理的现状发现，国内外高校在校园运行管理上均开展了相关工作，并取得了一些成效，其发展特征及存在的问题可归纳为以下几个主要方面。

① 国内外均制定了相关标准，进行校园可持续建筑认证和绿色校园评价，其中建

筑能效和用能管理是其中一个很重要的评价内容。这些评价标准和体系的制定，正确引导了校园运行往节能、高效的方向发展。国内高校主要侧重于校园节能的绩效评价。此外，我国已有几所中学尝试进行了 ISO 14001 环境管理体系认证，但高校的环境管理认证鲜有涉及。虽然英国建立了校园运行管理认证体系 Eco-campus，国外校园运行特征和机制与我国有很多不同，急需针对我国高校的运行特征和现状，建立起符合我国国情的高校绿色校园运行管理认证体系。

② 国内外均开展了高校校园运行管理的相关工作。国外高校校园运行管理覆盖了硬件建设和软件建设：其示范高校通常制定了校园运行管理规划，明确了校园运行管理的具体方案并进行较为有效的执行；国外的校园运行管理所涉及的领域比较全面，覆盖了能源与碳排放、水资源、废弃物、校园生态、绿色采购等多方面；同时，相关的管理机制也较为完善。另外，还会通过绿电购置等方式，减少校园碳排放，以向零碳校园迈进。我国的高校校园运行管理主要围绕校园绿化、生态规划、能源与资源使用、实验室废弃物管理等几个领域开展工作。尽管当前国内高校在校园建筑运行管理领域开展了众多工作，但涉及的环节却很零散，并没有覆盖校园建筑运行管理的全过程。此外，粗放型管理是我国校园运行管理中的一个重要问题。例如，建筑用能、学生生活用水、办公用纸等浪费严重[80]；随着学校扩招和教学科研规模扩大，厨余垃圾、废弃办公家具、废弃办公设备的年均数量明显增加，但如何实现废弃物减排、回收再使用或再生却没有受到重视；在建筑节能领域，国内高校在大力建设校园建筑节能监管平台的基础上，又陆续开展了校园建筑能耗审计、公示、定额以及节能改造等工作，但由于执行力度不高，效果不明显。校园运行管理的软件建设不足。例如，各高校的校园运行管理机制极不健全，主要表现在学校缺乏量化的运行管理目标；缺乏校园运行管理绩效的审核、评估、公示制度和激励机制等系统的配套制度；校园运行管理的专业培训工作还有待加强。

1.5 研究目的与内容

1.5.1 研究目的

我国正处于城镇化快速发展时期，中央从战略高度提出的推动生态文明建设和绿色发展，是在经济快速增长下应对能源资源与环境挑战的重要决策。我国高等教育事业的发展将伴随能源资源消耗的显著增加，粗放管理、低效运行的现状预示校园存在着巨大的节能减排潜力。作为绿色生态园区的典型代表，绿色校园建设也纳入了政府的工作重点。校园运行管理是绿色校园建设的重要内容，也是我国实现"双碳"目标的重要环节。

高校校园运行管理是一个涉及校园规划、建设、运行，并需要全校师生员工主动参与的系统工程，需要有明确的管理目标，并基于全过程控制的思想进行统筹管理。同时，管理的对象和环节需全面，需要有配套的运行管理技术和设备，且管理的能力建设也非常重要。当前国内外高校在运行管理领域已逐步开展了一些研究和应用尝试，国外高校在该领域的进展和成效要明显优于国内。但国内外高校运行管理特征各不一样，国外的方法体系不能照搬用于我国。

因此，建立一套科学的、符合时代要求的高校绿色校园运行管理体系，将高校运行管理标准化和制度化，并为高校绿色运行管理提供理论与方法支撑，对改变当前高校运行管理现状、促进高校运行管理的长效发展具有重要意义。

1.5.2 研究内容

本项目旨在根据当前高校校园在能源资源使用及环境管理领域的运行管理现状，借鉴 ISO 14001 和 ISO 50001 运行管理体系中的相关方法，建立一套合理的高校绿色校园运行管理体系，为高校绿色校园建设中的能源资源使用和环境管理提供科学指导和理论支持。

全面分析我国高校绿色校园运行管理现状及问题，并探讨导致我国高校运行管理现状的成因。在掌握现状特征的基础上，界定高校绿色校园运行管理的适用范围；并利用 PDCA 循环理论，从技术端和管理端两个方面，确立高校绿色校园运行管理体系的涉及内容及运行模式，建立高校绿色校园运行管理体系的框架结构。在此基础上，在技术端明确高校绿色校园运行管理的影响因素，进行运行管理相关标准识别和运行管理要素识别，进而确定高校绿色校园运行管理绩效目标的制定方法。在管理端，建立高校绿色校园运行管理方法以及高校绿色校园运行管理认证方法。最后选取国内外绿色校园建设的典型高校，对其校园运行管理实践进行案例分析。

1.5.3 章节安排

本报告内容的章节安排如图 1.12 所示。

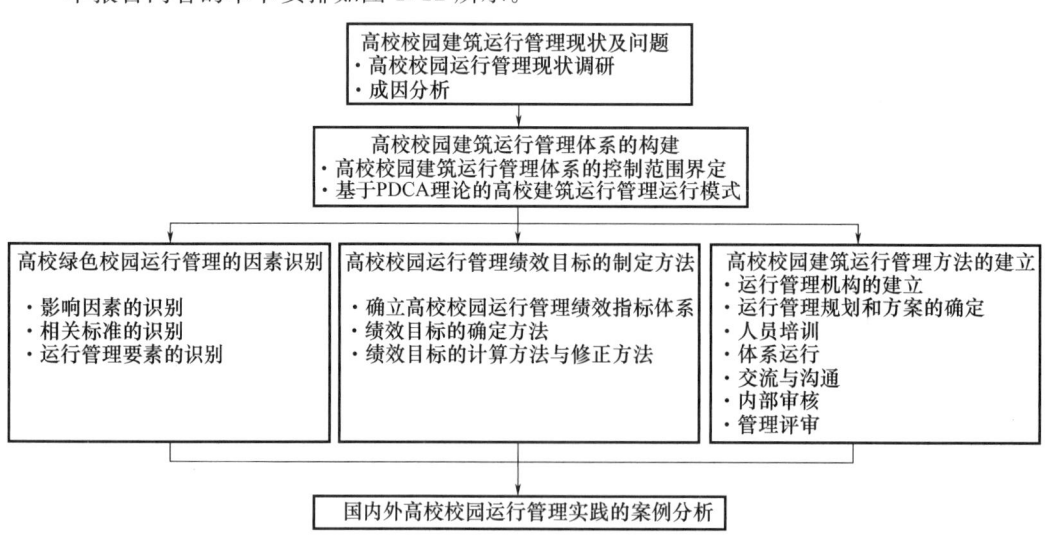

图 1.12 本报告章节安排

第 1 章：介绍了国内外高校绿色校园运行管理的背景和意义、国内外当前研究现状、所存在的问题。

第 2 章：从我国严寒地区、寒冷地区、夏热冬冷地区、夏热冬暖地区选取了文史类、师范类、理工类、综合类等不同类型的 20 所高校，进行校园能源资源使用和环境管理现状的调研。在现场调研和大量文献调研的基础上，从高校绿色校园管理机构、建筑节能监管（管理制度、校园建筑的节能监管、能耗统计、审计和公示、能耗定额、运行管理、节能改造等）、校园建筑环境管理、垃圾（包括宿舍垃圾、办公区垃圾、厨余垃圾和废水、废弃试验仪器等）的处理与回收、化学物品的处理与回收、绿色采购、校园绿化方面，全面分析了我国高校运行管理现状及问题，并对其成因进行了探讨。

第 3 章：界定了绿色校园运行管理体系的控制范围；利用 PDCA（Plan-Do-Check-Act）理论，从技术端和管理端两个方面，确立了绿色校园运行管理体系的内容及运行模式，建立了绿色校园运行管理体系的框架结构。运行管理技术端的 PDCA 循环包括以下环节：高校校园能源资源及环境审计、高校校园运行管理影响因素的识别、高校校园运行管理相关标准的识别、高校校园运行管理要素的识别、高校校园运行管理基准的建立、高校校园运行管理目标的制定（P 计划）；能源及设备的绿色采购、节能减排基建项目、设备运行管理、垃圾及化学废弃物的回收与处理、校园绿化活动、应急准备和响应（D 执行）；监测、测量、分析、合规性评价，以及不符合、纠正与预防措施（C 检查）；绩效公示、能源资源使用及环境绩效定额、改进方法的制定（A 处理）。同时，运行管理的管理端的 PDCA 循环包括以下环节：校园能源资源使用及环境管理相关标准和导则的识别、高校绿色校园运行管理近期、中期、长期发展规划的制定，管理层组织机制的建立、绿色校园运行管理方案的确定（P 计划）；实施层组织机制的建立、相关人员的培训、体系文件编制、体系运行、交流与沟通（D 执行）；记录、内部审核方法的制定、内部审核（C 检查）以及管理评审（A 处理）。

第 4 章：从技术端明确高校校园建筑运行管理各环节的影响因素，识别了高校校园运行管理的相关标准。在此基础上，从活动要素、产品要素和服务要素等三个方面进行了运行管理要素的识别。

第 5 章：从能耗、水耗、垃圾排放量、化学废弃物排放量、室内外环境、校园绿化等方面制定绩效指标，确定了绩效指标数据的采集途径。根据上述制定的运行管理绩效指标体系，确定了需要实现的绩效目标，建立了绩效目标的计算方法及修正方法。

第 6 章：从管理端建立了绿色校园运行管理方法，包括运行管理机构的建立、绿色校园运行管理规划和方案的确定、实施层组织机制的建立、相关人员的培训、体系文件编制、体系运行、交流与沟通、内部审核和管理评审等环节。

第 7 章：以中国浙江大学、澳大利亚麦考瑞大学、日本京都大学以及美国加利福尼亚大学伯克利分校为例，进行了高校校园运行管理的应用实践案例分析。

第 8 章：结论与展望。

本章参考文献

[1] 汪明杰. 它山之石与它石之山：生态文明教育的国际启示［J］. 世界教育信息，2018，31(11)：3-8.

[2] 教育部. 历年教育事业发展统计公报 [EB/OL]. (1999—2021) [2022-03-29]. http://www.moe.gov.cn/jyb_sjzl/sjzl_fztjgb/.

[3] 教育部. 历年教育统计数据 [EB/OL]. (2015—2021) [2022-03-29]. http://www.moe.gov.cn/jyb_sjzl/moe_560/2020/.

[4] 教育部. 高等教育资产情况（总计）[EB/OL]. (2020-06-10) [2022-03-29]. http://www.moe.gov.cn/jyb_sjzl/moe_560/jytjsj_2019/qg/202006/t20200610_464569.html.

[5] 教育部. 高等学校"十三五"科学和技术发展规划 [EB/OL]. (2016-11-24) [2022-03-29]. http://www.moe.gov.cn/srcsite/A16/moe_784/201612/t20161219_292387.html.

[6] 李阳, 谭洪卫, 庄智, 等. 高校科研楼能耗现状与用能特征研究 [J]. 建筑节能, 2015, 43 (07): 85-89, 94.

[7] 屈利娟. 绿色大学校园能效管理研究与实践 [M]. 杭州: 浙江大学出版社, 2018.

[8] 谭洪卫. 管理节能、科技节能、行为节能：《高等学校节约型校园建设管理与技术导则（试行）》解读 [J]. 建设科技, 2008 (15): 22-25.

[9] 许斌, 戚国强, 王娜. 新时期高校"行为节能"管理效益与构建初探 [J]. 东北农业大学学报（社会科学版）, 2010 (04): 122-124.

[10] 史根东. 可持续发展教育的理论研究与实践探索 [J]. 教育研究, 2003 (12): 44-50.

[11] 梁鹏, 黄宇. 大学如何转向可持续发展：基于联合国"可持续发展教育十年"思想框架 [J]. 大学教育科学, 2011 (06): 93-97.

[12] 谭洪卫. 中国绿色校园的发展与思考 [J]. 建设科技, 2013 (12): 25-29.

[13] The Association for the Advancement of Sustainability in Higher Education [EB/OL]. [2022-03-30]. https://www.aashe.org/about-us/.

[14] 徐钰琳. 夏热冬冷地区大学校园建筑能效管理研究 [D]. 上海: 同济大学, 2010.

[15] 国家环境保护局, 中共中央宣传部, 国家教育委员会. 全国环境宣传教育行动纲要（1996—2010年）[EB/OL]. (1996-2010) [2021-12-10]. https://www.mee.gov.cn/gkml/hbb/bwj/201105/t20110506_210316.htm.

[16] 教育部. 2005年做好建设节约型社会近期重点工作的通知 [EB/OL]. (2005-07-26) [2021-08-19]. http://www.moe.gov.cn/srcsite/A03/s181/200507/t20050726_170577.html.

[17] 教育部. 关于建设节约型学校的通知 [EB/OL]. (2006-01-23) [2021-06-08]. http://www.moe.gov.cn/srcsite/A03/s7050/200601/t20060123_172004.html.

[18] 张福麟. 推进高校节约型校园建设示范 [J]. 建设科技, 2010 (22): 51-53.

[19] 住房城乡建设部, 教育部. 关于印发《高等学校校园建筑节能监管系统建设技术导则》及有关管理办法的通知 [EB/OL]. (2009-11-10) [2022-06-29]. http://www.gov.cn/gzdt/2009-11/10/content_1460974.htm.

[20] 住房城乡建设部. 教育部关于印发《节约型校园节能监管体系建设示范项目验收管理办法（试行）》的通知 [EB/OL]. (2014) [2022-06-29]. http://www.moe.gov.cn/jyb_xxgk/moe_1777/moe_1779/201409/t20140917_175035.html.

[21] 关于加强国家机关办公建筑和大型公共建筑节能管理工作的实施意见 [EB/OL]. (2007-07-29) [2021-03-15]. http://www.gov.cn/zwgk/2007-10/29/content_788896.htm.

[22] 财政部关于印发《国家机关办公建筑和大型公共建筑节能专项资金管理暂行办法》的通知 [EB/OL]. (2007-10-24) [2021-03-19]. http://www.mof.gov.cn/zhengwuxinxi/zhengcefabu/2007zcfb/200805/t20080519_29037.htm.

[23] 关于推进高等学校节约型校园建设 进一步加强高等学校节能节水工作的意见 [EB/OL]. (2008-05-19) [2022-06-15]. https://www.mohurd.gov.cn/gongkai/fdzdgknr/tzgg/200805/

[24] 高等学校节约型校园建设管理与技术导则（试行）[EB/OL]．(2008-05-13)[2022-06-15]．http：//www.law-lib.com/law/law_view.asp?id=259096．

[25] 财政部，住房城乡建设部关于进一步推进公共建筑节能工作的通知[EB/OL]．(2011-05-11)[2022-06-15]．http：//www.gov.cn/zwgk/2011-05/11/content_1861716.htm．

[26] 关于印发"十二五"建筑节能专项规划的通知[EB/OL]．(2012-05-09)[2022-06-15]．http：//www.gov.cn/zwgk/2012 05/31/content_2149889.htm．

[27] 中华人民共和国住房和城乡建设部．绿色校园评价标准：CSUS/GBC 04—2013[S]．北京：中国建筑工业出版社，2019．

[28] 住房城乡建设部关于发布国家标准《绿色校园评价标准》的公告[A]．(2019-03-13)[2022-06-15]．https：//www.mohurd.gov.cn/gongkai/fdzdgknr/tzgg/201909/20190911_241758.html．

[29] 欧阳生春．美国绿色建筑评价标准LEED简介[J]．建筑科学，2008(08)：1-3．

[30] MURPHY C, THORNE A. Health and productivity benefits of sustainable schools [M]. Watford：IHS BRE Press，2010.

[31] JAPAN GREENBUILD COUNCIL J S B C. Comprehensive Assessment System for Built Environment Efficiency [EB/OL] [2021-05-09]. http：//www.ibec.or.jp/CASBEE/english/overviewE.htm.

[32] M DEL M, ALONSO-ALMEIDA, et al. Diffusion of sustainability reporting in universities：current situation and future perspectives [J]. Journal of cleaner production, 2015(106)：144-154.

[33] NIXON A. Improving the Campus Sustainability Assessment Process. Campus Sustainability Assessment Review Project Undergraduate Honors Thesis Western Michigan University (2002).

[34] SHUQIN C, MINYAN L, HONGWEI T, et al. Assessing sustainability on Chinese university campuses：Development of a campus sustainability evaluation system and its application with a case study [J]. Journal of Building Engineering, 2019(24)：100747.

[35] BOMAN J, ANDERSSON U P. Eco-labeling of courses and programs at university of Gothenburg [J]. Journal of cleaner production, 2013(48)：48, 53.

[36] LOZANO R. Diffusion of sustainable development in universities' curricula：an empirical example from Cardiff University [J]. Journal of cleaner production, 2010(18)：637-644. ArticleDownload PDFView Record in ScopusGoogle Scholar.

[37] LOZANO R, YOUNG W. Assessing sustainability in university curricula：exploring the influence of student numbers and course credits [J]. Journal of cleaner production, 2013(49)：134-141.

[38] SHRIBERG M. Institutional assessment tools for sustainability in higher education：strengths, weaknesses, and implications for practice and theory [J]. Higher education policy, 2002, 15(2)：153-167.

[39] LAUDER A, SARI R F, SUWARTHA N, et al. Critical review of a global campus sustainability ranking：Green Metric [J]. Journal of Cleaner Production, 2015, 108：852-863.

[40] TOGO M, LOTZ-SISITKA H. Unit-Based Sustainability Assessment Tool：A Resource Book to Complement the UNEP Mainstreaming Environment and Sustainability in African Universities Partnership [M]. Howick, Share-Net：2009.

[41] Abdul Razak D, Sanusi Z A, Jegatesen G, et al. Alternative University Appraisal (AUA)：reconstructing universities' ranking and rating toward a sustainable future [M]//Sustainability

[42] AASHE (The Association for the Advancement of Sustainability in Higher Education),Sustainability Tracking,Assessment and Rating System STARS 2.0 Technical Manual:Draft for Public Comment [EB/OL].（2012-10-08）[2022-06-19].https：//www.sustainablepurchasing.org/wp-content/uploads/2013/05/STARS_2.0_technical_manual.pdf.

[43] Association for the Advancement of Sustainability in Higher Education. STARS (Sustainability Tracking, Assessment & Rating System) Version 2.2 Technical Manual [EB/OL]. [2021-02-17]. https：//stars.aashe.org/resources-support/technical-manual/.

[44] Penn State Green Destiny Council. Pen State Indicators Report 2000 [EB/OL].（2000）[2022-06-19].http：//www.willamette.edu/~nboyce/assessment/PennState.pdf.

[45] 吕斌，阚俊杰．西方可持续校园评价指标体系研究及其对我国的启示［J］．国际城市规划，2012，27（01）：44-52.

[46] 王民，蔚东英，李红秀，等．国内外绿色大学评价的指标体系［J］．环境保护，2010（15）：47-49.

[47] the International Organization for Standardization. ISO 14001：2015.[EB/OL].（2005）[2022-06-19].http：//www.seatone.cn/upfile/iso14001_2015cd_en.PDF.

[48] 许竹桃．ISO 14000环境管理体系标准介绍［J］．中国资源综合利用，2003（12）：2-5.

[49] ISO. ISO 14000 FAMILY-Environmental Management [EB/OL]. https：//www.iso.org/iso-14001-environmental-management.html.

[50] 闫亚军．企业能源管理体系中的技术因素分析［D］．郑州：郑州大学，2012.

[51] 周湘梅．ISO 50001：2011内容简介［J］．认证技术，2011（10）：32-38.

[52] 李火银，邱智伟，周俊杰，等．煤炭火力发电厂能源管理体系的建立［J］．节能技术，2016，34（04）：372-376.

[53] British Standards Institution. Occupational health and safety management systems-Requirements [S]. 2007.

[54] 田镇．浅谈能源管理体系与电厂运行控制［J］．科技创新与应用，2015（04）：74.

[55] 周永生．日本能源管理师制度之借鉴［J］．人民论坛，2010（23）：250-251.

[56] REDFERN PETER, ZHONG HUA. 生态校园评估管理系统（ECOCAMPUS）在解决英国大学可持续发展中的作用［J］．工程管理年刊，2017，7（00）：67-79.

[57] 苏立坡．高校节约型校园建设问题研究［D］．石家庄：河北师范大学，2011.

[58] 陈翊．节约型校园建设与评价的研究［D］．上海：同济大学，2008.

[59] 曹燕华．绿色校园建筑节能设计［D］．上海：复旦大学，2013.

[60] 刘伟．美国绿色校园建设实践及其对国内大学绿色校园发展的启示［J］．绿色建筑，2014，6（01）：54-57.

[61] 余亦文．高校节约型校园规划建设的研究与实践［D］．长沙：中南大学，2009.

[62] MCDONACH K, YANESKE P. Environmental management systems in further and higher education institutions [J]. Environmentalist, 1996, 16 (1): 19-26.

[63] 陈洋．论中国高校生态可持续校园模式［D］．西安：西安建筑科技大学，2005.

[64] Australian National University Sustainability Office. Environmental Management Plan implementation mid-term report. [ER/OL].（2012-11）[2021-06-19]. https：//services.anu.edu.au/files/committee/Environmental_Management_Plan_Mid-Term_Report_2012_0.pdf

[65] 金科逸．浅谈企业能源管理体系的构建与实施［J］．科技风，2015（17）：273-274.

[66] 刘兰斌．清华大学校园建筑节能监管［J］．建设科技，2010（02）：24-25.

[67] 朱能,田喆. 天津大学节能监管平台建设[J]. 建设科技,2010(02):26-28.
[68] 邹骁,陈国朝,吴正烙,等. AEMS校园能源管理系统在浙江大学的应用[J]. 智能建筑,2010(07):34-36.
[69] 屈利娟. 首批"节约型校园建设"示范高校:浙江大学建筑节能监管体系建设[J]. 建设科技,2009(10):28-31.
[70] 谭洪卫. 首批"节约型校园建设"示范高校:同济大学节约型校园建设示范[J]. 建设科技,2009(10):20-23.
[71] 彭新一. 华南理工大学节能监管平台建设[J]. 建设科技,2010(02):22-23.
[72] 田备,王强. 首批"节约型校园建设"示范高校:江南大学数字化节约型校园建设[J]. 建设科技,2009(10):39-41.
[73] 张强. 首批"节约型校园建设"示范高校:北京师范大学节水型校园建设[J]. 建设科技,2009(10):32-35.
[74] 陈峰,殷帅. 北京交通大学节约型校园建设[J]. 建设科技,2010(02):37-42.
[75] 迈向绿色学校:学校环境管理指南[EB/OL]. http://www.hkedcity.net/resources/common/res_detail.phtml?res_cntr_id=36161,2004-07-05.
[76] 楼益明. 学校环境管理的费用效益分析[D]. 广州:广州大学,2013.
[77] 陈南. 学校环境管理的概念、方法及新思路[J]. 环境教育,2002(05):8-9.
[78] 吴祖强. 基于环境管理体系的全校性环境教育模式研究[D]. 上海:华东师范大学,2002.
[79] 吴嘉玲. 广州市中小学环境管理绩效评价研究[D]. 广州:广州大学,2010.
[80] 谭洪卫. 高校校园建筑节能监管体系建设[J]. 建设科技,2010(2):15-19.

2 我国高校校园运行管理现状与问题

在全球面临能源供应短缺危机和生态环境失衡的大背景下，绿色校园建设已被纳入了政府的重点工作内容。住房城乡建设部在《建筑节能与绿色建筑发展"十三五"规划》中就明确指出，积极开展绿色校园评价及建设试点，鼓励有条件地区开展学校绿化改造试点。加强高校绿色校园建设对我国的能源资源节约以及社会的可持续发展具有重要的现实意义。

尽管当前高校在绿色校园建设领域已经逐步开展了一些工作，但我国高校校园建筑运行管理工作还处于起步阶段，存在很多问题，例如运行管理制度不健全、缺乏合理有效的生态考评和激励机制、校园节能及环境运行管理粗放、广大师生节能环保意识淡薄等[1]。因此，全面了解当前高校运行管理的现状和所存在的问题，是实现高校运行管理工作全面、有效、持续开展的基础。

鉴于此，本项目在大量文献调研的基础上，在全国范围内选取有代表性的高校进行调研，从其校园运行管理制度、校园建筑节能管理、校园建筑环境、垃圾管理、化学物品管理、绿色采购、校园绿化等方面，全面分析我国高校校园运行管理现状以及所存在的问题，并对其成因进行了探讨。

2.1 调研方法

本研究从我国严寒地区、寒冷地区、夏热冬冷地区、夏热冬暖地区选取了20所高校进行校园运行管理现状调研。为使选取的高校具有代表性，覆盖了文史类、师范类、理工类、财经类、医药类、综合型高校等多种类型，且其中的14所调研高校通过了节约型校园建筑节能监管体系建设示范项目验收。

调研采取了文献资料检索、在各高校发放问卷，以及对高校各部门进行现场访谈等多种形式。各调研高校类型、所处地理位置、具体调研方式如表2.1所示。调研内容包括以下几个部分：①对各高校师生（包括行政管理人员）以随机抽样的形式进行问卷调查，问卷调查内容包括在校师生日常用能行为、校园用能管理措施（如水电用量公示、建筑节能改造、建筑可再生能源利用）等；②分别对各高校后勤处、基建处、资产处等行政职能部门进行现场访谈，以了解学校的建筑用能管理举措、难点以及所存在的问题；③对学校采购部门、宿舍管理部门、办公区、食堂管理部门、园林绿化管理部门、污水土壤管理部门、实验室管理部门等职能部门进行问卷调查和现场访谈，调研内容为高校在垃圾回收、校园绿化、污水处理、实验室废弃物处理等校园环境管理领域的管理办法及所存在的问题；④通过文献资料检索，收集各高校在绿色校园建设及运行管理方面的相关政策和举措。

表 2.1　调研对象及调研方法

气候区	调研学校	文献资料检索	问卷调研	现场访谈
夏热冬冷地区	综合类 A 校	√	√	
	综合类 B 校	√	√	√
	综合类 C 校	√		√
	综合类 D 校		√	√
	综合类 E 校	√	√	
	综合类 F 校	√	√	
	理工类 A 校	√	√	
	财经类 A 校	√		
	师范类 A 校		√	√
夏热冬暖地区	理工类 B 校	√	√	√
	理工类 C 校			
	综合类 G 校	√		
	职业技术类 A 校		√	
	文史类 A 校	√	√	√
寒冷地区	综合类 H 校	√		
	综合类 I 校	√		
	理工类 D 校	√	√	√
	医药类 A 校	√		
严寒地区	综合类 J 校	√	√	
	师范类 B 校	√	√	

2.2　高校校园运行管理现状

2.2.1　高校绿色校园管理机构

通过调研发现，校园的节能运行及环境管理效果是否明显往往和学校的重视程度以及人力、财力等投入紧密相关。在绿色校园建设中处于领先地位的少部分高校通常成立了绿色校园管理委员会，由校长或主管副校长担任委员会主任，资产资源管理处、实验室与设备管理处、财务处、审计处、基建处、采购处等相关部门的领导担任委员，主抓全校绿色校园建设的运行管理工作。同时，具有运行管理办公室等执行机构，负责各项运行管理工作的具体实施。此外，积极整合相关领域的专家为校园运行管理项目提供技术支持，以期有效推动项目的顺利实施以及运行管理效果的真正实现。少数调研的高校还建立了各学院、机关部处等二级单位责任人制度，负责监督落实学校制定的各项任务。

但是，调研的部分高校却没有对绿色校园的运行管理足够重视。校园运行管理通常仅仅只是后勤集团或水电中心的责任和工作。其他相关行政部门积极性不高，难以形成合力。还有少数高校对校园运行管理有一定重视，成立了绿色校园建设领导小组、水电改革小组等机构，但很难真正发挥作用。

2.2.2 校园建筑节能管理

进行高校建筑节能管理的最终目的是提高校园建筑能效、降低能耗。以节约型校园节能监管体系为基础进行高校建筑节能管理的流程如图2.1所示。结构健全、管理执行力强的组织机构和完善的管理制度是高校校园节能管理的重要保证。基于校园建筑节能监管系统的高校建筑能耗统计是节能管理的基础数据来源。在此基础上进行能源审计，可全面深入分析高校建筑能耗状况，发现问题，挖掘建筑节能潜力。能源统计和审计共同为高校建筑能耗定额管理和能耗公示提供数据支持，为能耗管理制度的制定提供依据。高校用能定额能有效推动校园建筑节能运行管理，并结合有针对性的建筑节能改造工作，从而全面推动校园建筑节能管理工作。

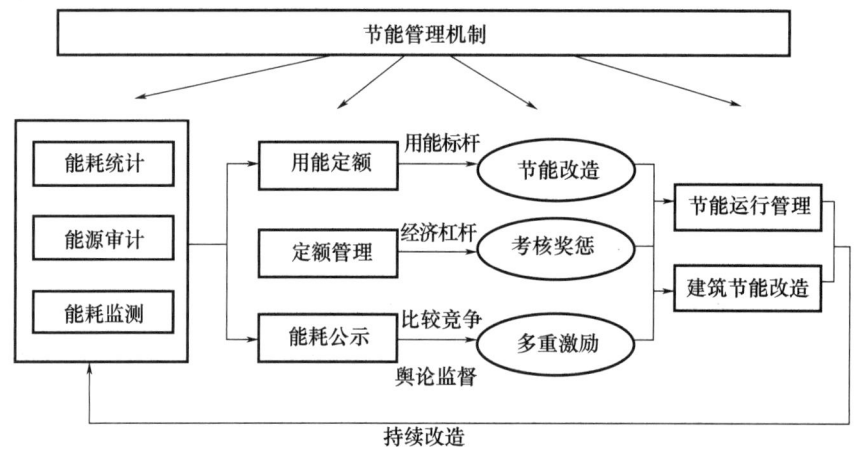

图2.1 高校建筑节能管理流程

2.2.2.1 管理制度

完善的校园建筑运行管理制度是绿色校园建设的有效保障。本次调研了解了各高校在学校能源规划、建筑能耗统计、审计及公示、能耗定额管理、建筑节能运行管理、建筑节能改造、节能激励、节能宣传培训等各方面的制度制定及执行现状，如表2.2所示。调研发现，相对于国外高校均制定了本校中长期绿色校园建设规划类制度的现状，国内高校均没有制定相应规划；国家相关部委制定了建筑能耗统计、审计及公示制度或导则，但并没有得到推广和有效执行；部分高校制定了本校的能耗定额管理制度，并逐步实施；各高校均制定了水电运行管理制度和空调运行制度，但建筑节能运行涉及的范围不够全面，执行力度有待加强；对于校园既有建筑节能改造，各高校均没有专门的管理制度，均按照基建项目管理制度执行；少数高校制定了节能激励、宣传制度，但无节能培训机制。

表 2.2 校园建筑节能管理制度归类及当前现状

制度类别	规章制度名称	当前现状
学校能源规划类	无	各高校没有制定本校能源规划类的详细制度
建筑能耗统计类	《公共机构能源资源消费统计制度》(国管节能〔2013〕258号)	住房城乡建设部制定了相关导则,少数高校参照执行; 各高校没有制定本校的能耗统计类制度,遵照《公共机构能源资源消耗统计制度》执行
建筑能耗审计类	《高等学校校园建筑能耗统计审计公示办法》(建科〔2009〕163号); 《关于推进高等学校节约型校园建设 进一步加强高等学校节能节水工作的意见》	各高校没有制定本校的建筑能耗审计类制度; 各节约型校园示范高校制定了《推进节约型校园建设节能节水制度》,要求全校进行能耗统计、审计、公示等工作,但大部分高校并没有有效执行
建筑能耗公示类		
能耗定额管理类	××省高校能耗定额管理办法; 院级单位水电管理实施细则; 水电费定额包干及收费管理实施细则; 节能降耗考核办法	部分省市制定了高校能耗定额管理办法,但尚未推广执行; 少数调研高校针对自身情况,分别制定了本校的能耗定额管理制度,并在逐步推广执行中
建筑节能运行管理类	高等学校校园设施节能运行管理办法; 水电设施管理细则; 水电管理条例; 暖通管理条例; 校园设施运行监督制度; 中央空调使用暂行管理规定; 实验室工作规程; 关于严格执行公共建筑空调温度控制标准的通知	住房城乡建设部制定了相关导则,但大部分高校并未严格执行; 各高校均制定了水电设施管理条例; 少部分调研高校制定了中央空调使用的管理规定,并参照执行; 实验室科研能耗是高校能耗的大户,各高校均制定了实验室工作规程,并未涉及实验室设备节能运行管理的内容
建筑节能改造类	基建工作管理办法; 修缮项目管理实施细则; 建设项目审查制度; 建筑工程方案设计招标投标管理办法; 工程决算审核管理与款项支付	各高校均有完善的基建项目管理方法; 对于校园既有建筑节能改造,当前有合同能源管理等多种实施途径,但各高校均没有专门针对既有建筑改造项目的管理制度
节能激励类	节约型校园及绿色校园评比奖惩制度; 开展节电奖励活动的通知	少部分调研高校制定了节能激励类制度
节能宣传培训类	群众监督举报制度; 舆论宣传制度; 节水节电倡议书	部分调研高校制定了节能宣传类制度; 调研高校均没有节能培训类制度

2.2.2.2 校园建筑节能监管

校园建筑节能监管是采用技术手段对校园建筑重点用能环节的能耗状态进行监测和优化管理。校园建筑节能监管的目标是实现长效节能、合理用能,不仅仅是为了建筑能耗的计量,而是在对建筑能耗分类、分项计量的基础上,掌握用能组成,摸清用能规律,分析用能数据,诊断用能问题,指导合理用能。

校园建筑节能监管方式主要有传统账单式管理与实时在线监管两种。目前,国家正在大力推行校园建筑节能监管系统的建设。自我国高校开始创建节约型校园以来，已有超过750所高校参与到校园建筑节能监管系统建设中，基本实现对高校用能规律的掌握，并为学校日常节能管理提供支撑。

然而，在调研中发现，大多数高校并未充分有效地运用校园建筑节能监管系统，仅将之当成一种远程抄表系统，并未充分发挥其能源管理的功能。尽管各高校通过校园建筑节能监管系统积累了大量能耗数据，但并未对数据进行有效挖掘和整理，从而并未全面了解校园建筑能耗现状、各类建筑能耗特征、各分项能耗的规律，因而也就无法为能耗统计、能耗审计、建筑改造、学校能源结构优化等工作提供数据支持。仅有极少数高校基于平台数据，发现不合理用能现象，从而进行合理用能管理，降低建筑能耗。

2.2.2.3 校园建筑能耗统计、审计及公示

校园建筑能耗统计主要包括各建筑基本信息的统计，如建筑类型、竣工时间、建筑面积、容纳人数、空调系统信息等，以及建筑能耗信息的统计，如校园建筑总能耗、分类建筑能耗、分项建筑能耗等。通过调研发现，各高校对全校总能耗均有统计，其中部分节约型校园示范高校对分类建筑能耗、分项建筑能耗等进行了详细分析；而大部分高校，甚至部分节约型校园示范高校也缺乏对校园建筑能耗特征的深入分析。而关于建筑基本信息，几乎所有的高校均缺乏对此类信息的详细调研。

当前校园建筑能耗审计工作主要有由政府主管机构委托校外第三方进行高校能源审计和学校自发进行建筑能源审计两种形式。校外第三方审计，因其权威性和专业性，有利于政府掌握其辖区内高校的能源利用状况，了解高校贯彻国家能源政策及法规情况与实施效果，也对高校自身的能源管理工作起到监督与促进作用。调研得知，2011年上半年，上海市发展改革委、市建设交通委和市教委委托上海市某专业机构对上海市内17所重点用能高校能源使用情况进行了专项审计，了解上海市高校的基本情况，同时为制定上海市高校建筑能耗定额做准备[2]。但当前高校的建筑能耗审计通常缺乏连续性，并没有全面推广开来。

校园建筑能耗公示有利于促进舆论监督以及用能单位和用能主体的节约用能。调研发现，绝大部分高校都没有进行校园建筑能耗公示，仅有1所通过节约型校园节能监管体系验收的高校，采取在建筑内张贴本栋建筑逐月能耗的方式，开始了建筑能耗公示。

2.2.2.4 校园能耗定额管理

在校园推行能耗定额管理，将用能定额指标明确到各单位，对节能者奖励、超标者处罚，从而激励用能单位节能。当前高校用能定额工作已在少数省份逐步开展起来，如表2.3所示，湖南、广西壮族自治区、四川等已经颁布高校用能定额指南，这些省份的少数高校已经参照指南逐步实施。在本项目调研的20所高校中，有2所节约型校园示范高校在近几年开展了该项工作，并得到全面实施。此外，还有2所普通高校建立用能定额制度及相应的实施办法，但由于校园建筑节能监管系统还没有建成，能耗监测表具没有到位，因此无法对各学院的用能统计进行技术支持，从而影响了用能定额的实施。结合这4所学校的能耗定额管理方式，以及相关文献调研结果，可以将当前高校能耗定额管理方法总结如下[1]。

表 2.3　部分地区普通高等院校建筑能耗定额值[3]

地区	建筑类型		用能指标（已折算为电耗指标）
湖南省	全校综合能耗		36kW·h/(m²·a)
广西壮族自治区	办公楼		80kW·h/(m²·a)
	图书馆		75kW·h/(m²·a)
	宿舍楼		45kW·h/(m²·a)
四川省	文科	教学试验楼	70kW·h/(m²·a)；350kW·h/(人·a)
		行政办公楼	30kW·h/(m²·a)；130kW·h/(人·a)
	理科	教学试验楼	90kW·h/(m²·a)；450kW·h/(人·a)
		行政办公楼	40kW·h/(m²·a)；180kW·h/(人·a)
	综合	教学试验楼	80kW·h/(m²·a)；400kW·h/(人·a)
		行政办公楼	35kW·h/(m²·a)；150kW·h/(人·a)

(1) 学院能耗定额管理方式

确定各学院科研楼、办公楼和学院教学楼的建筑面积和使用人数，依据各类建筑能耗定额指标和对应的建筑面积进行加和，得到学院年度能耗定额指标。能耗经费指标年初下发到学院，超定额能耗费用由学院安排其他经费支付。

(2) 学生宿舍能耗定额管理方式

学生宿舍室内能耗指标根据国家相关指标补贴学生，超额部分由学生自付。公共用能部分由宿舍管理服务中心负责，逐步实施包干到户。

(3) 行政机关、直属单位能耗定额管理方式

各行政机关、直属单位办公楼能耗定额按各单位在编人数，以定量标准核定，年初将水电预算经费下达至各单位，由各单位管理使用，超定额能耗费用由各单位自付。

(4) 学校公共区域、配套设施能耗定额管理方式

学校公共区域、配套设施用能由学校能源水电中心负责，制定科学合理的设施开启时间，减少公共区域能源消耗。

2.2.2.5　校园建筑运行管理

校园建筑节能运行管理是指在建筑使用过程中，对建筑物及其用能系统（如照明、空调、动力、插座设备等）的用能状况进行合理优化、系统控制以及动态调整，以达到落实建筑节能指标、降低建筑能耗的目的。本项目选取了所有调研高校中的 10 所高校，对其建筑照明和空调的日常使用情况进行了调研[4]。图 2.2 分析了各调研高校的照明使用频率，其中分值越高，表明照明频率越高。10 所高校的平均分值在 2.16 上下（即为工作时段基本常开和全天基本常开之间），说明不管白天室内光照程度如何，均使用人工照明。如图 2.3 和图 2.4 所示，分析了不同气候区划下高校的冬夏两季空调使用频率，其中分值越高，使用频率越大。各高校冬夏两季的空调使用频率均在 1～2 之间，即处于根据个人需求自行开关和工作时段基本常开之间，且使用频率受室外气候的影响。进一步调研各高校的冬夏两季空调设定温度发现，夏季空调设定温度在 22～27℃之间，冬季在 21～25℃之间，且各高校的空调设定温度和室外温度没有必然的联系。

这说明在室内温度的设定上各高校均没有明显的节能意识。此外，调研还发现，高校建筑还存在较大的设备待机能耗。由以上分析可知，校园建筑运行管理存在很大的节能空间，急需进一步强化节能运行管理措施的有效实施。

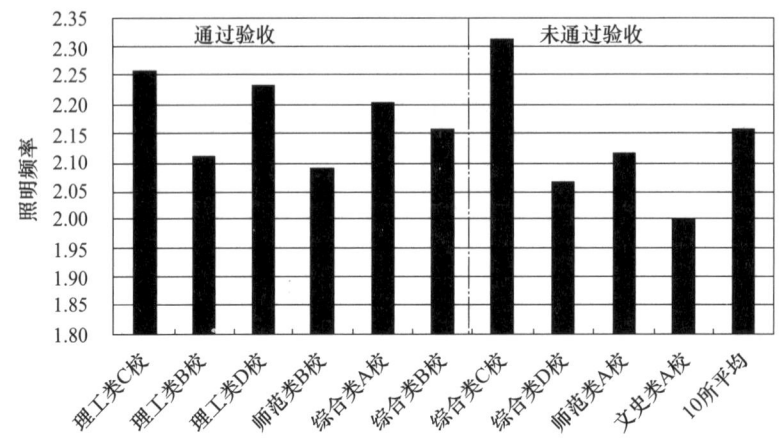

图 2.2 部分调研高校的照明频率

注：1.00 为根据在室内人员情况人为开关；2.00 为工作时段基本常开；3.00 为全天基本常开。

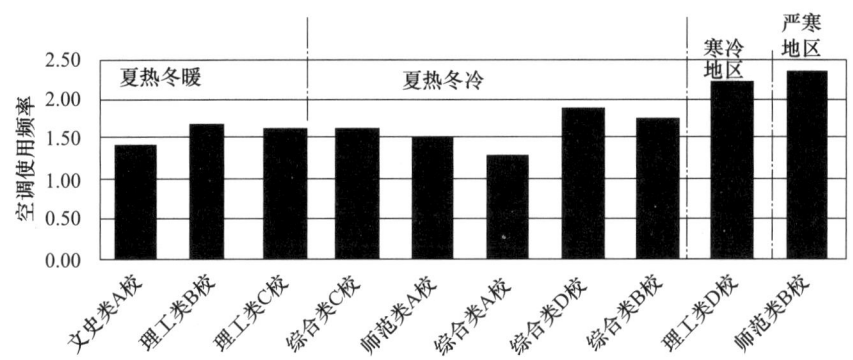

图 2.3 部分高校冬季空调使用频率

注：1.00 为根据个人需求自行开关；2.00 为工作时段基本常开；3.00 为基本全天常开。

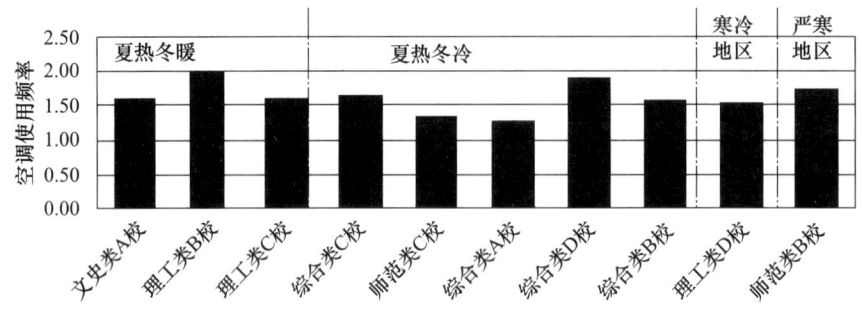

图 2.4 部分高校夏季空调使用频率

注：1.00 为根据个人需求自行开关；2.00 为工作时段基本常开；3.00 为基本全天常开。

2.2.2.6 校园建筑节能改造

建筑节能改造是提高校园建筑能效的重要方法之一。从教育部相关部门的调研了解到，截至2011年住房城乡建设部、教育部设立专项资金推动建筑节能改造示范高校建设以来，一共有231所学校获得了专项经费支持。本次调研对各高校在建筑节能改造中所采用的技术进行了全面了解。表2.4统计了部分高校采取的各项节能技术，包括地源热泵、热泵热水器、光伏发电、光热、照明改造、建筑围护结构改造、采暖空调系统控制等技术。从表2.4中可以看出，节约型校园示范高校采用的节能技术要多于普通高校，特别是在光伏光热利用技术、造价比较高的既有建筑围护结构改造以及技术难度比较高的空调系统调适等技术的应用上，节约型示范高校的应用比例要明显多于普通高校。而在照明改造等方面，示范高校和普通高校均做了大量工作，这主要是因为这些技术的投资比较低，节能效果比较明显。

表 2.4 部分调研高校采用的节能技术措施列表

学校		地源热泵	热泵热水器	光热	光伏发电	照明改造	建筑围护结构改造	采暖空调系统控制
节约型校园示范验收的高校	理工类B校			√	√		√	√
	理工类C校	√	√		√	√	√	
	理工类D校			√	√	√		√
	师范类B校	√		√	√			
	综合类A校				√	√		
	综合类B校	√	√		√	√		√
普通高校	综合类C校	√				√		
	综合类D校				√	√		
	师范类A校	√						
	文史类A校	√			√			√

2.2.3 校园建筑环境管理

2.2.3.1 室内热环境现状

相关研究对夏热冬冷地区综合类B校的办公楼和实验室进行室内热环境实测发现，学生办公室的全年月平均气温都在16.5～27.3℃之间，教师办公室的全年月平均气温为16.0～34.8℃，实验室的全年月平均气温为16.0～29.2℃[5]。

夏热冬冷地区理工类A校测试结果显示，冬、春、夏3个季节的教室内平均温度分别为17.6℃、21.1℃、24.5℃，相对湿度分别为41.6%、55.5%、50.1%，均在《室内空气质量标准》（GB/T 18883—2002）限值范围[6]内。

在过渡季节，夏热冬冷地区综合类C校教室的平均温度为20.9℃，最高温度为29.4℃，最低温度为16.0℃[7]。为掌握高校宿舍的室内热环境及学生的热舒适情况，李念平等人选取了夏热冬冷地区综合类 C 校的自然通风宿舍进行室内热环境的现场实测，并在测试热环境的同时，对受试者热感觉以及热适应行为进行问卷调查，共收集调研数据 437 份[8]。在此期间，室内空气温湿度变化范围分别为 24.9～35.7℃ 和 43%～94%，其平均值分别为 30.6℃ 和 65%。结果显示，预测平均热感觉（PMV）较实际平均热感觉（MTS）偏大，操作温度越高，两者相差越大，两者所对应的可接受温度范围分别为 24.4～28.7℃ 和 23.8～28.9℃；将男、女性调研数据分别分析，男、女性的热中性温度分别为 26.3℃、26.7℃，可接受温度范围分别为 23.8～28.7℃、24.2～29.2℃。

2.2.3.2 室内空气品质现状

文献[6]选取了夏热冬冷地区理工类 A 校 10 间在室人员密集的教室，分别于春、夏、秋、冬各季节，对教室使用期间的 CO_2 浓度等室内空气环境情况以及室内人员数量和典型活动状况（如开关门窗）等进行了连续监测和对比分析，结果如表 2.5 所示。研究结果表明，室内总挥发性有机化合物（Total Volatile Organic Compound，TVOC）浓度变化与 CO_2 浓度变化类似，与室内人员数量变化呈强正相关性。TVOC 浓度随着室内人数变化，呈现出先逐渐升高，然后趋于相对稳定，最后逐渐降低的趋势，如图 2.5 所示。室内 TVOC 浓度水平存在季节性差异，冬、春、夏三季测试教室室内 TVOC 质量浓度分别为（363.1±121.7）$\mu g/m^3$，（218.4±11.5）$\mu g/m^3$，（583.3±38.9）$\mu g/m^3$，均小于 0.60mg/m^3 的国家标准《室内空气质量标准》（GB/T 18883—2002）限值要求[9]，如图 2.6 所示。室内 TVOC 质量浓度在春季、冬季、夏季依次升高，其可能的主要原因为：春季教室门窗开启频繁，室内换气次数高，室内 TVOC 质量浓度相对较低；而冬季、夏季受空调运行影响较大，门窗开启较少，室内浓度相对较高。分析不同人群样本（不同班级）在相同教室上课时，室内 TVOC 浓度及通过估算得到的总源散发强度的变化情况，结果如图 2.7 所示，强度的变化趋势与室内 TVOC 浓度的变化类似，均主要受到室内人数变化的影响。然而，冬季教室内 CO_2 体积分数为（1034～1578）×10^{-6}，春季室内 CO_2 体积分数为（1002～1657）×10^{-6}，均大于 1000×10^{-6} 的国家标准《室内空气质量标准》（GB/T 18883—2002）限值[9]；而夏季教室内 CO_2 体积分数为（825～1366）×10^{-6}，除 10 号教室（换气次数为 1.57h^{-1}）外，其余教室内 CO_2 浓度均高于标准限值[9]。

表 2.5 室内环境参数测试结果

参数	教室编号									
	1A	2	3	4	5A	6	7	8A	9A	10
室内温度（℃）	46.7	16.4	18.0	19.1	18.8	20.3	24.3	24.9	23.6	25.1
室内相对湿度（%）	45.5	40.0	42.2	38.7	58.1	56.3	52.1	53.9	47.2	49.2
CO_2 体积分数（×10^{-6}）	1578	1549	1034	1042	1657	1002	1140	1271	1366	825
换气次数（次/h）	0.84	1.05	0.33	0.27	1.41	1.93	1.71	0.80	1.01	1.57

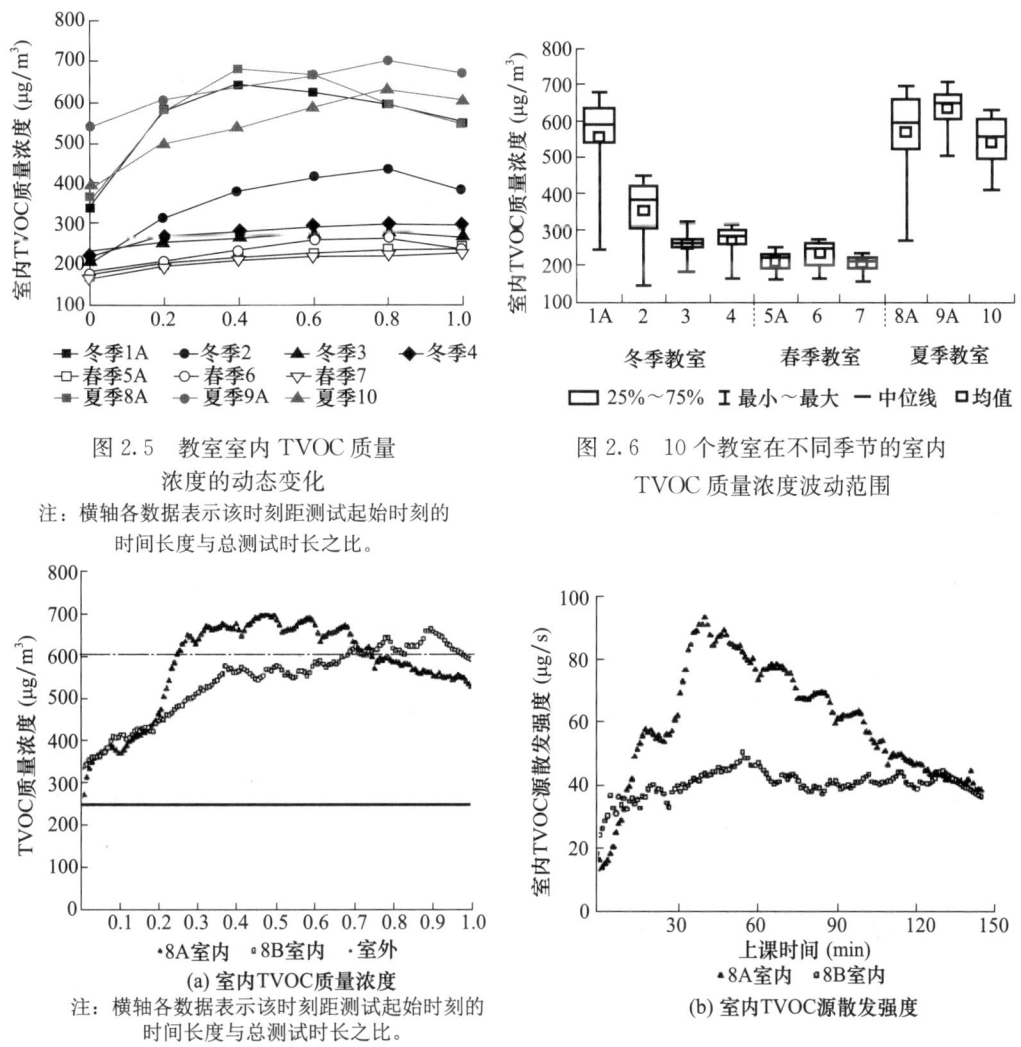

图 2.5 教室室内 TVOC 质量浓度的动态变化

注：横轴各数据表示该时刻距测试起始时刻的时间长度与总测试时长之比。

图 2.6 10 个教室在不同季节的室内 TVOC 质量浓度波动范围

(a) 室内TVOC质量浓度

注：横轴各数据表示该时刻距测试起始时刻的时间长度与总测试时长之比。

(b) 室内TVOC源散发强度

图 2.7 不同人群样本不同班级在相同教室上课 TVOC 质量浓度及源散发强度变化曲线[6]

2.2.4 垃圾管理

通过对各高校的调研发现，校园垃圾主要可归纳为寝室垃圾、办公区垃圾、厨余垃圾及废水以及试验设备废弃物等四大类。本节分别介绍上述四类垃圾的校园回收管理机构和回收方法、各类垃圾管理的规章制度，以及培训和宣传等调研现状。

2.2.4.1 管理部门

大部分调研高校均没有明确一个部门来统筹管理垃圾分类及回收处理，各类垃圾回收处理被分散在几个部门中，各部门互相独立，如图 2.8 所示。其中，寝室垃圾由学生公寓管理中心负责，办公区产生的纸张垃圾由学校的物业负责。这两种垃圾经过各部门的垃圾清理人员分类回收后，交由当地环卫部门处理。办公区垃圾中的报废家具等办公设备则由资产管理处管理。厨余垃圾、废油及废水处理由学校后勤集团饮食服务中心负责，具体事务一般由学校后勤集团下属餐饮公司或外包的餐饮公司处理。而废弃试验仪器交由实验室管理处（以下简称实管处）统一处置。

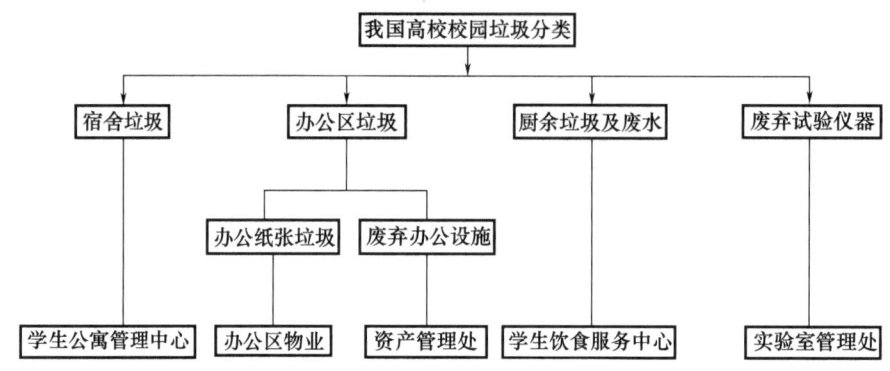

图 2.8 调研高校的垃圾管理部门

2.2.4.2 规章制度

对各高校垃圾管理的相关规章制度进行调研，汇总如表 2.6 所示。经过调研发现，针对寝室垃圾和办公纸张垃圾等，国家及各省政府制定了相关政策、管理方案及实施办法，可以参照执行；此外，部分高校也制定了适合自身情况的管理办法。对于废弃家具等办公设备垃圾，大部分高校都制定有较为详细的家具、设备报废流程。对于废弃试验仪器的处置，部分学校建立详细的管理流程。对于厨余垃圾，少数高校会根据本校的具体情况，制定有关厨余垃圾处理的管理方案，并写入本校的相关运行管理规划。

表 2.6 垃圾管理规章制度

类别	文件名	执行情况
国家级、省级层面	《关于推进党政机关等公共机构生活垃圾分类工作的通知》（国管节能〔2017〕180 号）	住房城乡建设部制定了相关导则，少数高校参照执行
	《城市生活垃圾分类规划》	
	《生活垃圾分类制度实施方案》	各高校部分执行，有垃圾分类但最终还是统一处理
	《省直机关生活垃圾分类工作实施方案》	
	《关于加快推进城市生活垃圾分类工作的通知》	
	《城市生活垃圾管理办法》（中华人民共和国建设部令第 157 号）	
学校层面	《××大学固定资产报废管理规定》	所有高校都制定了相关的管理办法
	《××大学家具管理办法》	
	《××大学报废家具处置办法》	
	《××大学建筑及非生活垃圾管理办法》	只有少部分高校制定，部分执行
	《××大学校园建筑垃圾管理规定》	
	《清洁、绿化员工工作手册》	
	《××大学仪器设备管理办法》	只有少部分高校制定

2.2.4.3 垃圾回收方法及流程

(1) 寝室垃圾

高校寝室垃圾的种类和居民生活垃圾类似。大部分高校在寝室生活区都设有可回收和不可回收两种垃圾桶，垃圾回收的工作交由后勤保洁员工来完成。保洁员工将具有回收残值的可回收垃圾卖给垃圾回收点。对于保洁员工筛选剩下的垃圾会被运到学校几个指定的垃圾站，最后被当地环卫部门的垃圾车运走，和城市生活垃圾一同处理。

(2) 办公区垃圾

① 办公纸张垃圾。办公建筑内的垃圾主要有办公纸张垃圾和废弃办公设施，此外也有少部分生活垃圾。大部分高校在办公区也都设有可回收和不可回收两种垃圾桶，对于办公纸张垃圾及生活垃圾，其回收方法与寝室垃圾相同。保洁员工将具有回收残值的可回收垃圾卖给垃圾回收点，剩下的垃圾会被运到学校几个指定的垃圾站，最后被当地环卫部门的垃圾车运走，和城市生活垃圾一同处理。

② 废弃办公设施。办公区内废弃的办公设施主要包括办公家具，以及打印机、电脑等办公设备。经调研发现，大部分高校都有较为详细的办公家具及设备报废流程。首先由申请人提出报废申请，由各使用单位领导签字同意后，报资产处；资产处会同使用单位一起，对申请报废的物品进行检查是否符合报废条件，提出处理意见并报分管校长审批，大宗物品报废须报教育厅主管部门审批；批准报废的物品，每年集中办理一批固定资产报废手续，最终通过招标的方式回收残值。废弃办公设施处理流程如图2.9所示。

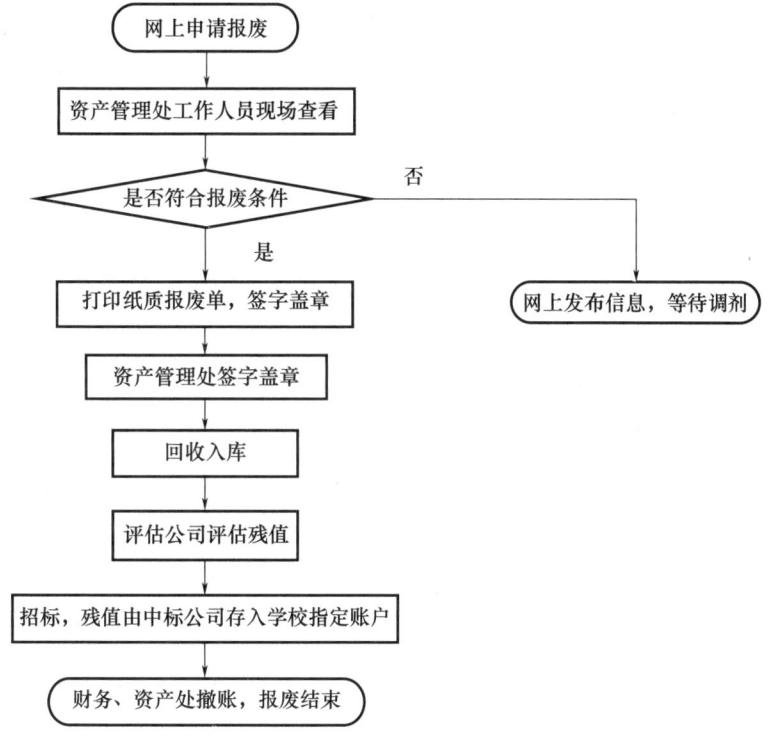

图 2.9 废弃办公设备处理流程图

(3) 厨余垃圾及废水

大多数调研高校对于食堂产生的厨余垃圾，采用外包校外专业公司的方式进行处理，项目实行公开招标、择优选择。少数高校会将部分厨余垃圾进行校内预先处理，剩余的外包给校外专业公司处理。

高校食堂日常清洗食物原料和餐具所产生的污水，部分高校会将其排放至校内专用排污管道后，再排放至市政污水管道。对于宿舍以及办公等区域产生的生活污水，也直接排放至市政污水管道。

部分高校已经执行了雨污分离措施，雨污分离后直接排放至市政雨污水管道。对于洁净的雨水及部分较为洁净的生活污水可以通过雨水/中水处理装置进行有效回收利用，但调研高校中仅有两所高校安装了雨水/中水回收处理设备。

(4) 废弃试验仪器

对于报废试验仪器，各调研高校的管理制度基本类似。在设备符合报废要求（如超过使用年限、功能丧失、设备被淘汰等）后，由设备负责人提出报废申请并填写申请表（部分调研高校有申请时间限制），根据仪器价格来组建不同人数的专家组进行评议，评议通过后送往相关管理部门（如实验室管理处、国有资产管理处等）进行报废（部分高校有二级申请）。通过后，报废仪器统一入库，积累一定数量后统一组织有资格的单位进行回收竞标，中标单位将设备运出学校，财务处进行后续清算等流程。

有放射性、剧毒物质的设备（如 X 射线衍射仪等）应在环保部门、实验室管理处等相关人员现场监督下运出学校。废弃试验仪器管理流程如图 2.10 所示。

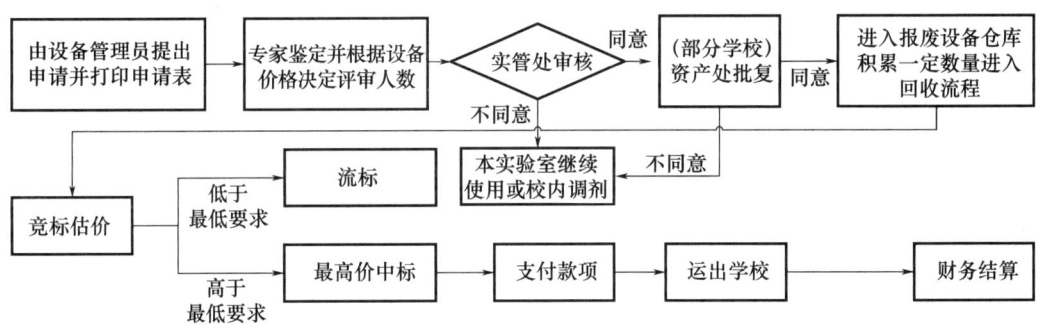

图 2.10　废弃试验仪器处理流程图

2.2.4.4　人员培训及宣传

(1) 寝室垃圾

大部分调研高校的学生公寓管理中心会对师生组织宿舍生活相关的宣传和培训，主要途径包括公寓微信公众平台、海报以及横幅等。但培训力度仍有很大不足，培训的内容也欠全面，主要表现为对员工的培训内容多和寝室消防安全有关，和垃圾分类回收等相关的内容非常少。

(2) 办公垃圾

在调查的高校中，并没有发现对办公室人员进行垃圾分类回收的相关宣传，也没有对员工进行相关培训。

(3) 厨余垃圾及废水

在调查的高校中，个别高校发布了专门针对厨余垃圾处理的保洁员工工作手册，并从工作目标要求、基本岗位技能知识、规章制度、行为规范、奖惩措施、招解聘制度等方面对保洁员工进行培训。这有利于员工专业素质的培养，可更好地保证高校厨余垃圾处理工作的有效执行。

(4) 废弃试验仪器

废弃试验仪器的回收与处理均按照学校规定的处理流程来进行管理。部分学校官网上会公布相关管理办法和流程。学校也会对各院系实验室管理人员进行培训，但鲜少进行对学院师生的培训及宣传。

2.2.5 化学物品管理

2.2.5.1 管理部门

高校用于试验的耗材种类繁多。在众多试验耗材中，因化学试验物品对人体和环境有直接危害，所以在实验室耗材管理中，对各类化学试验物品的管理尤其重视。图 2.11 展示了各调研高校化学试验物品管理的组织构架。学校实验室管理处和各院系的试验中心均有专职教师进行化学物质的申购、使用监管以及化学废弃物回收处理等相关管理工作。对于金额在学校规定限值以下的普通化学用品，各课题组可以由导师负责直接进行申购、使用和回收处理等工作，并在实管处相应系统登记；对于超过一定金额或者危险化学用品，在导师和试验中心老师的监管下，进行申购、使用、报废等工作，其中部分学校规定危险化学品采购需通过学校规定的化学品与材料采购平台进行。实验室废弃物运送至实管处或后勤处管理的实验室废弃物中转站统一进行处理。

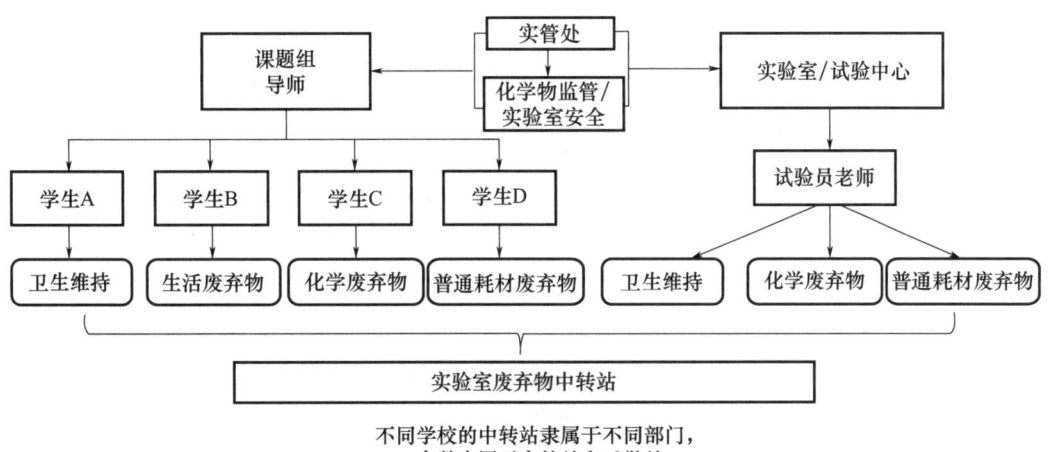

图 2.11 化学物品管理的组织构架

2.2.5.2 规章制度

根据调研结果,虽然当前高校实验室安全和废弃物管理还很薄弱,但随着环境安全健康意识的增强,高校实验室管理的力度也正在逐年加大。这两年已经有教育部制定的《高等学校实验室工作规程》(教育委员会第 20 号),部分省市也有本省的高校实验室安全管理规定,如浙江的《浙江省高等学校实验室安全管理办法》和《浙江省高等学校学生实践教学安全管理办法》等。

实验室废弃物管理的相关条例主要有危化品(易制毒易制爆、剧毒化学品等)管理条例,如《中华人民共和国保守国家秘密法》《化学危险品安全管理条例》等有关安全保密的法规制度。

而关于普通化学废弃物的相关规定,一般由各校实管处自行设置规定,主要对不同学院下设的不同种类实验室和不同类别的废弃物分别设立相关规定。具体的实验室管理规章制度汇总如表 2.7 所示。

表 2.7 高校实验室管理规章制度汇总

文件类别		文件名称	主要内容
国家教委令		《高等学校实验室工作规程》(教育委员会第 20 号)	全国高校实验室建设的法规,高校开展实验室工作、推进实验室管理体制改革的依据。对实验室废弃物,按类型提出一定的处理要求
省市级文件		《浙江省高等学校实验室安全管理办法》	具体归责,主要对安全教育提出要求,对危化物和生物危害类、放射类废弃物提出安全要求
校级文件	按照实验室类别管理	《病原微生物实验室生物安全管理条例》	微生物实验室的安全管理和生化废弃物处理要求
	一般化学废弃物管理	《××大学实验室废弃物处置要求和流程》	一般化学废弃物的处理要求和流程
	危险化学废弃物管理	《××大学实验室危险废弃物处置管理办法》	危化品废弃物的处理要求和流程

2.2.5.3 实验室化学废弃物的处理、回收方法及具体流程

实验室化学废弃物如管理不善,会造成巨大安全危害。目前我国对高校实验室的污染排放并没有专门的规定,一般参照企业的污染排放标准。在进行实验室建设或验收时也会对实验室的废弃物排放提出要求,如气体试验需设置通风柜,废弃物由专门的环保公司回收等。与校外实验室相比,高校实验室具有校方监管和内部规章制度,但其废弃物排放仍应当引起重视。

对于普通的固、液、气化学废弃物,各高校均有相关实验室管理规定。在涉及易制毒、易制爆化学品时,各高校实验室也都有严格规定。根据高校规模,部分高校有放射性废弃物和生物危害废弃物的产出,也会根据高校的相关规定进行处理。

(1) 固体废弃物的处理

实验室产生的固体废弃物分为试验沉淀的废渣、打碎的玻璃仪器残渣和一次性耗材等。

废渣中未完全反应的有用物质（如金属单质、催化剂等）和可以通过反应沉淀出的有用物质，通常洗涤干燥后直接回收，以备下次使用。剩余废渣干燥后分别装袋贴标签，写明物品类型后交给废弃物中转站。

利器（包括针头、小刀、金属和玻璃等）应直接弃置于耐扎容器内，与其他暂时存放于实验室的废弃物分隔放置，防止割伤，定期统一运送至废弃物中转站。

废弃玻璃容器和耗材清洗后，用纸箱盛装，密封贴标签，统一运送至废弃物中转站。

(2) 废液的处理

废液可分为无机废液、有机废液、普通有毒废液和剧毒废液。不同类型废液的处理方式均不同。危化品废弃物的处理流程如图2.12所示。

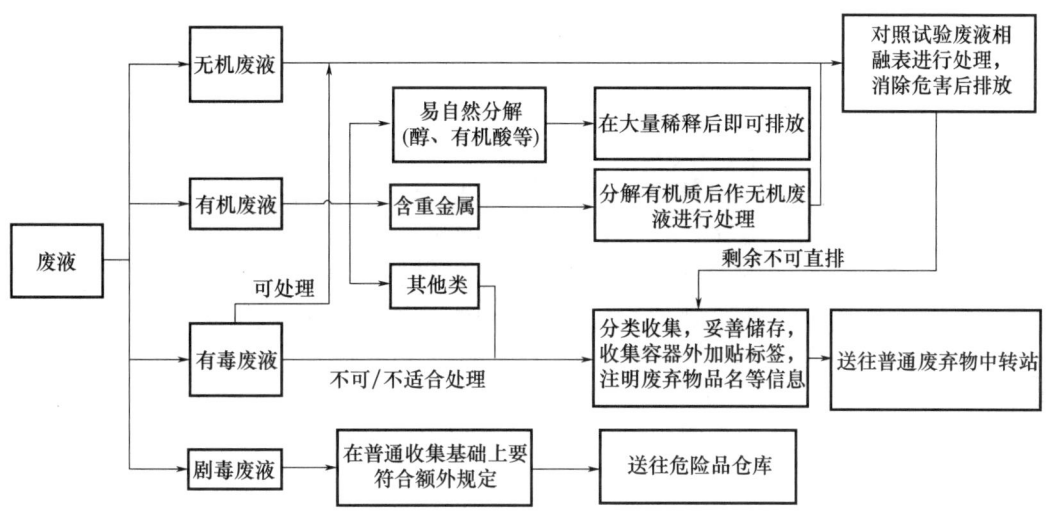

图2.12 化学废液处理流程图

无机废液需对照试验废液相融表（图2.13）进行处理，消除危害后排放；不可直接排放的无机废液需要送往废弃物中转站。

有机废液若含重金属或易自然分解，与无机废液类似处理；否则需要送往废弃物中转站处理。

对于可以进行处理的普通有毒废液，其处理方式与无机废液类似，在处理后进行稀释再排放，否则需要送往废弃物中转站。

上述废液在送往废弃物中转站前，应分类收集，妥善储存，收集容器外加贴标签，注明废弃物品名等信息，同时用指定的废弃物收集箱统一存放。

剧毒废液在处理上有特殊规定，在处理（如有需要）后需要送往危险品仓库而不是普通的废弃物中转站，并且有如贴特殊标签、两人监管等额外规定。

(3) 废气的处理

高校实验室的废气一般采用安装于试验台上的固定式通风柜进行负压收集，经过管口的活性炭等吸附材料处理后直接排放。但是根据调研，发现存在如下问题。①吸附材料更换不及时。部分高校存在一定程度的监管不力，导致活性炭等耗材更换不及时、出现异味等问题，甚至有部分高校会接到附近居民投诉。②此层过滤只能解决异味和固体悬浮物的问题，不能解决其他有害气体的危害。

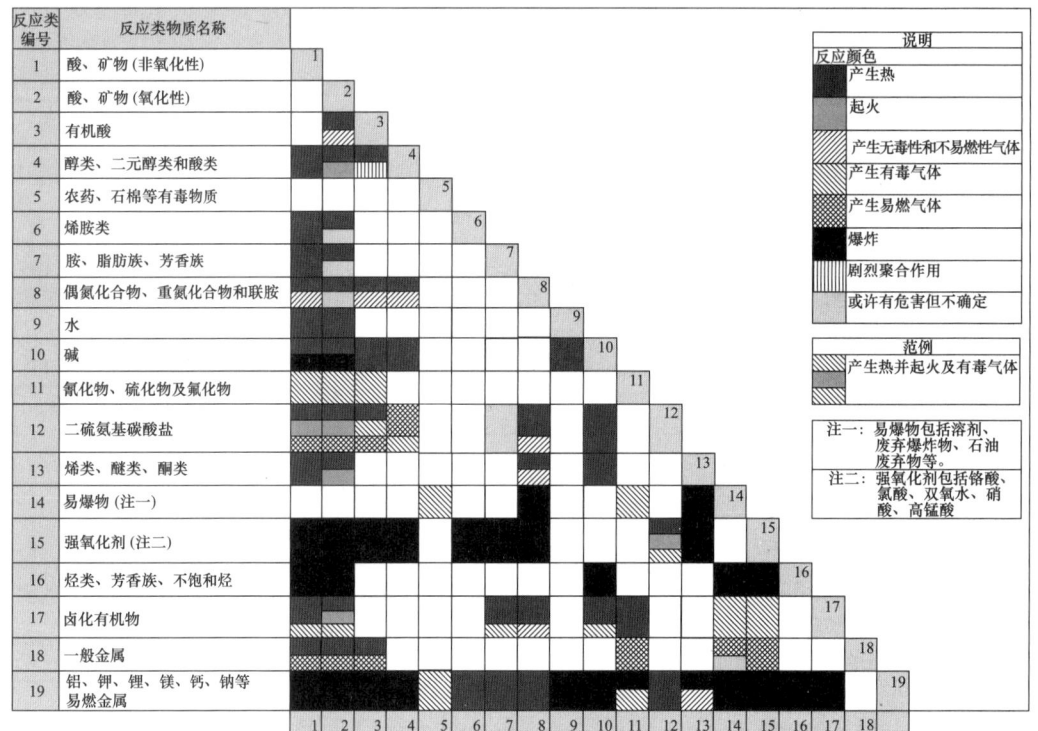

图 2.13　试验废液相融表

（4）危化品的处理

该类废弃物的处理流程如图 2.14 所示，危化品一般不混入普通化学废弃物中转站，要填写相应废弃物处置申请单，审批后送往危化品仓库暂存。若可行，危化品产生的废渣、废液等还应优先降解，再按照一般废弃物进行处理。试验后有剩余的危化品应与原包装物退回实验室保存，以供后续使用。同时，危化品废弃时实验室负责人需填写危化品登记表，贴在处置物包裹上，以便留存或交给负责部门。盛装危化品的容器必须满足以下要求：

① 容器的材质必须与危险废弃物相容（不互相反应）；

② 容器要满足相应的强度和防护要求；

③ 容器无论有无残留物质必须完好无损，封口严密，防止在搬动和运输过程中泄漏、遗撒；

④ 每个盛装危险废弃物的容器上都必须粘贴明显的标签（或原有的，或贴上新的标签，注明所盛物质的中文名称及危险性质），标签不能有任何涂改的痕迹；

⑤ 凡盛装液体危险废弃物的容器都必须留有适量的空间，不能装得太满；

⑥ 不稳定的物质应先做好预处理再收集存放。

临时存储危险废弃物必须做到：①按类分别存放，不相融的物质应分开存放，以防发生危险；②易碎包装物及容器容量小于2L的直接包装物应按性质不同分别固定在学校统一分发的塑料箱中，并加装填充物，防止碰撞、挤压，以保证安全存放；③直接盛装危险废弃物的容器在存储过程中（含在间接包装箱中）应避免倾斜、倒置及堆叠码放。危化品的处理流程具体如图2.14所示。

图 2.14　危化品的处理流程

（5）生化废弃物的处理

生化固废应与其他废弃物分开放置，其处理流程如图2.15所示。非利器需用专用塑料袋包装，其中对有病原微生物污染的生化固废或被病原微生物污染过的废弃物，必须先在实验室采用高压蒸汽灭菌或放入消毒液消毒；利器（包括针头、小刀、金属和玻璃等）应直接弃置于耐扎容器（牢固厚实的小纸箱等）内，避免伤人。动物尸体应在灭菌后统一交由动物中心集中处理。

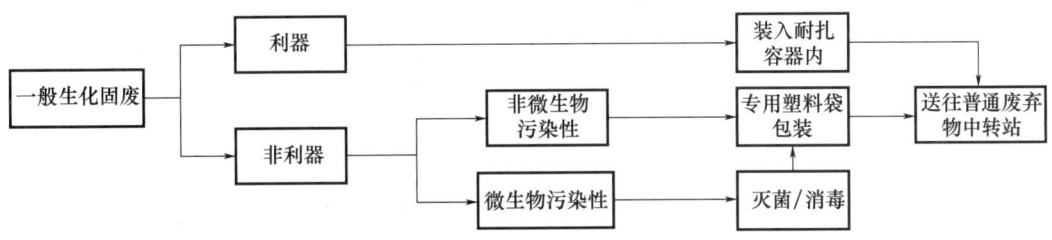

图 2.15　生化废弃物的处理流程

（6）放射性废弃物的处理

放射性废弃物的处理如图2.16所示，放射性废弃物需要放入指定领用的防辐射废弃物桶内，与其他废弃物隔离放置。根据废弃物半衰期长度来采取不同的处理。

① 密封源和半衰期长的同位素，须实验室与有处置资质的单位直接签订处置协议或请厂商回收，协议需交实管处备案。

② 半衰期短的同位素应按照半衰期的长短和产生时间分类收集，在防辐射废弃物桶中存放10个半衰期，接近本底水平后按一般试验废弃物送处（运送处理）的要求进行处置。

③ 接近本底水平的放射性废弃物直接按一般试验废弃物送处（运送处理）的要求进行处置。

④ 具有放射性的化学废弃物，须由实验室联系有资质的单位进行处置。

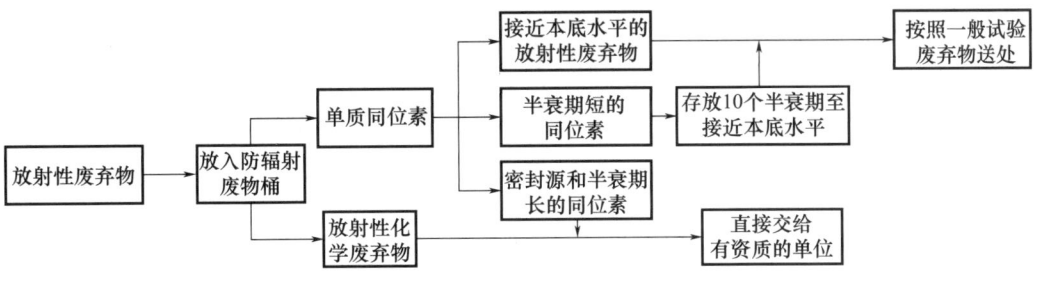

图 2.16　放射性废弃物的处理流程

2.2.5.4　废弃物中转站化学废弃物的处理、回收方法及具体流程

（1）实验室废弃物中转站的位置

废弃物中转站的位置对实验室学生主动运送废弃物的积极性有很大的影响。中转站的位置基本可以归为试验楼内和试验楼外两类，而位于实验室内的中转站通常更为便捷。在实验室数量较多时，部分调研高校选择在试验楼内分设多个中转站，而有些高校将中转站布置在试验楼外的角落处。回收处位置统计如表2.8所示。

表 2.8　调研高校的实验室废弃物中转站位置

类型	回收处位置
在校园角落	试验楼800m外
试验楼内	试验楼地下室
	试验楼各楼层
试验楼外	试验楼门外仓库
	排布试验楼的一端
特殊	由后勤部门到实验室定点收集

（2）回收频率及周期

不同高校对实验室化学废弃物的回收方法有所不同。有些高校需实验室负责人将废弃物送往中转站，而有些高校由中转站工作人员主动前往实验室收集，具体回收方法如表2.9所示。

表 2.9　调研高校的实验室废弃物回收方法

运送方式	时间周期	特点
实验室负责人将废弃物送往中转站	按周期统一运送	根据实验室废弃物的产生量自行设定回收周期
	周期内分日期运送不同类型的废弃物	系统的收集分类方法，实验室数量多、废弃物产生量大的大多数高校均采用此法
	做完试验后立即将废弃物运送于旁边的中转站	仅存于实验室数量很少且中转站互相靠近的极少数高校，管理成本较低且便于监管
中转站工作人员主动去实验室收集废弃物	周期内统一回收	部分高校采用
	周期内分日期收取不同学院的废弃物	需要中转站雇用较多的工作人员，极大地方便了实验室师生。收取时间内需要有负责人留守实验室

（3）回收后的处理方法

由中转站或上级部门联系当地环保部门，指定具有处理资质的企业统一处置，并定期进行招标轮换。

2.2.5.5　人员培训及宣传

各高校对实验室化学物品处理进行的培训较少，但宣传广泛，对于废弃物回收的宣传主要有线上和线下两部分。

(1) 线上宣传

线上宣传主要为通过实管处网站进行宣传。多数高校会提供安全教育，包括试验安全和危化品安全。部分高校提供药品节约和废弃物管理宣传，学生也可以在网上找到处理废弃物的相关流程。还有部分高校的实管处会专门运营实验室安全相关的微信公众号，普及实验室安全教育和废弃物处理方式和节约药品等知识。此外，相关通知公告和工作动态也会在网站或公众号上发布。各调研高校的废弃物回收宣传方式如图2.17所示。

图 2.17 废弃物回收的宣传方式

(2) 线下宣传

线下宣传主要有口头宣传和张贴文件两种。以老师和老生向新生宣传教育为主。此外，试验楼中电梯和每层入口处也都会张贴当层实验室管理的相关条例以及废弃物处理的相关通知文件。部分学校会组织贯彻宣传会，但是频率很低，效果也不甚理想。

2.2.6 绿色采购管理

2.2.6.1 管理部门

通过调研发现，国内大部分高校的采购都由一个主管校领导统筹管理，由招投标管理办公室负责学校基建工程、仪器设备、家具、图书材料、医疗药品、大宗物资（不含后勤食堂原副材料）、物业管理以及其他服务等采购的招投标工作，部分高校有稽核与管理办公室对其进行审核管理。

2.2.6.2 规章制度

根据现有的情况来看，各高校并没有建立高校专门的绿色采购类制度，而是参照财政部、发展改革委等部委要求的节能产品和环境标志产品政府采购的相关意见要求执行。

我国各高校在采购的过程管理上注重于采购流程、采购指南、采购论证、采购记录等方面，具体采购类文件见表2.10～表2.12，但所有采购均为日常采购，未有绿色采购相关文件。在绿色采购的培训、激励等机制建设上也有缺失，未见调研高校颁布相关文件。

表 2.10 采购管理支持性文件

文件名称	主要内容
采购服务指南	说明采购的流程、对象等
采购与招标管理办法	说明采购的要求、分类等
集中采购项目定标细则	说明集中采购项目的依据、原则、方式、流程等
集中采购项目采购方式确定细则	说明集中采购项目采购方式的确定依据等
采购评审专家管理办法	说明采购评审专家的资格条件、权利及义务等
采购信息公告管理办法	说明采购信息的公示范围、内容等

表 2.11 采购流程规章制度

文件名称	主要内容	实施情况
货物/服务采购流程	说明采购的货物/服务类型、时间、负责单位、注意事项等	各调研高校均按文件实施
大功率用电设备审批流程	说明审批的大功率用电设备类型、时间、负责单位、注意事项等	各调研高校均按文件实施
管制类危险化学品采购流程	说明采购的管制类危险化学品种类、采购时间、负责单位、注意事项等	各调研高校均按文件实施
设备（固定资产）购置验收流程	说明购置验收的设备（固定资产）类型、时间、负责单位、注意事项等	各调研高校均按文件实施

表 2.12 采购运行记录

文件名称	主要内容	实施情况
采购项目明细记录	记录采购项目的种类、价格、数量等	各调研高校均做该项记录
政府采购项目采购计划记录	记录政府采购项目的种类、价格、数量等	各调研高校均做该项记录
仪器设备采购市场调研情况的日常记录	记录仪器设备的价格、品牌、质量、环保性、竞争度等	少数调研高校做该项记录
废旧物品残值处理情况记录	记录废旧物品残值处理的价格、数量等	少数调研高校做该项记录
家具验收记录	记录验收家具的种类、价格、数量等	各调研高校均做该项记录
设备更新、补充申请记录	记录设备更新补充的种类、价格、数量等	各调研高校均做该项记录

2.2.6.3 采购方法及具体流程

各高校主要通过采购物品的金额大小来决定采用何种采购方式，包括学校招标、学校购买、个人采购等。

同时，目前已有"云采通高校采购联盟""联盟采购管理系统""全国高校竞价网"等网站以及政府采购平台等途径可向国内高校提供网上采购服务，部分高校建立了本校采购网、供应商库、供应商评价系统等采购管理系统。但只有不到20%的调研高校能够在网站上直接与供应商进行交易。

在产品选择方面，调研高校一般情况下均遵照国家公示的强制采购品目清单执行，例如，要求采购的空调必须是二级以上能效的空调。但在其他物品的采购上，调研高校并没有对物品的节能、环保等属性进行要求，而仅有少数高校对市场情况进行过调研。

在验收交货方面，大部分调研高校的产品验收方法分为两类，一是学校有专人负责验收集中采购的物品，二是各学院或部门个人采购后，由课题组或科室负责人验收，并在采购物品上粘贴条码，各学院或部门负责采购物品的保管。考虑到节约纸张，大部分调研高校使用电子发票的频率很高。

2.2.6.4 人员培训及宣传

目前，调研高校对于绿色采购理念宣传和绿色采购培训方面没有相关实施方案，工作人员大多缺少绿色采购的意识。

2.2.7 绿化管理

2.2.7.1 管理部门

通过调研发现，各高校的校园绿化管理基本上以校园绿化委员会办公室或校园绿化领导小组作为行政主管单位负责领导及规划，具体事务一般由学校的后勤集团物业管理中心操作，部分学校也会外包给专业绿化管理公司执行。校园绿化委员会办公室或校园绿化领导小组具体负责的工作有：制定校园绿化环境的总体规划和年度计划，制定或修订现有校园绿化管理办法，制定年度校园绿化管理工作量具体要求等。但是，各高校的管理仍然比较松散，存在大量无监督状态和无公示环节，各部门之间缺少信息的互通，缺乏校园绿化管理工作的有效监督和激励，因此也难以实现整个校园绿化资源的循环节约，不利于校园绿化的可持续运行管理。

2.2.7.2 管理规划及规章制度

目前，部分调研高校会根据本校的具体情况，制定《校园绿化管理办法》作为本校校园环境绿化工作的总体规划。同时，校园绿化委员会办公室或校园绿化领导小组会制订年度计划，并上报主管校长审定。对于运行管理的资金，各高校都会有年度专项资金预算用于校园绿化。每年的资金预算会根据往年经验得出，同时以本年度工作计划以及上年度预算执行情况等作为参考。但调研各高校并不会编制年度预算执行情况报告，缺乏审计和公示过程。

根据调查结果显示，各调查高校的校园绿化植被覆盖率均超过了40%，部分高校超过了60%。同时，被调查各校的本土化植被比例也极高，均超过了90%，表明这些高校进行校园绿化时都有考虑植被存活率及运输费用，在植被种类的选择上也体现了可持续的理念。

但是，在总体规划之下，各高校并没有制定园林绿化、各种水体和土壤的具体管理方案，也没有出台治理绿化废弃物、水体或者土壤污染的相应规章制度。这部分规章制度及文件的缺失，不利于高校具体绿化规划的落地以及运行管理水平的提高和效果的改善，尤其对于已经被部分污染的园林绿化、水体或者土壤，不能有针对性地改善其污染问题。

2.2.7.3 校园绿化管理的方法及具体流程

制订好年度计划且预算资金就位后，各高校的后勤集团物业管理中心则开始进行校园绿化的维护管理和更新。如果高校将校园绿化外包给专业绿化管理公司，则需经过项目公开招标和择优选择，由校园绿化委员会办公室或校园绿化领导小组负责监管工作。

在日常维护方面，少数高校对绿化过程中产生的绿色垃圾（例如落叶、草坪、花卉等）会进行留存和堆肥等操作，以环保可循环的方式处理绿色垃圾，但绝大部分高校仍采用直接清理的方式进行处理。

2.2.7.4 人员培训及宣传

个别高校发布了绿化员工工作手册，从工作目标与要求、基本岗位技能知识、工作规章、行为规范、奖惩措施、招解聘制度等方面管理受聘的绿化员工。工作手册对于受聘员工的专业素质提出了相应的要求，可更好地保证高校校园绿化管理的有效执行。绝大多数高校将校园绿化交给后勤集团物业管理中心或外包给专业绿化公司，就不再负责工作人员的具体培训工作，也无校园绿化管理的相关宣传。

2.3 高校校园运行管理现状成因分析

绿色校园建设是一个涉及校园节能管理、建筑环境管理、垃圾管理、化学品管理、绿色采购、校园绿化等各个领域的系统工程，需要合理的组织框架和行之有效的管理制度来保障。当前，大部分高校的校园运行管理工作均比较零散，缺乏系统性，执行力差，效果不明显，与绿色校园建设还有一段很大的距离。现存具体问题及建议如下。

2.3.1 节能管理现存问题分析及建议

首先，当前大部分高校非常缺乏对校园节能管理进行整体规划的理念。各高校开展的节能工作均比较零散，部分高校集中在校园节能监管平台的建设，部分高校侧重于节能改造，部分高校建立了节能工作管理小组，部分高校开展了能耗审计和定额。总之，没有一个高校建立起系统的节能管理体系。因此，应从全局观的角度，针对高校节能管理的各个领域进行系统、科学的管理，这对校园能源资源的节约具有重要意义。

其次，从技术层面来看，校园建筑节能是一项系统的技术工程。要想取得良好的节能效果，需先对校园建筑能耗情况进行全面统计和审计，将建筑节能所涉及的各个技术环节（如建筑性能、设备性能、运行、管理等）梳理清楚，确定各个环节的影响因素；在此基础上全面掌握当前现状，找出节能关键环节，制定合理的节能目标；进而制订切实可行的实施计划。而当前的节能工作，并没有建立在上述系统的流程上，当前各高校也没有深刻意识到设备采购、建筑运行、能耗统计和审计、建筑节能改造等各个环节是相互影响、前后制约的（例如，没有进行建筑能耗统计和审计就盲目进行节能改造，并不能取得很好的经济效益和节能效益），通常没有进行整体规划就盲目地开展某项节能工作或某个节能工程，从而导致最终节能效果并不明显。

再次，缺乏完善的管理机制。这主要体现在两个方面：①在设备采购、能耗统计、审计和公示、节能改造、节能激励、宣传培训等各领域均迫切需要建立相应的管理制度加以保障；②缺乏行之有效的考核和激励机制。当前大部分的校园建筑节能管理工作，如校园建筑能耗统计、审计和公示等，均没有正式纳入行政专职岗位的工作职责，因此增加了管理人员的工作量；而建筑节能运行管理虽然属于建筑运维人员的职责，但建筑节能运行效果也往往没有和运维人员的业绩挂钩。上述两个方面均无法激起相关工作人员的积极性，从而无法产生积极的效果。

最后，缺乏建筑用能管理的专业人才。校园建筑节能管理岗位，必须聘任具有能效管理专业知识的能源管理人员，并定期对能源管理人员进行专业技术培训，提高其节能管理水平。而当前校园建筑节能管理人员往往由行政管理人员或者并不具备专业知识的后勤物业人员担任，其建筑节能管理知识极其缺乏，因此无法进行科学有效的运维管理。

2.3.2　校园建筑环境现存问题分析及建议

随着空调设备在教学楼、学生宿舍、办公建筑等各类校园建筑中使用的普及，冬夏两季的建筑室内热环境状况得到了很大改善。但是，对于教学楼、学生宿舍等人员在室内密度比较大的校园建筑，由于冬季室外温度低、开窗时间短，建筑室内CO_2浓度、TVOC浓度容易超标。同时，由于绝大部分教学楼并没有安装新风系统，或者即使安装了新风系统，也无法根据室内污染物浓度进行联动控制，冬季的室内空气品质并不高。

当前校园建筑的室内环境主要由物业人员进行控制，而物业人员在建筑优化运行和自动控制领域的专业素质不高，专业知识也非常缺乏，也导致建筑室内环境控制欠佳。因此，开展物业管理人员的专业培训，加强建筑优化运行和室内环境控制的能力建设，对校园节能管理和建筑环境控制非常重要。

2.3.3　垃圾管理现存问题分析及建议

（1）管理机构方面

当前各高校的垃圾管理职能分散，缺乏一个统一的部门来统筹高校垃圾回收与处理。

（2）规章制度方面

只有部分调研高校根据自己的实际情况，针对寝室垃圾、办公纸张垃圾以及厨余垃圾制定了适合本校的垃圾管理办法。对于家具等办公设施、废弃试验仪器，所有高校的资产处、试验管理处都制定了详细的报废流程以及相关的申请用表。

（3）回收方法及具体流程方面

① 对于寝室垃圾及办公室垃圾。虽然大部分高校在寝室生活区都设有可回收和不

可回收两种垃圾桶,但是并未对电池等重金属垃圾、药品等有害垃圾单独设回收桶。师生并没有垃圾分类的意识,而由后勤保洁人员通常根据自己对垃圾分类的认识理解以及是否可以进行废品变卖来自行进行分类处理。这样导致垃圾分类回收工作量大,效率非常低下,并没有真正有效执行分类回收。

② 对于厨余垃圾及废水。各高校基本上都没有专门的处理规划及执行方案,大量的厨余垃圾均为直接送至城市垃圾处理厂进行填埋处理,只有少数学校会使用专用设备进行堆肥等处理。尽管在厨余垃圾处理过程中还存在规划缺失、处理方式有很大改进空间等众多共性问题,但均处于不断改善的过程中,尤其是当前各高校的后勤集团顺应了现代公司管理的规范流程,管理运作过程更规范,效果更可靠,费用也更合理。

③ 废弃试验仪器。大部分高校都制定了管理制度,报废申请通过后由相关单位进行回收竞标,残值由财务处清算。

(4) 人员培训及宣传方面

① 在调研的高校中,因宣传力度不够,师生缺乏垃圾回收的相关知识,并不十分清楚哪些属于可回收垃圾、哪些属于不可回收垃圾,垃圾分类的工作在扔垃圾的过程中并没有完成,这样加大了清洁员工的工作量。

② 对保洁员工的培训内容多是和消防安全有关,和垃圾回收管理相关的培训非常少,这样也导致了保洁员工缺乏垃圾回收及处理的相关知识,保洁员工进行垃圾回收的标准更多是这种垃圾能不能直接卖到回收站变现。故高校应对工作人员进行垃圾回收处理的定期培训。在宣传方面,要更加主动和形式多样化,比如可在寝室每个楼层放置环境知识读本、向学生寝室提供不同颜色垃圾桶存储不同类型的垃圾、定期组织相关的知识竞赛等。

2.3.4 化学物品管理现存问题分析及建议

从总体上看,各高校实验室废弃物处理的相关管理和规定流程均基本类似,除可降解/无害排放的废弃物外,其他废弃物均交由有资质的企业处理。

但是值得重视的是,各高校虽然制定了比较规范的实验室管理方案,但是缺乏监管,特别是在实验室废弃物回收环节上非常不可控,几乎全靠学生自觉回收,因此急需建立合理有效的监管体系。

2.3.5 绿色采购现存问题分析及建议

在充分利用现有存量以及减少采购数量方面,校园采购应和回收利用闲置的设备物品相关联。例如,可从全校的管理角度,将部分院系或行政部门闲置的办公物品或废弃物品充分回收利用起来,实现部门间的流通利用,从而减少学校采购物品的数量。因此,在管理机构方面,需要采购中心和资产管理处、实验室管理处等各部门之间实行有效沟通,建立一个校园环境可持续发展办公室对各部门工作实行有效管理和监督。但当前各高校的采购部门和其他部门缺少信息的互通,难以实现在整个校园环境内进行资源循环利用。在绿色采购的规章制度方面,缺少校园绿色采购服务指南、校园绿色采购清单等。此外，各高校也缺乏绿色采购的激励机制。

在产品选择上，调研高校均遵照财政部、发展改革委等部委要求的节能产品和环境标志产品政府采购的相关意见要求执行，参照节能产品、环境标志产品实施品目清单进行采购。根据强制采购品目清单，与高校采购相关的节能产品仅包括计算机设备、输入输出设备、投影仪、制冷空调设备、照明设备、节水产品等为数不多的仪器设备和产品。由此可见，高校遵照强制采购品目清单可购买的仪器设备种类比较单一，反而对高校内使用频率非常高且与环保密切相关的纸张、文具等产品没有绿色采购要求；对于耗能量大的试验设备和仪器，在采购过程中对其能效性能也没有相关要求。因此，在绿色采购方面提出以下建议。①积极引导并推进环保节能认证产品的购买。尽管各高校都有意愿优先购买节能环保型产品，但是由于缺少一个专门针对校园各项活动的环保节能认证设备采购清单，大部分高校在采购时并没有对产品的环保或节能性能提出硬性要求。为了更好地实施绿色采购，可通过市场调研建立适合高校校园各项活动的采购设备清单，在强制采购品目清单的基础上，列入更多的节能环保型产品，如可再生纸张、可降解产品以及能效性能更高的仪器设备等。②关注产品的使用寿命周期。除产品的环保和节能性能外，还需关注产品的使用寿命周期。选择较长使用寿命周期的产品能够降低产品更新率，从而实现绿色采购要求。③关注产品的服务质量。调研高校的产品采购过程中大多关注价格和质量，而对产品的售后服务关注较少。事实上，关注供应商提供的产品售后服务，能够对产品使用过程中的质量进行把控和保障，以延长产品的使用寿命。

参考国外高校绿色采购的方式，在供应商的选择上提出以下建议。①选择优质的供应商。供应商的选择，除考虑重视价格因素，还应考虑供应商提供产品的节能和环保效益、使用寿命和售后服务质量等其他因素。②确定长期合作的供应商。高校可针对一些常购物品，在市场上选择优质供应商优先合作，通过与供应商签订长期购销合同的方式来节省采购时间，并确保采购物品的节能环保性及品质的可靠性。③促进与当地供应商的采购。高校可增加与当地供应商的采购活动，在促进当地经济发展的同时节省采购运输距离，从而实现空间角度上的节能环保和高效采购。

2.3.6 校园绿化现存问题分析及建议

在管理方式上，除外包给专门的园林绿化公司进行校园绿化管理，部分调研高校由学校自主管理，这种做法需要耗费较多的人力和物力，而且由于专业技术要求也比较高，也增加了校园绿化管理的难度。在管理制度上，各高校虽然均有相应的规章制度来规范日常管理，但还是停留在粗放型管理上，没有出台详细的方案文件来针对具体问题进行有效管理。

对于落叶等绿色垃圾清理，只有少数高校做得较好，会区别于普通垃圾的处理方式，将其留存下来堆肥再利用；其他高校均是采取直接清理方式，这将导致垃圾处理量大幅增加，且不能有效循环利用生物质。各校产生的污水（化学废水不包括在本小节表述的废水部分）主要包括生活污水和雨水。当前，各高校对雨水/中水回收处理的比例非常小，体现出高校对于水资源循环再利用这一块并没有引起足够重视，后续需要大力宣传及推广。

本章参考文献

［1］ 张宁. 高等院校建筑能耗监管体系与节能管理研究［D］. 上海：同济大学，2013.
［2］ 孙仲良. 上海市 17 所高校首次开展能源审计［J］. 上海节能，2011（04）：18.
［3］ 湖南省质量技术监督局. 普通高校能耗限额及计算方法：DB43/T 611—2016［A］.
［4］ 栾彩霞，祝真旭，陈淑琴，等. 中国高等院校绿色校园建设现状及问题探讨［J］. 环境与可持续发展，2014，39（06）：71-74.
［5］ GE J，WU J，CHEN S，et al. Energy efficiency optimization strategies for university research buildings with hot summer and cold winter climate of China based on the adaptive thermal comfort［J］. Journal of Building Engineering，2018（18）：321-330.
［6］ 郑旭，贾亚宾，关军，等. 人群散发对高校教室室内 TVOC 浓度动态影响的实测分析［J］. 暖通空调，2020，50（01）：115-121.
［7］ ZHANG G，ZHENG C，YANG W，et al. Thermal comfort investigation of naturally ventilated classrooms in a subtropical region［J］. INDOOR AND BUILT ENVIRONMENT，2007，16（2）：148-158.
［8］ 李念平，刘鹏龙，伍志斌. 长沙高校宿舍夏季热舒适与热适应现场调研［J］. 哈尔滨工业大学学报，2019，51（04）：194-200.
［9］ 中华人民共和国生态环境部. 室内空气质量标准：GB 18883—2002［S］. 北京：中国标准出版社，2002.

3 高校绿色校园运行管理体系的构建

高校校园节能运行及环境管理是绿色校园建设的重要环节，也是我国建设资源节约型和环境友好型社会的重要基础。由于校园能源资源需求以及废弃物排放量不断增长，校园可持续发展问题日益受到社会各界的重视。然而，现阶段校园环境粗放型管理是高校校园的普遍现象，国内各高校的校园运行管理还存在较多问题：学生生活用水、办公用纸、建筑用能等浪费严重；生活垃圾、废弃办公设备和试验器材等的年均数量明显增加，但如何实现废弃物减排、回收再利用却没有受到重视，缺乏量化的运行管理目标；当前，国内高校针对校园管理开展的相关工作和涉及的领域均很零散，缺乏配套的运行管理评估、考核制度和激励机制等；学校、院系以及各相关行政部门之间在运行管理上缺乏足够的沟通与配合。鉴于此，本章主要根据我国高校运行的特点，针对当前校园运行管理的问题，阐述了建立高校绿色校园运行管理体系的目的、原则以及绿色校园运行管理体系的应用范围和基本框架。

3.1 构建绿色校园运行管理体系的目的

在我国高校建立绿色校园运行管理体系的目的是使高校运行管理工作有据可依、有量可考，以科学的方式推动高校的能源资源节约与可持续发展。在全面把握我国高等院校运行管理现状的基础上，合理借鉴国内外能源管理认证体系方法和环境管理认证体系方法，建立系统的、可操作性的高校绿色校园运行管理体系，促进各项绿色技术和措施的合理应用，推动校园绿色行为，提升高校当前的运行管理水平，从而将高校运行管理工作系统化、规范化，达到持续降低能源资源消耗、提高能源资源利用效率、改善环境的目的；在此基础上，进一步促进高校运行管理长效机制的形成，正确引领我国绿色校园建设。

3.2 构建绿色校园运行管理体系的原则

我国高校节能运行及环境管理工作涉及面广。首先，我国高校建筑类型多样，科研、办公、生活等各类用能设备复杂，且设备运行维护的技术难度大；其次，校园生活垃圾、办公垃圾、废弃办公设施、废弃试验仪器、化学废弃物、生化废弃物、放射性废弃物等各类废弃物的排放严重影响校园环境；此外，绿色校园对建筑环境和校园生态环境提出了更高的要求。上述因素决定了我国高校运行管理工作的复杂性。因此，构建高校绿色校园运行管理体系应依据以下四个原则。

（1）系统性

高校运行管理工作的各个环节互相联系，互相作用，是一个有机的整体。要想对校园实现有效的节能运行及环境管理，必须在充分发挥各个环节作用的基础上，用全面的、系统的思路解决实际问题，使得绿色校园运行管理的各项措施形成有机的整体，更有助于获得最佳的效果。

（2）全面性

高校绿色校园运行管理体系应覆盖全校所有活动、设备及服务，全面、综合地反映校园能源和资源使用情况以及环境保护情况。通过运行管理体系建设，能够反映校园运行的主要特征。

（3）强制性

高校绿色校园运行管理体系中管理制度的制定需具有一定的强制性和约束力，才能保证绿色校园运行管理目标的实现。

（4）动态性

高校校园能源资源节约和环境管理是一项长期性工作。伴随高校绿色校园运行管理工作的推进，校园能源资源消耗和生态环境情况必将随之改变，绿色校园运行管理目标和考核指标等也需进行动态的更新与调整。

3.3 绿色校园运行管理体系的控制范围界定

高校绿色校园运行管理体系的控制范围是一个覆盖校园运行各领域、校园运行全过程、所有设备和服务，并涉及组织职责和权限、现场区域、地理边界等要素的合集。其控制范围的界定需包括：运行管理的地理边界和现场区域的确定、运行管理对象的确定、运行管理组织权责的确定等。高校校园的物理边界及边界内的建筑、土壤、水体、绿化、空气等均属于高校绿色校园运行管理的现场区域和管理边界。其中，关于高校建筑类型，根据住房城乡建设部及教育部 2009 年联合发布的《高等学校校园建筑节能监管系统建设技术导则》，校园建筑按照使用功能主要分为行政办公建筑、图书馆建筑、教学楼建筑、科研楼建筑、综合楼建筑、场馆类建筑、食堂餐厅、学生集中浴室、学生宿舍、大型或特殊科研实验室、医院、交流中心和其他类型建筑等 13 类。高校绿色校园运行管理体系适用于整个校园的所有活动、设备和服务。活动包括节能管理、室内外环境管理、垃圾及废水管理、化学废弃物管理、绿色采购管理和绿化管理；设备包括办公设备、家具电器、实验室仪器等；服务指与校园能源资源使用和环境保护相关的宣传与培训、组织机制及能力建设。在组织机构上，高校绿色校园运行管理体系包括由校领导、各行政管理部门、各院系组成的管理委员会和执行办公室以及技术专家组等。

3.4 基于 PDCA 理论的绿色校园运行管理模式

3.4.1 PDCA 循环理论

PDCA 循环由美国著名质量管理专家戴明博士首先提出，也称为"戴明循环管理法"，是公认的全面质量管理的基本程序，现已经广泛应用于运行管理、安全管理、能源管理等多个方面。P、D、C、A 分别代表计划（Plan）、执行（Do）、检查（Check）、处理（Act）四个阶段。采用 PDCA 循环模式，有助于实现管理承诺和方针，达到持续改进的目的。PDCA 循环特点是周而复始、大环带小环、阶梯式上升，如图 3.1 所示[1]。

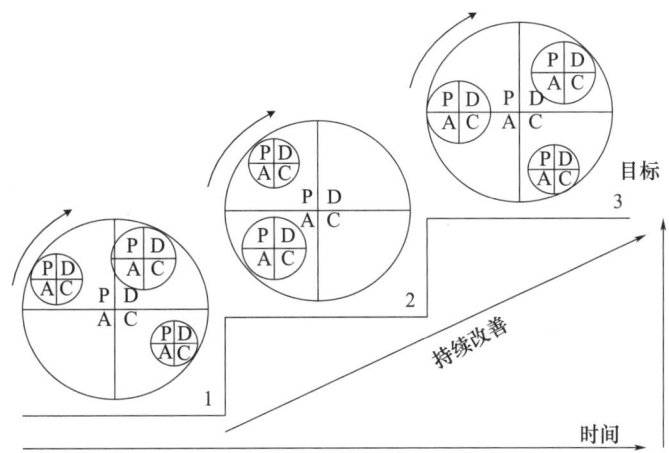

图 3.1 PDCA 循环模式

PDCA 循环的八个工作步骤为：

① 分析现状，发现问题；
② 找出并分析产生问题的各种影响因素；
③ 找出产生问题的最主要原因；
④ 针对主要原因，制定方案，提出改进活动计划；
⑤ 执行计划，落实各项措施；
⑥ 根据计划的要求，将执行结果与目标进行比对；
⑦ 总结经验、巩固成绩，把执行效果好的方法总结提炼上升为"标准"；
⑧ 总结遗留问题，发现新问题，转入下一个 PDCA 循环。

高校绿色校园运行管理体系基于 PDCA（Plan-Do-Check-Act）循环理论，帮助高校建立运行管理方针和目标，确定有效的运行管理内容和合理的运行管理环节，通过统一方法，提高高校运行管理效率和水平。高校建筑运行管理是一个长期、持续的过程，PDCA 循环理论对高校运行管理具有一定的借鉴意义，在对校园节能运行和环境管理现状分析的基础上，发现高校能源资源使用及校园环境管理所存在的问题，分析校园高能耗、低能效的深层次原因，有针对性地提出改进方案和计划，实现校园能源资源节约和优化环境管理的发展目标，及时总结，并不断提高高校绿色校园运行管理的目标和要求，实现高校用能及校园环境的持续改进。

基于 PDCA 循环理论，校园运行管理需要经过以下几个阶段：

承诺和方针——学校应制定运行管理方针并确保运行管理体系的承诺；

计划（P）——学校应为其实现运行管理方针进行规划；

执行（D）——为了有效地实施，学校应发展为实现其运行管理方针、目标和指标所需的能力、具体活动以及保障机制；

检查（C）——学校应测量、监测和评价其运行管理绩效（绿色表现）；

处理（A）——学校应以提高总体绿色校园运行管理绩效为目标，评审并不断改进其运行管理体系。

根据以上原则，高校绿色校园运行管理体系应视为一个系统框架，它需要不断监测和定期评审，以适应变化的内外部因素，有效引导高校校园的运行管理；体系中的组织成员应承担运行管理的职责。

利用 PDCA 循环理论，可从技术端和管理端两个方面，确立高校绿色校园运行管理体系的涉及内容及运行模式，建立高校绿色校园运行管理体系的框架结构。

3.4.2 绿色校园运行管理体系的构架

基于 PDCA 循环理论建立高校建筑运行管理体系，其运行模式框架如图 3.2 所示。高校建筑运行管理体系的运行分技术端和管理端两大部分，每个部分均按照计划（P）—执行（D）—检查（C）—处理（A）等四大环节有目的、有步骤地进行。

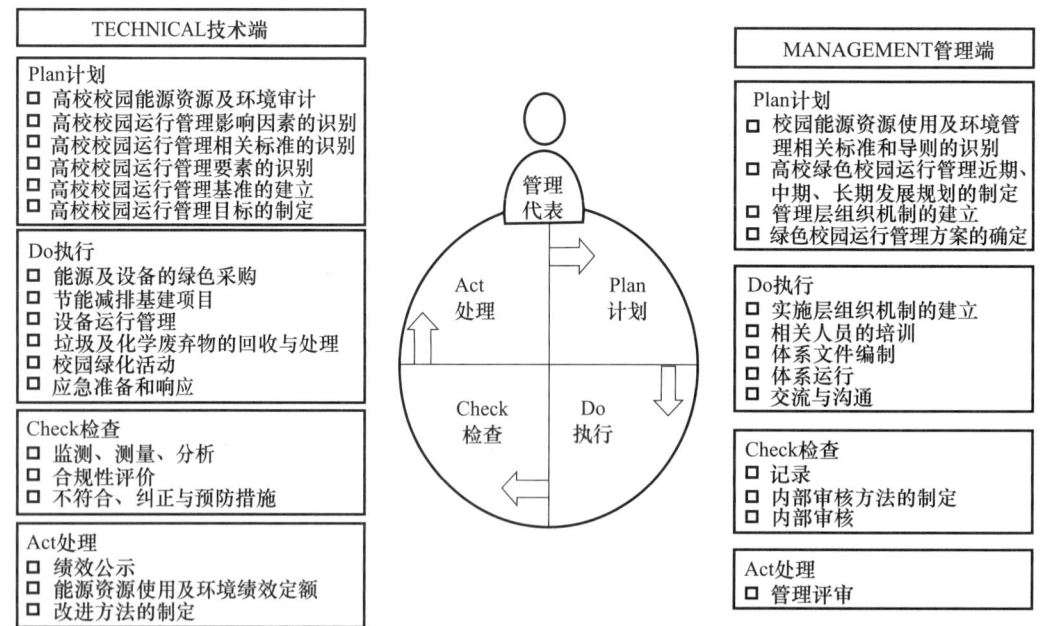

图 3.2 基于 PDCA 循环的高校绿色校园运行管理体系运行模式

技术端主要涉及校园运行管理技术及措施应用的计划、执行、检查和改进，具体包括高校校园能源资源及环境审计、高校校园运行管理影响因素的识别、高校校园运行管理相关标准的识别、高校校园运行管理要素的识别、高校校园运行管理基准的建立、高校校园运行管理目标的制定（P计划）、能源及设备的绿色采购、节能减排基建项目、设备运行管理、垃圾及化学废弃物的回收与处理、校园绿化活动、应急准备和响应（D执行）、监测、测量、分析、合规性评价以及不符合、纠正与预防措施（C检查）、绩效公示、能源资源使用及环境绩效定额、改进方法的制定（A处理）；管理端主要涉及校园能源资源使用及环境管理相关标准和导则的识别、高校绿色校园运行管理近期、中期、长期发展规划的制定、管理层组织机制的建立、绿色校园运行管理方案的确定（P计划）、实施层组织机制的建立、相关人员的培训、体系文件编制、体系运行、交流与沟通（D执行）、记录、内部审核方法的制定、内部审核（C检查）以及管理评审（A处理）。

3.4.2.1 技术端构架内容

技术端PDCA运行模式的涉及内容如下：

（1）Plan（计划）

技术端运行模式的计划环节包括高校校园能源资源及环境审计、高校校园运行管理影响因素的识别、高校校园运行管理相关标准的识别、高校校园运行管理要素的识别、高校校园运行管理基准的建立、高校校园运行管理目标的制定等内容。

① 高校校园能源资源及环境审计。校园能源资源及环境审计是指对校园运行过程中的能源资源使用情况和环境现状进行检测、核查、分析；在此基础上，对能源资源利用的合理性以及当前环境现状作出评价，并提出改进建议。高校能源资源及环境审计包括：由主管部门委托第三方机构进行审计以及高校内部组成团队自发地进行开展审计。其审计内容包括节能设备及耗材采购过程管理、校园建筑性能、各类设备能效、建筑及设备的运行情况、全校能源资源使用及碳排放、室内外环境、垃圾排放及管理、化学废弃物排放及处置、校园绿化等，进而分析其改进潜力[2]。

② 高校校园运行管理影响因素的识别。高校校园运行管理影响因素指的是从政治因素（Political）、经济因素（Economic）、社会影响因素（Social）、技术因素（Technological）、环境因素（Environmental）和法律因素（Legal）等方面确定与校园运行管理相关的外部和内部影响因素，如影响高校能源资源消耗、能源利用效率的因素，影响高校各类废弃物排放和处理的因素，影响校园生态环境的因素等。运行管理体系主要通过"活动、产品和服务"识别影响因素，围绕"实现全过程以及减少外部影响所产生的能源资源消耗和环境污染"来确定相关的运行管理要求，因此影响因素识别是能源资源节约和环境管理的基础。基于全过程用能控制的思想，对校园运行管理全过程（能源和设备采购、设备运行及维护、垃圾及废弃物的处理、校园环境管理等）进行梳理，通过高校校园运行管理特征分析，找出高校校园运行管理的影响因素，列出影响因素清单。

③ 高校校园运行管理相关标准的识别。确定适用于绿色校园建设及运行管理的相关法律和标准以及其他应遵守的要求，并建立获取这些标准和要求的渠道。相关标准主要有评价标准和运行管理标准两大类，例如：《绿色校园评价标准》（GB/T 51356—

2019)、LEED For Schools、BREEM for Education、STARS 等属于典型的绿色校园评价标准，以及《能源管理体系 要求及使用指南》(GB/T 23331—2020)、《高等学校校园建筑节能监管系统建设技术导则》《高等学校校园建筑节能监管系统运行管理技术导则》《高等学校校园建筑能耗统计审计公示办法》《高等学校校园设施节能运行管理办法》《高等学校节约型校园指标体系及考核评价办法》等节约型校园建设系列导则。

④ 高校校园运行管理要素的识别。基于全过程控制的思想，对校园运行管理全过程，包括能源采购、设备采购、校园用能结构、建筑及设备的运行及维护、垃圾及废弃物排放处理、校园环境等各个环节进行梳理，找出高校校园的运行管理要素。校园运行管理要素的识别主要从活动要素、产品要素及服务要素三个方面进行。其中，活动要素主要指与校园能源和资源利用以及校园环境相关的各项活动，包括"废气排放控制""化学物品的使用和存储""能源使用""水资源利用""垃圾管理""室内外环境""园林绿化"和"绿色采购"等领域内的各项活动；产品要素的定义为与校园运行管理相关的所有物品、设施、设备等，例如办公设备、家具及电器、实验室仪器和食堂炊事设备等；服务要素指与校园运行相关的宣传与培训、组织机制及能力建设等。

⑤ 高校校园运行管理基准的建立。运行管理基准是针对高校运行管理情况，确定作为比较的基础限值，并基于此基准，进一步计算其节能潜力。

高校建筑能耗定额就是一种建立高校建筑能源管理基准的方法。实施高校建筑能耗定额管理是为了在保证建筑正常运行的前提下，抑制奢侈使用，将高校建筑能耗总量控制在合理范围之内，以达到节约能源、提高能源利用效率的目的。制定建筑能耗定额必须以保证师生正常学习工作为前提，在实施定额管理初期，应以抑制建筑奢侈运行和杜绝运行浪费为目的。

除高校建筑能耗定额，还有校园交通能耗定额、校园水耗定额、校园碳排放定额、校园环境绩效定额等，其目的都是为了将校园能源资源消耗和碳排放以及校园环境状况控制在合理的范围之内，并找出超标对象，对其进行有效管理。环境绩效定额包括垃圾排放量（含固废、废水等）定额、室内外环境指标限额等。其中，室内外环境指标限额包括建筑室内热湿环境、室内光环境、室内空气品质、室内声环境以及室外热湿环境、室外声环境、室外空气环境等方面。

根据上述各项定额所涉及的领域，制定校园运行管理指标体系及其限值。高校校园运行管理指标限值的制定，应结合高校运行的实际情况，使指标具有可操作性；在设置指标时也要保证对不同使用者的公平性；指标的设置应以促进高校建筑节能减排和环境保护为目的，在满足校园运行需求的情况下，为激励校园各项活动向高效、低耗的方向发展，各项指标限值的设置应适度前瞻。

此外，指标定额的设置应运用科学的分类和计算方法。常用的定额指标计算方法有：统计特征值法、定额水平法、聚类分析法、回归分析法、其他数据挖掘算法以及标准建筑模拟等。各种方法的实施难度和实际精度各不相同。可组合使用各种定额指标计算方法，发现超定额对象，进行改造，并计算绩效提升潜力。

⑥ 高校校园运行管理目标的制定。制定运行管理目标和指标的相关文件。高校在建立运行管理目标时，应对高校校园运行管理要素的当前状况进行定量分析，并结合相关标准，建立合理的目标限值；在此基础上，进一步根据学校的财务、运行和经营要求

以及适宜技术方案，综合各相关方的观点，确定校园短期、中期甚至长期的节能减排和环境提升总目标，例如 5 年内年均节能率、垃圾减排率等。同时，结合学校计划进行的各项改造项目，合理确定运行管理方案。

（2）Do（执行）

针对识别的运行管理活动、产品和服务，从节能减排和环境保护的角度，严格依据运行管理目标和要求，从能源、资源与设备的采购、运行与使用、回收与处理等方面，开展具体的管理行动。技术端运行模式的执行环节包括能源及设备的绿色采购、节能减排基建项目、设备运行管理、垃圾及化学废弃物的回收与处理、校园绿化活动、沟通、应急准备和响应等内容。

① 能源及设备的绿色采购。当前高校基础能力建设非常迅速，用于科研、办公、学生生活等领域的设备更新及购置量较大，采购满足国家及地方相关节能环保规范要求的产品能有效降低设备的能源资源使用量，是从源头上实现节能减排的重要途径之一。在产品选择方面，除按照政府确定的优先采购和强制采购的节能产品清单进行采购外，高校应通过市场调研，针对教学、科研、办公、校园生活等特定需求，制定校园节能环保设备采购清单，并按照清单进行购买。此外，确定合理的能源使用结构，加大清洁能源的采购和使用比例，也可以为校园能源资源节约做出有效贡献。

② 节能减排基建项目。通过高校建筑节能改造、新建节能建筑、可再生能源应用、节水器具改造、雨水/中水回收利用等项目，将建筑能源资源节约潜力转化为实实在在的能源资源节约量。根据制定的节能目标，并结合实际经费安排，有重点、有针对性地开展校园节能减排项目。但能源资源节约不是简单地通过技术堆积就能达到目的，而是需因地制宜，结合当地的气象条件、资源潜力、能源资源使用特征等实际情况，采用适宜的技术，配合科学的运行管理措施，最大限度地降低能源资源的总消耗量。

③ 设备运行管理。校园各类设施的运行方式是否得当，将直接影响建筑能源资源消耗量；同时，先进的设施及技术也需要配合科学的运行管理才能使其节能减排效益最大化。故在高校能源资源节约方面，对高校设施运行进行科学管理必不可少。高校设施运行管理包括两方面内容，一是后勤管理人员定期对能源资源利用设施、各类废弃物处理设施等进行定期检查，做好设施维修保养工作；二是针对校园各类建筑、设备及系统的使用特点，制定相应的运行管理及能源资源使用的规章制度，避免浪费情况出现。

④ 垃圾及化学废弃物的回收与处理。高校校园的垃圾种类主要有寝室垃圾、办公区垃圾、厨余垃圾及废水以及实验设备废弃物等。废弃物回收可使垃圾减量，促进资源的循环利用，是一种节能减排的垃圾处理方式。对于废弃物的处理，优先回收利用；在不能回收利用的情况下，依照国家及各省政府制定的相关政策、管理方案及实施办法以及废弃物处置的技术要求，选择合适的处理技术和设备，制定合理的流程进行处理。

⑤ 校园绿化活动。进行校园绿化工作有利于推动低碳校园的发展。在校园园林绿化管理中，开发低碳型空间分布至关重要。将过去侧重于教学楼建设的校园规划逐渐转变为重视环境型的人文低碳校园园林建设，提高校园的绿化比重，将校园的自然生态资源进行适度配置，体现低碳校园规划的人文性[3]。校园绿化工作主要涉及园林绿化、景观水体和土壤管理等方面。在对校园绿化进行合理规划的基础上，根据校园年度绿化计划及预算资金，采取合理的技术和方法，进行校园绿化的维护管理和更新。在日常维护

方面，注重采用堆肥等技术，以环保、可循环的方式处理绿色垃圾，并且注重生物的多样性。同时，对于土壤管理和园林绿化，化学用品须规范使用，采取必要措施避免环境污染。

⑥ 应急准备和响应。高校应建立并保持一套技术流程，以确定潜在的事故或紧急情况，并在情况发生时及时予以响应，同时预防或减少可能伴随的影响。必要时，特别是在事故或紧急情况发生后，高校应对应急准备和响应的程序予以评审和修订；可行的情况下，高校还应定期测试上述程序。

(3) Check（检查）

技术端运行模式的检查环节包括监测、测量、分析、合规性评价以及不符合、纠正与预防措施等内容。

① 监测、测量、分析。高校应建立并保持一套以文件支持的程序，对可能具有重大影响的校园运行活动的关键特性进行例行监测和测量，其中应包括建筑能耗监测、与环境表现有关的运行控制、对高校运行管理目标和指标符合情况的跟踪信息进行记录和分析，并定期评价有关环境法律、法规的遵循情况。对于监测设备，应予校准并妥善维护，并根据高校的程序保存、校准和维护记录。

在能源资源消耗中，建筑能耗监测尤为重要。高校建筑能耗监测是在建筑能源审计的基础上，基于校园节能监管体系对建筑重点用能环节的运行和能耗状态进行实时监测和优化管理。高校建筑能耗监测的目标是实现长效节能、合理用能，不仅仅是为了建筑能耗的计量，更是在对建筑能耗分类、分项计量的基础上，对能耗数据进行统计分析，全面了解校园能耗的构成、各建筑能耗状况以及各分项能耗的规律，优化学校能源结构，为高校建筑能耗统计、高校建筑能源审计工作带来极大便利，给高校校园建筑节能、建筑节能改造、建筑优化运行策略的制定提供科学依据和技术支撑，最小化用能成本，最大化能源利用率和收益。

校园节能监管体系的系统构架基于校园网络，在列入监测、服务和管理对象的建筑设施用户末端设置具备通信功能的数字式计测表具（电表、水表及燃气表具等），将采集的建筑能耗数据通过组网设备及网络远程传输到监控中心服务器，到达节能监管数据库，实现实时、远程监测分散于校区的各个建筑物能耗。对能耗小、建筑规模小、功能单一的建筑采取分类计量和统计；对能耗大、设有集中供暖空调系统的大型建筑按空调、照明、电梯、动力等设备系统进行分项计量；对能耗大的实验室实施专项计量。建筑能耗的统计角度可分为全校、校区、建筑类型、部门、建筑等。建筑能耗的时间跨度可分为逐年、逐季度、逐月、逐日、逐时等。计量表具覆盖自源头到末端的重点用能部位，逐步、完整地计量能源和资源消耗，使后期的高校建筑能源管理能够对用能主体有表可依、单独计量。

在校园节能监管体系运行期间，每小时都会有海量的数据实时远程传输到数据库服务器，数据中心存储建筑能耗数据。当用户需要获取建筑能耗数据时，可通过数据查询功能逐时、逐月或逐年地查询单体建筑内的供水/供电/供热支路能耗数据以及总站支路的主供水站、主变电站、主供热站的能耗数据。统计结果可以显示在校园节能监管体系上。通过对建筑群之间或不同功能类型建筑之间的能耗指标比对，分析每栋建筑的耗能情况。例如，对同一功能类型建筑内不同建筑的相同耗能支路的单位面积能耗量进行环比和同比分析，可以让能源管理者了解每栋建筑的节能潜力。

对于环境绩效的监测，主要围绕水耗、垃圾排放量、化学废弃物排放量、室内外环境等方面的参数进行测试。与能耗监测系统类似，环境监测系统将环境监测指标对应的数据实时远程传输到数据库服务器，数据中心存储环境指标数据，当用户需要获取环境指标数据时，可通过数据查询功能实现对被监测的环境指标的数据查询。通过对建筑群之间或不同功能类型建筑之间的环境指标比对，分析每栋建筑的环境管理情况。

② 合规性评价。此外，识别完运行管理的相关标准之后，高校需针对运行管理体系的合法合规性做出评价，确保高校履行所有合规义务。高校应定期评价学校运行管理活动是否遵守相关的法律法规和其他要求，并保存合规性评价的记录。如高校应评价高校空调、电机、变压器、锅炉等造成温室气体排放的能耗设备，其是否已列入国家淘汰产品目录；若在淘汰目录，应制订改进计划，采购新产品时考虑国家推广的节能型产品等。合规性评价的流程和要求包括：需确定开展评价的频率；评估合规性；通过流程"运行管理相关标准的识别"保持对遵从性的了解，并在需要时采取行动。

③ 不符合、纠正与预防措施。高校应建立并保持一套程序，用来规定有关的职责和权限，对不符合要求的内容进行处理与调查，采取措施减少由此产生的影响，采取纠正与预防措施并确保措施能予以完成。针对已存在和潜在不符合要求的内容，任何纠正或预防措施都应与该问题的严重性和伴随的影响相适应。对于纠正与预防措施所引起对程序文件的任何更改，高校均应遵照实施并予以记录。

纠正与预防环节主要包括以下内容：

确定实际存在或潜在不符合的内容；

确定实际存在或潜在不符合的原因；

评估采取措施的需求，确保不符合项目不重复发生或不会发生；

制定和实施所需的适应措施；

保留纠正措施和预防措施的记录；

评审所采用的纠正措施或预防措施的有效性。

(4) Act（处理）

技术端运行模式的行动环节包括绩效公示、能源资源使用及环境绩效定额、改进方法的制定等内容。

① 绩效公示。高校建筑能效公示是校园建筑能源管理部门通过校园内的固定场所、校园网、校内媒体等多种形式定期对校园建筑能耗信息公开发布，以达到表扬先进、鞭策落后之功效，公示内容如下。

校园总能耗情况：学校总能耗、年度耗电量、年度燃料（煤、气、油等）消耗量、年度集中供热量、生均能耗等指标。

单体建筑能耗：根据校内每种类型建筑的实际能耗水平排名，可分别选取前25%与后25%的建筑进行建筑能耗公示，或对所有建筑的能耗进行公示。具体公示内容可包括建筑总能耗、分项能耗、单位建筑面积能耗、年度节能率［式(3.1)］等指标[2]。发布用能单位的历史数据及实时监测的能耗数据等。同时还可指明建筑的用能主体，主要责任单位等。

$$年度节能率 = \frac{上一年度总能耗量 - 本年度总能耗量}{上一年度总能耗量} \times 100\% \qquad (3.1)$$

能耗公示以能耗统计和能源审计为基础，通过引进比较竞争机制为高校建筑能耗管理提供一种新方式。通过高校建筑能耗公示，有利于各用能单位之间自发进行建筑能耗比较，了解其所属建筑运行能耗成本与高能效建筑运行能耗成本的差距，激发用能单位降低能耗成本的潜力，寻找建筑高能耗、低能效的原因，通过与其他单位对比发现自身用能问题，督促用能单位主动节能。

环境公示以环境质量监测系统的监测结果统计和环境绩效审计为基础，评价高校环境管理水平。以高校环境监测结果公示，促进各部门之间自发进行环境管理水平比较，了解自身环境管理水平与高水平部门环境管理水平的差距，寻找原因，提高自身环境管理水平。

② 能源资源使用及环境绩效定额。根据高校各院系和部门的当年/历年能源及资源使用情况，包括电能、天然气、水资源的使用量等，科学制定定额值。超过能源资源使用定额值的院系或部门需支付超额部分的费用，并处以一定的惩罚；而对低于能耗定额值的院系可以采取奖励制度，以资鼓励。

高校能源资源使用定额能够让全校广大师生员工了解各自院系/部门当前与往年消耗之间的差异，以及不同院系/部门之间的差异；有助于通过分析比较各院系/部门能源资源使用情况，提高运行水平，并进行节能改造，增强校园能源资源使用管理的影响，提高其关注度，引导师生消费观念的转变；通过鼓励、鞭策和监督政策，使高校建筑能源资源管理变成全校师生日常工作和生活中的一部分。

环境绩效定额主要针对室内外环境状况、垃圾排放量、化学废弃物排放量以及校园绿化情况进行定额。室内外环境定额主要从热湿环境、声环境、空气环境、光环境等方面，针对当前的国家和行业标准限值进行对标。垃圾排放量和化学废弃物排放量可参考能源资源定额的方法，根据当年/历年的垃圾排放量情况，以及校园师生人数以及科研规模的现状和发展，科学制定定额值。校园绿化可以从绿化（包括园林绿化和景观水体等）面积/比例、生物多样性、化学用品（如杀虫剂等）的用量等方面进行定额。

③ 改进方法的制定。管理评审应根据运行管理体系审核的结果、不断变化的客观环境和持续改进的承诺，结合方针、目标以及运行管理体系的影响要素，制定改进方法。

3.4.2.2 管理端构架内容

（1）Plan（计划）

管理端运行模式的计划环节主要涉及校园能源资源使用及环境管理相关标准和导则的识别，高校绿色校园运行管理近期、中期、长期发展规划的制定，管理层组织机制的建立，绿色校园运行管理方案的确定等内容。

① 校园能源资源使用及环境管理相关标准和导则的识别。与校园能源资源使用和校园环境管理相关的法律、标准、导则是绿色校园运行管理的基础。建筑运行管理方案、节能改造方案、新建节能建筑的性能、可再生能源应用、室内外环境、垃圾及化学废弃物处理、污水处理、设备及设施采购、校园绿化等各项活动都必须以校园运行管理相关的法律、标准和导则为依据。因此，识别校园能源资源使用和环境管理的相关法律、标准、导则，并将之明确为高校绿色校园建设及运行管理的依据和准则，是高校绿

色校园运行管理体系管理端的重要环节之一。

② 高校绿色校园运行管理近期、中期、长期发展规划的制定。制定高校绿色校园运行管理的近期、中期和长期发展规划，对高校运行管理能起到很好的规划和引导作用。近期、中期和长期发展规划分别指未来 1～3 年、3～5 年以及 5～10 年甚至更长时间的发展规划。其内容主要涉及校园节能减排以及环境保护目标的制定、节能减排及环保方案的制定、工作重点规划、明确绿色校园建设各级管理部门的职责和权限。

③ 管理层组织机制的建立。建立绿色校园运行管理体系的管理层组织架构。为便于运行管理工作的有效开展，应当对作用、职责和权限作出明确规定、形成文件，并予以传达。管理者应为运行管理体系的实施与控制提供必要的资源，其中包括人力资源和专项技能、技术以及财力资源。高校的最高管理者应指定专门的管理者代表，应明确规定其作用、职责和权限，以确保以下措施得以落实：确保建立、实施与保持运行管理体系要求；向最高管理者汇报体系运行情况以供评审，并为运行管理体系的改进提供依据。

④ 绿色校园运行管理方案的确定。绿色校园节能减排和环境保护目标应通过运行管理方案的制定和实施来实现。高校应制定并保持一个或多个旨在实现运行管理目标和指标的运行管理方案，其中应包括：根据能源审计和能源因素的分析结果以及确定的节能目标，确定重要的节能减排改造项目和节能管理措施，并进行技术和经济可行性分析；相同地，根据环境审计和运行管理因素的分析结果，以及确定的环境保护指标及目标，确定资源管理、垃圾排放管理、化学物品排放管理、绿化环境管理等方面的重要管理措施，并进行技术和经济可行性分析；同时，确定运行管理所涉及的各部门职责分工、实施程序和时间进度、运行控制机制以及监测评估方法和验收方法。

(2) Do（执行）

管理端运行模式的执行环节主要涉及实施层组织机制的建立、相关人员的培训、体系文件编制和体系运行等内容。

① 实施层组织机制的建立。建立校园运行管理体系实施层组织架构。为便于运行管理工作的有效开展，应当对实施层工作人员的作用、职责和权限作出明确规定，形成文件，并予以传达。管理者应为运行管理体系的实施与控制提供必要的资源，其中包括人力资源、专项技能和技术以及财力资源等。

② 相关人员的培训。在进行高校绿色校园运行管理之前，学校管理层必须进行管理承诺。通过研究确立管理承诺的内容，并建立专门的高校绿色校园运行管理组织机构，确定各部门的管理职责。对相关的管理人员进行业务技能和岗位职责培训，明确相关人员的分工与管理职责，形成高效的管理团队。应建立并保持一套程序，使处于每一位有关职能与层次的人员都意识到：符合运行管理方针与程序和符合运行管理体系要求的重要性；工作活动中实际的或潜在的重大影响，以及个人工作的改进所带来的效益；在执行环境方针与程序以及运行管理过程中的要求，包括应急准备与响应要求方面的作用与职责等；偏离规定运行程序的潜在后果。

③ 体系文件的编制。管理体系文件是建筑运行管理所遵循的重要依据和运行保障。高校应以书面或电子形式建立并保持下列信息：对管理体系核心要素及其相互作用的描述；查询相关文件的途径。针对绿色校园运行管理特点，相关的文件编制主要包括能源

资源及环境管理手册、支持性文件、运行记录文件、审计公示文件的制定。

能源资源及环境管理手册主要是对运行管理体系的目标、体系构成、建立方法和运行模式作出说明,为相关管理人员有效运作运行管理体系提供依据和参考。能源资源及环境管理手册的内容至少包括管理承诺、能源方针、职责和权限、运行管理体系的建设和运行方法的说明。

支持性文件可包括发展规划、运行管理的因素识别评价方法、相关法律和标准识别、基准标杆一览表、绿色采购制度、用能定额管理制度、技术人员培训制度、节能宣传制度等。

运行记录文件包括设备系统操作规程、节能运行管理制度、建筑用能设备的运行记录和维护记录、校园能源消耗记录、管理评审记录等。

审计公示文件包括绿色建设项目专项审查制度、绿色校园运行管理内部审核制度、绿色校园运行管理评审制度等。

需要针对每一大类文件,编制对应的文件名称、内容、适用场合等。

④ 体系运行。体系运行包括试运行和持续运行两个阶段,涉及试运行和持续运行两个阶段主要工作内容和流程的确定。其中,试运行阶段包括发布运行管理体系文件、确认各文件的内容和作用、准备和执行各运行管理程序、对校园运行进行记录、对运行结果进行检查和纠正;持续运行即是在体系通过管理评审之后的正常运行工作和程序。需确定运行中每个环节的具体细节,如具体包括哪些步骤、每个步骤的内容、对应的管理机构和管理对象等。

高校应根据其方针、目标和指标,确定与所标识的重要运行管理因素有关的运行与活动。应针对这些活动制订计划,确保它们在程序规定的条件下进行。程序的建立应符合下述要求:对于缺乏程序指导、可能导致偏离环境方针、目标与指标的活动,应建立一套以文件支持的程序;在程序中对运行标准予以规定;对于高校所使用的产品和提供的服务中可标识的重要运行管理,应建立并保持一套管理程序。

⑤ 交流与沟通。高校应建立并保持一套程序,用于运行管理体系的组织内各层次和职能间的内部信息交流以及与组织外部相关方的联络,并形成沟通文件。高校应重视对涉及重要运行管理因素的组织外部联络,及时处理相关问题,并记录其结论和决议。

(3) Check(检查)

管理端运行模式的检查环节主要涉及记录、内部审核方法的制定以及内部审核等内容。

① 记录。高校应建立并保持一套程序,用来标识、保存与处置有关运行管理的记录。这些记录中还应包括培训记录以及审核与评审结果。运行管理记录应字迹清楚,标识明确,具备对相关活动、产品或服务的可追溯性。对运行管理记录的保存和管理应使之便于查阅,避免损坏、变质或遗失。应规定其保存期限并予记录。

② 内部审核方法的制定。内部审核是对高校建筑运行管理体系能否得到有效执行的检验,通常在试运行结束的时候进行,将执行结果与最初的目标和计划进行对比。需细化确定内部审核的目的、审核对象和范围、审核内容、审核流程、运行管理绩效评价方法以及对内审人员要求等。

③ 内部审核。高校应至少每半年开展一次内部审核,确保绿色校园运行管理体系:

符合预定的运行管理安排;

符合建立的运行管理目标和指标;

得到了有效的实施与保持,并改进了运行管理绩效。

高校应考虑审核的过程、校园运行状态、审核对象的重要性以及以往审核的结果,制定(订)内审方案和计划。而审核员的选择和审核的实施应确保审核过程的客观性和公正性,故内部审核过程中应考虑各学院和部门之间进行交叉审核,同时审核的结果应记录,并向最高管理者汇报。

(4) Act(处理)

管理端运行模式的行动环节主要涉及管理评审相关内容。

在内审结束之后,需对校园建筑运行管理体系进行管理评审,通常为总结经验、巩固成绩,把效果好的总结提炼上升为"标准",总结并解决遗留问题;其目的是保持运行管理体系的适宜性、充分性和有效性,保证体系的持续改进。需研究确定管理评审的内容和评审实施方法、评审机构、评审对象等内容。

高校的最高管理者应按其规定的时间间隔,对运行管理体系进行评审,以确保体系的持续适用性、充分性和有效性。管理评审过程应确保收集必要的信息,以供管理者进行评价工作。管理评审需收集的信息应包括:

以往管理评审的后续措施;

管理绩效和相关管理绩效参数的评审;

运行管理方案的评审;

合规性评价的结果以及高校应遵循的法律法规和其他要求的变化;

纠正措施和预防措施的实施情况;

目标和指标的实现程度。

管理评审的输出应包括与下列事项相关的决定和措施:

运行管理体系的审核结果;

对下一阶段管理绩效的规划;

运行管理方案的改善;

基于持续改进的承诺,组织对运行管理体系的目标、指标和其他要素的调整;

资源分配的变化。

3.5 小结

本章节基于PDCA(Plan-Do-Check-Act)循环理论建立高校绿色校园运行管理体系,帮助高校建立运行管理方针和目标,确定有效的运行管理内容和合理的运行管理环节,通过统一方法,提高高校运行管理效率和水平。利用PDCA循环理论,可从技术端和管理端两个方面,确立高校绿色校园运行管理体系的涉及内容及运行模式,建立高校绿色校园运行管理体系的框架结构。高校绿色校园运行管理体系的具体流程、类别及其工作内容如图3.3所示。

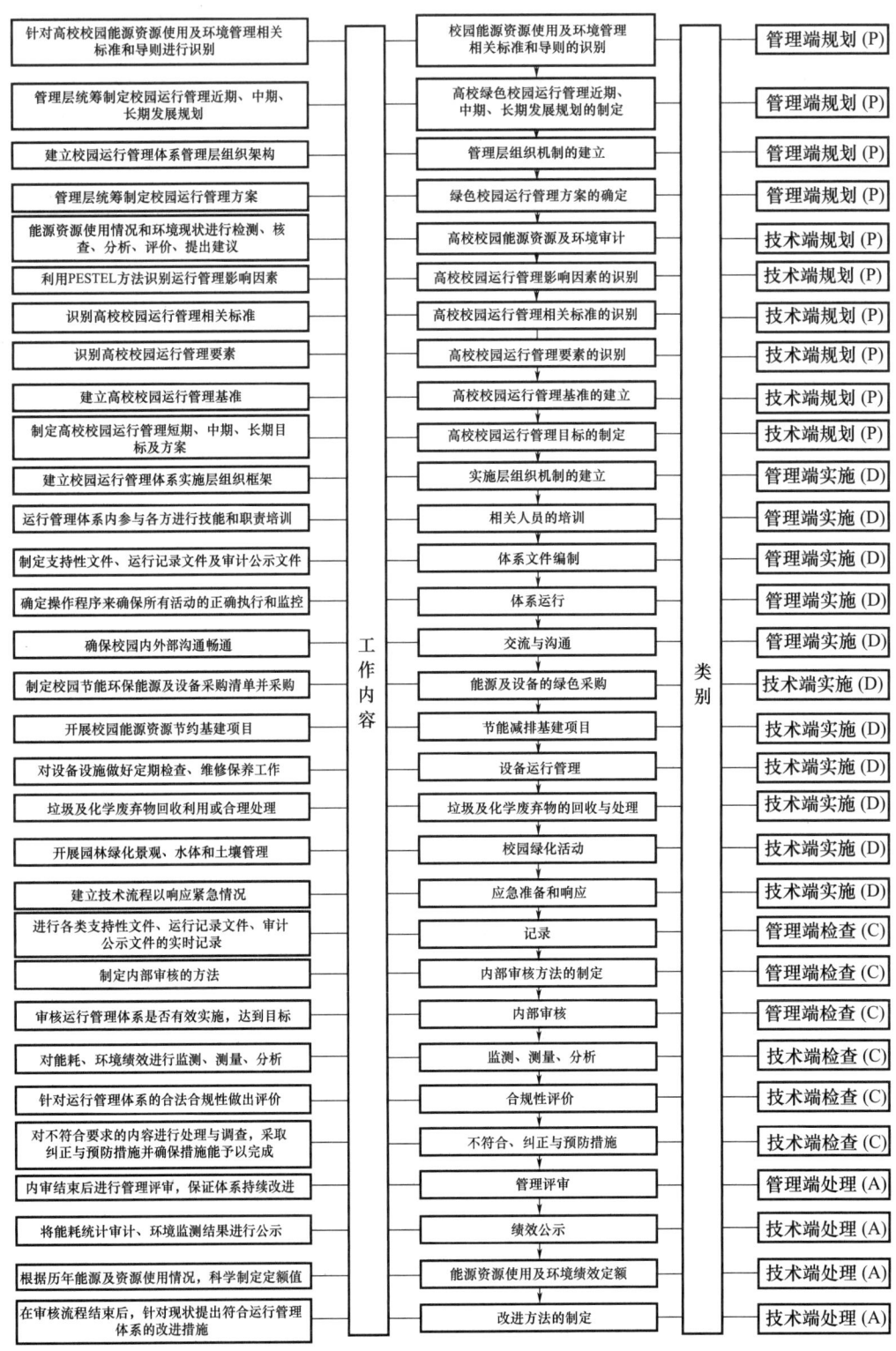

图 3.3 高校校园运行管理认证体系的运作流程图

本章参考文献

[1] 尹燕. PDCA循环在企业绩效管理中的应用[D]. 北京:首都经济贸易大学,2007.
[2] 张宁. 高等院校建筑能耗监管体系与节能管理研究[D]. 上海:同济大学,2013.
[3] 姜海波. 校园园林绿化工作重要性分析[J]. 科技传播,2014,6(03):110-108.

4 高校绿色校园运行管理的因素识别

绿色校园能源资源使用与环境管理不仅仅与学校内部各部门息息相关，也与政策、经济等外部宏观因素有着密不可分的关系，准确识别出校园内外部可能对绿色校园运行管理造成影响的因素具有重要的现实意义。本章首先了分析影响校园运行管理的内外部因素；在此基础上，进一步对运行管理的相关标准、导则进行了汇总；并借鉴 ISO 14001 国际环境认证体系和 ISO 50001 能源管理体系对校园运行管理要素进行了识别。

4.1 影响因素

鉴于绿色校园的运行管理因素涉及校园与环境的相互影响，本节借用 PESTLE 分析方法进行影响因素识别。PESTLE 分析（也称为 PEST）最初是为评估行业或企业运营外部宏观环境而开发的工具。其中，P（Political）是政治法规环境；E（Economic）是宏观经济及微观行业的经济环境；S（Social）是社会、观念、文化和审美等人文环境，T（Technological）是相关技术、工艺、研究的环境。在分析一个企业集团外部所处的背景的时候，通常是通过这四个因素来进行分析企业集团所面临的状况。[1] PESTLE 分析的优势在于能从多方面评估全局，以便更好地掌握组织的战略方向[2]，进而在可能影响方案成功的问题上为决策者提供详细而精准的指导[3]。但该方法也需要与特定"环境"相关的所有信息，才能实现管理解决方案的优化[4]。英国 eco-campus 评价体系[5]的建立也借用了该方法。本节就 PESTLE 框架涉及的政策、经济、社会、技术、法律和环境 6 个方面，从校园外部因素和内部因素两个角度进行影响因素分析。

在政策方面，外部因素主要是环境政策、产业和技术发展相关政策以及政府对高校的管理政策等因素；内部因素包括校园管理体制和管理重点上的改变等。

在经济上需要识别当地资源状况、经济发展水平、财政激励措施、经济结构、产业布局以及未来的经济走势这些可能对校园运行管理带来影响的一些外部因素，如税率、能源成本的变化等；内部因素包括校园财务预算变动、机构财务绩效、运行管理的成本以及学生人数的改变等。

在社会影响方面，需要识别的外部因素包括当地居民和政府的期望、气候变化等因素对校园运行管理带来的影响；内部因素包括员工和学生的参与度和期望值、员工留任以及节能环保意识的建立等。

在技术上主要是识别与能源资源节约和环境保护有关的新技术、新工艺、新材料的出现和发展趋势、应用前景以及推广普及的难易程度。其外部因素包括基础设施的建设、新技术的产生、成本的增长、节能环保行业的发展等；内部因素包括结合成本可引入的新技术设备、新技术应用及设备运维的技术要求以及管理团队及其专业素质等。

在法律上主要是识别和绿色校园运行管理相关的法律、法规、标准、执行状况和人员法律意识。其外部因素包括新的法律、法规和标准的颁布以及法律适应性等；内部因素包括校园相关制度的建立，员工的法律及标准执行意识的培养，法律、标准、制度等相关信息更新和实施、资源的投入等。

在环境上主要是识别与校园运行管理相互作用的物理环境要素。外部因素包括气候、当地资源条件等对校园运行管理的影响；内部因素包括校园地理位置、校园环境等。

4.2 校园运行管理相关标准的识别

要进行高效的绿色校园运行管理，除了识别其影响因素之外，还需对校园规划、设计和运行等相关标准、规范进行识别和汇总。标准规范是高校规划、设计、运行管理过程中必须遵照执行的条款，也可以作为绿色校园运行绩效评估的基准和标杆。因此，进行高校规划、设计、运行、评估相关标准的汇总是绿色校园运行管理的基础。

表 4.1 列出了当前与高校校园运行管理相关的法规和标准。通过梳理发现，相关标准涵盖建筑与区域设计、建筑节能、环境保护、废弃物管理、化学用品管理、采购、绿色校园评价等方面。但是，除《绿色校园评价标准》《高等学校校园建筑节能监管系统建设技术导则》等针对高校绿色校园评价和节能监管平台建设的少数几个标准和导则之外，表 4.1 中关于建筑设计、环境保护、废弃物防治、采购等绝大部分标准和法规并不是专门针对高校校园而制定。即使《绿色校园评价标准》可对新建、改建、扩建以及既有高校绿色校园的设计、建设和运营进行评价，但标准中的条款要求也是参照我国现行的公共建筑相关标准执行。高校校园规划、建筑设计及运行、校园能源资源使用、环境保护等均有自身特点和要求，在高校校园运行管理标准和导则的制定方面还有很多工作要做。

表 4.1 校园运行管理相关标准汇总

发布时间（年-月-日）	实施时间（年-月-日）	技术文件名称
1992-01-01	1992-08-01	《普通高等学校建筑规划面积指标（92 指标）》（建标〔1992〕245 号）
2018-04-01	2018-09-01	《普通高等学校建筑面积指标》（建标〔2018〕32 号）
2019-11-08	2020-03-01	《办公建筑设计规范》（JGJ/T 67—2019）
2010-08-03	2011-02-01	《档案馆建筑设计规范》（JGJ 25—2010）
2016-09-05	2017-03-01	《剧场建筑设计规范》（JGJ 57—2016）
2005-05-09	2019-10-01	《民用建筑设计标准》（GB 50352—2019）
2016-12-15	2017-06-01	《宿舍建筑设计规范》（JGJ 36—2016）
2003-05-03	2003-10-01	《体育建筑设计规范》（JGJ 31—2003）
2015-08-28	2016-05-01	《图书馆建筑设计规范》（JGJ 38—2015）

续表

发布时间（年-月-日）	实施时间（年-月-日）	技术文件名称
2014-09-01	2015-03-01	《文化馆建筑设计规范》（JGJ/T 41—2014）
2015-02-02	2015-10-01	《公共建筑节能设计标准》（GB 50189—2015）
2019-12-31	2020-07-01	《房间空气调节器能效限定值及能效等级》（GB 21455—2019）
2013-11-29	2014-06-01	《建筑照明设计标准》（GB 50034—2013）
2008-11-04	2009-05-01	《城市夜景照明设计规范》（JGJ/T 163—2008）
2015-11-09	2016-06-01	《城市道路照明设计标准》（CJJ 45—2015）
2019-12-10	2020-11-01	《建筑外门窗气密、水密、抗风压性能检测方法》（GB/T 7106—2019）
2012-05-28	2012-10-01	《民用建筑热湿环境质量评价标准》（GB/T 50785—2012）
2016-08-18	2017-04-01	《民用建筑热工设计规范》（GB 50176—2016）
2011-08-09	2011-12-01	《绿色建筑评价标准》（DB 11/T 825—2021）
2019-03-13	2019-10-01	《绿色校园评价标准》（GB/T 51356—2019）
2017-03-30	2017-03-30	《生活垃圾分类制度实施方案》（国办发〔2017〕26号）
2007-04-10	2007-07-01	《城市生活垃圾管理办法》（建设部令第157号）
1992-06-27	1992-06-27	《高等学校实验室工作规程》（教育委员会令第20号）
1990-12-21	1990-12-21	《化学工业环境保护管理规定》（化计字第781号）
1995-10-30	1996-04-01	《中华人民共和国固体废物污染环境防治法》（中华人民共和国主席令第58号）
2008-02-28	2008-06-01	《中华人民共和国水污染防治法》（中华人民共和国主席令第87号）
2002-06-29	2003-01-01	《中华人民共和国政府采购法》（中华人民共和国主席令第68号）
2014-04-24	2015-01-01	《中华人民共和国环境保护法》（中华人民共和国主席令第9号）
1987-09-05	1988-06-01	《中华人民共和国大气污染防治法》（中华人民共和国主席令第32号）
2016-12-25	2018-01-01	《中华人民共和国环境保护税法》（中华人民共和国主席令第61号）
1997-11-01	1998-01-01	《中华人民共和国节约能源法》（中华人民共和国主席令第77号）
2004-12-29	2005-01-01	《中华人民共和国固体废物污染环境防治法》（中华人民共和国主席令第31号）
2003-06-28	2003-10-01	《中华人民共和国放射性污染防治法》（中华人民共和国主席令第6号）
1996-10-29	1997-03-01	《中华人民共和国环境噪声污染防治法》（中华人民共和国主席令第24号）

续表

发布时间（年-月-日）	实施时间（年-月-日）	技术文件名称
2008-08-20	2011-01-01	《废弃电器电子产品回收处理管理条例》（国务院令第551号）
2002-01-26	2002-03-15	《危险化学品安全管理条例》（国务院令第591号）
2003-06-16	2003-06-16	《医疗废弃物管理条例》（国务院令第588号）
2002-11-19	2003-03-01	《室内空气质量标准》（GB/T 18883—2002）
1995-12-15	1996-07-01	《居室空气中甲醛的卫生标准》（GB/T 16127—1995）
2008-08-19	2008-10-01	《声环境质量标准》（GB 3096—2008）
2017-07-12	2018-02-01	《光环境评价方法》（GB/T 12454—2017）

4.3 运行管理要素的识别

高校校园运行管理要素是指与校园能源和资源使用以及环境保护相关的活动、产品或服务，围绕"实现全过程以及减少外部影响所产生的消耗"来确定相关的运行管理要求。基于全过程控制的思想，对校园运行管理全过程进行梳理，找出影响高校校园运行管理的因素。校园运行管理过程包括能源资源、物资及设施采购、建筑、设备、校园环境的运行及维护、垃圾、废水及化学废弃物回收处理等各环节。

4.3.1 活动要素的识别

① 活动领域：被定义为对能源、资源和环境有显著影响的校园活动范围。结合第2章中的文献资料查找以及实地调研的结果，综合分析与校园能源、资源和环境相关的各项活动，列出"废气管理""化学品管理""能源使用""室内外环境营造""水资源使用""废弃物管理""园林绿化"和"绿色采购"等8项与校园运行管理相关的活动领域。

② 活动内容：被定义为每个活动领域内的相关活动。如活动领域"废气管理"中包括化学废气和温室气体两类气体的排放与控制，"室内外环境营造"领域中分别包括建筑室内与室外的热湿环境、光环境、声环境和空气环境营造等，共计8项活动内容。

③ 活动要素：是指在每个活动中所包含的各项关于能源、资源使用和环境管理相关的具体因素。如活动内容"电气设备的使用"中，与之相关的活动要素有室内外照明以及建筑设备和试验仪器用电等；活动内容"化学品的使用和存储"中，活动要素除化学试剂的使用、回收和处理外，还包括化学品的泄漏/溢出、回收和处理。运行管理的活动领域、活动内容、活动环境要素的详细识别如表4.2所示。

④ 根据活动要素的影响可判别各项活动所产生的后果。活动要素造成的影响有"温室气体排放""土地污染""能源和资源消耗""生物多样性遭到破坏""土地/水/空气污染""对教职工和学生造成健康影响"等。同时，需对影响展开具体识别，分为正（有益）或负（有害）环境影响。

⑤ 定量分析是衡量校园运行管理活动影响重要工具，通常量化分析的方法能够明确各项活动要素造成环境影响的重要程度[6]。采用重要性分值来衡量每个要素产生环境影响的重要性及其发生的可能性大小，按照以下公式进行计算：影响的重要程度＝影响的严重性×影响的可能性。

环境影响的严重性由五分法决定：1～2分表示较小的环境影响；3分表示中等环境影响；4～5分表示严重的环境影响。环境影响的可能性由七分法来确定：最大值7分代表使用或运行的任何情况下都会造成环境影响；5～6分表示环境影响的可能性较大；4分表示环境影响的可能性中等；2～3分表示环境影响的可能性较小；最小值1分代表只在极少数情况下对环境造成影响。

表4.2 活动领域、活动内容、活动要素的识别

活动领域	活动内容	活动要素
废气管理	化学废气的排放及控制	实验室化学气体的排放及处理
	温室气体排放及控制	因能源燃烧导致的温室气体排放及处理
		温室气体的逸散排放
化学品管理	化学品的使用和存储	化学试剂的使用、回收和处理
		化学品的泄漏/溢出、回收和处理
能源使用	电气设备的使用	室内外照明
		建筑设备、试验仪器用电等
	供热系统的使用	使用天然气来供暖、供蒸汽等
	热水系统的使用	使用天然气、电提供热水等
	空调使用	使用电、天然气来供暖、供冷
	太阳能光伏系统、太阳能热水系统、地源热泵等的建设与使用	太阳能光伏系统发电
		太阳能热水系统提供热水
		地源热泵系统供暖、供冷、供热水
	校车在校区内及各校区间的运行	校园内交通以及各校区之间的校车往返用油、气、电等
	教师通勤	上下班通勤中的用油、气、电等
室内外环境营造	室内热湿环境营造	供暖空调设备的施工、改造和运行
		高性能围护结构的建造与改造
	室内光环境营造	合理的建筑采光施工与改造；照明系统的施工、改造、运行及控制
	室内声环境营造	建筑隔声工程的施工与改造
	室内空气环境营造	通风系统的施工、改造与运行
	室外热湿环境营造	合理的校园规划；校园绿化和景观建设
	室外光环境营造	建筑室外照明的施工、改造、运行与控制；校园道路照明工程施工、改造、运行与控制
	室外声环境营造	校园隔声工程的施工与改造
	室外空气环境营造	合理的校园规划；校园交通工具的使用

续表

活动领域	活动内容	活动要素
水资源使用	景观用水	雨水/中水系统的施工与运行
	绿地灌溉	雨水/中水系统的施工与运行
	道路清洁	雨水/中水系统的施工与运行
	市政生活用水	宿舍用水、办公室用水等
废弃物管理	各类废弃物的处理	生活垃圾的回收及处理
		办公垃圾的回收及处理
		宿舍垃圾的回收及处理
		厨余垃圾的回收及处理
		生活用废水的处理
		废弃试验仪器的回收及处理
		废液的回收及处理
		危化品的回收及处理
		生化废弃物的回收及处理
		放射性废弃物的回收及处理
园林绿化	绿化活动	绿化维护活动
		提供动物的自然栖息地
		种植新的植物/树木
	景观水体的维护	水质保护
	土壤保护	杀虫剂/除草剂/化肥等的合理使用
		防止土壤侵蚀、流失
		土壤盐渍防治
绿色采购	商品和服务的采购	购买办公用品（纸张等）
		购买办公家具及设备
		购买试验设备
		购买试验耗材
		基建工程材料的采购
		购买宿舍家具
		购买图书材料
		购买医疗药品
		购买食物
		购买大宗物资
		物业管理
		服务采购（如餐饮、信息技术、维护、清洁）

4.3.2 产品要素的识别

产品要素的定义为与校园运行管理相关的所有物品、设施、设备等，具体包括办公用品、办公设备、办公家具、宿舍家具、建筑能源资源使用系统与设备、实验室仪器和材料以及炊事设备等。其中办公用品包括纸张、文具等，办公设备及家具包括电脑、打印机、复印机、办公桌椅等；建筑能源资源使用系统与设备包括照明、供暖、空调、通风系统、用水设备等；实验室仪器和材料包括各种试验仪器、化学试剂和普通耗材等；炊事设备包括食堂所需的餐具、炊具等。

4.3.3 服务要素的识别

服务要素的定义指与校园能源资源使用及环境管理相关的宣传与培训、组织机制及能力建设。宣传与培训围绕上述活动要素展开，如空气排放物控制培训、化学品的使用和存储培训、节约能源宣传、节约水资源宣传、废弃物处理培训、园林绿化管理培训和绿色采购管理培训等。组织机制及能力建设包括设置绿色校园运行管理机构，建设运行管理等相关规章制度，在掌握学校运行管理现状的基础上针对不同部门制订不同的能力建设计划以及管理层和实施层的培训等。

4.4 小结

各高校需结合自身情况，在宏观上，从政策、经济、社会、技术、法律、环境等各方面，从校园内部和外部两个角度，明确与校园节能运行和环境管理相关的影响因素，分析各影响因素所带来的风险和机遇；并对运行管理相关的标准进行识别，从而把握机遇，规避风险，甚至化风险为机遇，以促进管理更加完善。在此基础上，各高校需要进一步对学校所有涉及校园能源资源使用和环境管理的相关活动、产品、服务进行要素识别，并制定后续运行管理方案，形成系统化的校园运行管理方案。

本章参考文献

[1] 王伟. 上海HM建筑设计院发展战略研究[D]. 上海：上海交通大学，2018.
[2] AGUILAR F J. Scanning the business environment[M]. Macmillan, New York. 1967.
[3] KIEKOWSKA J, TOKARCZYK-DOROCIAK K, KAZAK J, et al. Urban Adaptation to Climate Change Plans and Policies-the Conceptual Framework of a Methodological Approach[J]. Journal of Ecological Engineering, 2018, 19 (2)：50-62.
[4] BUCHANAN S, GIBB F. The information audit：An integrated strategic approach[J]. International Journal of Information Management, 1998, 18 (1)：29-47.
[5] EcoCampus. Home：The Scheme (ecocampus. uk) [EB/OL]. (2019-01-02) [2022-06-19]. https：//ecocampus. uk/mod/page/view. php? id=1242.
[6] REDFERN P, ZHONG H. The role of EcoCampus in addressing sustainability in UK universities[J]. Frontiers of Engineering Management, 2017, 4 (2)：193-200.

5 高校绿色校园运行管理绩效目标的确定方法

作为高校绿色校园运行管理体系中技术端的重要部分之一，高校能源资源使用及环境管理绩效目标的制定，直接影响运行管理方案的制定及实际执行效果。本章通过对高校绿色校园运行管理绩效指标体系的制定、绩效标准的确定以及绩效目标的计算方法等内容展开研究，为建立科学合理的高校绿色校园运行管理体系提供理论及方法支持。

5.1 高校绿色校园运行管理绩效指标体系的确定

要制定高校绿色校园运行管理绩效目标，首先需要确定运行管理的绩效指标。根据第 4.3 小节"运行管理要素的识别"以及校园运行管理的各项活动，可以分别从能耗、水耗、垃圾排放、化学废弃物排放、室内外环境、校园绿化等方面制定绩效指标。

5.1.1 能耗指标

全年总能耗、年人均能耗、单位面积能耗为高校建筑的基本能耗指标。我国《高等学校校园建筑节能监管系统建设技术导则》要求高校校园按照校园建筑设施中不同用能系统进行分类采集和统计其能耗数据，如空调用电、照明用电、插座用电、动力用电、特殊用电，因此也将各分项能耗的指标值作为高校用能系统细分的基本评价指标。高校用能综合性指标形式如表 5.1 所示[1]。运用表中所列的 16 项指标对学校用能进行分析，同时也便于各高校间能耗对比，挖掘高校自身的节能潜力。

表 5.1 基本评价指标[1]

序号	指标名称	指标计算	单位
1	全年总能耗	全年总能耗量之和	kgce
2	人均年能耗量	全年总能耗量/全年使用人数	kgce/(人·a)
3	单位面积年能耗量	全年总能耗量/建筑面积	kgce/(m^2·a)
4	人均年耗电量	全年总耗电量/全年使用人数	kW·h/(人·a)
5	单位面积年耗电量	全年总耗电量/建筑面积	kW·h/(m^2·a)
6	人均年空调能耗量	全年空调能耗量/全年使用人数	kW·h/(a·人)
7	单位面积年空调能耗量	全年空调能耗量/建筑面积	kW·h/(m^2·a)
8	人均年照明/插座耗电量	全年照明/插座用电量/全年使用人数	kW·h/(人·a)

续表

序号	指标名称	指标计算	单位
9	单位面积年照明/插座耗电量	全年照明/插座用电量/建筑面积	kW·h/(m²·a)
10	人均年燃气消耗量	全年总燃气消耗量/全年使用人数	m³/(人·a)
11	单位面积年燃气消耗量	全年总燃气消耗量/建筑面积	m³/(m²·a)
12	人均年动力用电量	全年动力用电量/全年使用人数	kW·h/(人·a)
13	单位面积年动力用电量	全年动力用电量/建筑面积	kW·h/(m²·a)
14	人均年特殊用电量	全年特殊用电量/全年使用人数	kW·h/(人·a)
15	单位面积年特殊用电量	全年特殊用电量/建筑面积	kW·h/(m²·a)
16	车队年总油耗	全年车队总油耗之和	L/a

为进行不同类型高校建筑及用能系统的能效监管,深层次挖掘高校的节能潜力,还需要制定高校内教学楼、办公楼、科研楼等不同功能类型建筑的能耗指标体系。考虑与高校综合性能耗指标体系保持一致性以及不同类型建筑的指标形式具有统一性和可对比性,将人均能耗、单位面积能耗作为各类典型高校建筑的基本能耗指标。同时,根据《高等学校校园建筑节能监管系统建设技术导则》规定,将空调用电、照明插座用电、动力用电、特殊用电等分项能耗指标作为各类典型高校建筑的能耗指标。本书以办公楼、教学楼等6类典型建筑为例,建立每类建筑的能耗指标体系。

5.1.1.1 行政办公建筑

不同的行政办公楼类型会影响其能耗。根据行政办公建筑所在的单位分为校级行政机关办公楼、院系行政办公楼及其他办公楼三类。因办公时间存在明显的假期变化,将每月能耗作为其中一类指标。行政办公建筑的能耗指标体系如表5.2所示[1]。

表5.2 行政办公建筑能耗指标形式[1]

分类	指标名称	指标计算	指标单位
校级行政机关办公楼	人均年能耗	全年总能耗/全年使用人数	kW·h/(人·a)
	单位面积年能耗	全年总能耗/建筑面积	kW·h/(m²·a)
	人均月能耗	全月能耗/全月使用人数	kW·h/(月·人)
	单位面积月能耗	全月总能耗/建筑面积	kW·h/(m²·a)
	人均月照明能耗	全月照明能耗/全月使用人数	kW·h/(月·人)
	单位面积月照明能耗	全月照明能耗/建筑面积	kW·h/(m²·月)
	人均月空调能耗	全月空调能耗/全月使用人数	kW·h/(人·月)
	单位面积月空调能耗	全月空调能耗/建筑面积	kW·h/(m²·月)
	人均月插座能耗	全月插座能耗/全月使用人数	kW·h/(人·月)
	单位面积月插座能耗	全月插座能耗/建筑面积	kW·h/(m²·月)
	人均月动力能耗	全月动力能耗/全月使用人数	kW·h/(人·月)
	单位面积月动力能耗	全月动力能耗/建筑面积	kW·h/(m²·月)

续表

分类	指标名称	指标计算	指标单位
院系行政办公楼	人均年能耗	全年总能耗/全年使用人数	kW·h/(人·a)
	单位面积年能耗	全年总能耗/建筑面积	kW·h/(m²·a)
	人均月能耗	全月能耗/全月使用人数	kW·h/(月·人)
	单位面积月能耗	全月总能耗/建筑面积	kW·h/(m²·a)
	人均月照明能耗	全月照明能耗/全月使用人数	kW·h/(月·人)
	单位面积月照明能耗	全月照明能耗/建筑面积	kW·h/(m²·月)
	人均月空调能耗	全月空调能耗/全月使用人数	kW·h/(月·人)
	单位面积月空调能耗	全月空调能耗/建筑面积	kW·h/(m²·月)
	人均月插座能耗	全月插座能耗/全月使用人数	kW·h/(月·人)
	单位面积月插座能耗	全月插座能耗/建筑面积	kW·h/(m²·月)
	人均月动力能耗	全月动力能耗/全月使用人数	kW·h/(月·人)
	单位面积月动力能耗	全月动力能耗/建筑面积	kW·h/(m²·月)
其他办公楼	人均年能耗	全年总能耗/全年使用人数	kW·h/(人·a)
	单位面积年能耗	全年总能耗/建筑面积	kW·h/(m²·a)
	人均月能耗	全月能耗/全月使用人数	kW·h/(月·人)
	单位面积月能耗	全月总能耗/建筑面积	kW·h/(m²·a)
	人均月照明能耗	全月照明能耗/全月使用人数	kW·h/(月·人)
	单位面积月照明能耗	全月照明能耗/建筑面积	kW·h/(m²·月)
	人均月空调能耗	全月空调能耗/全月使用人数	kW·h/(月·人)
	单位面积月空调能耗	全月空调能耗/建筑面积	kW·h/(m²·月)
	人均月插座能耗	全月插座能耗/全月使用人数	kW·h/(月·人)
	单位面积月插座能耗	全月插座能耗/建筑面积	kW·h/(m²·月)
	人均月动力能耗	全月动力能耗/全月使用人次（人数）	kW·h/(月·人)
	单位面积月动力能耗	全月动力能耗/建筑面积	kW·h/(m²·月)

5.1.1.2 教学建筑

因各高校的经费投入不同，即使是功能统一的教学建筑，各高校的教学设备也有差别。国内高校的教学建筑内部一般均配置有投影仪、电脑等设备，部分高校的教学建筑安装了空调以改善教室内的热湿环境，而部分高校并未安装。教学楼的建筑面积较易统计，但人数不易统计，因此可采用单位面积能耗指标。此外，教学楼主要是为上课服务，因此也可以采用单位课时量指标进行评价。教学建筑的能耗指标形式如表5.3所示[1]。

表5.3　教学建筑能耗指标形式[1]

分类	指标名称	指标计算	指标单位
安装空调设备的教学建筑	单位面积年能耗	全年总能耗/建筑面积	kW·h/(m²·a)
	单位课时量年能耗	全年总能耗/百课时	kW·h/(百课时·a)
	单位面积年照明能耗	全年照明总能耗/建筑面积	kW·h/(m²·a)
	单位面积年空调能耗	全年空调总能耗/建筑面积	kW·h/(m²·a)
	单位面积年插座能耗	全年插座总能耗/建筑面积	kW·h/(m²·a)
	单位面积年动力能耗	全年动力总能耗/建筑面积	kW·h/(m²·a)
未安装空调设备的教学建筑	单位面积年能耗	全年总能耗/建筑面积	kW·h/(m²·a)
	单位课时量年能耗	全年总能耗/百课时	kW·h/(百课时·a)
	单位面积年照明能耗	全年照明总能耗/建筑面积	kW·h/(m²·a)
	单位面积年插座能耗	全年插座总能耗/建筑面积	kW·h/(m²·a)
	单位面积年动力能耗	全年动力总能耗/建筑面积	kW·h/(m²·a)

5.1.1.3　科研建筑

科研楼是研究型大学特有的建筑类型，其能耗主要包括照明、暖通空调、插座、科研设备以及动力能耗。从科研仪器的配置看，不同学科配置差异较大，因此，不同学科的科研楼不适合直接比较，需增加学科属性分类。将科研建筑按学科属性分为五类：人文社科、医学、农学、理学、工学。同时医学、农学、工学类科研楼有部分功能特殊且耗能大的专用试验设备用电（如风洞、机房设备用电等），故将此类科研楼增加特殊用电指标。此外，科研经费的投入程度不同，也会导致能耗差异，故增加单位科研经费能耗指标。具体的指标形式如表5.4所示[1]。

表5.4　科研楼建筑能耗指标形式[1]

分类	指标名称	指标计算	指标单位
人文社科类科研楼建筑	单位面积年能耗	全年总能耗/建筑面积	kW·h/(m²·a)
	人均年能耗	全年总能耗/全年使用人数	kW·h/(人·a)
	单位面积年照明能耗	全年照明插座总能耗/建筑面积	kW·h/(m²·a)
	人均年照明能耗	全年照明插座总能耗/全年使用人数	kW·h/(人·a)
	单位面积年插座能耗	全年插座总能耗/建筑面积	kW·h/(m²·a)
	人均年插座能耗	全年插座总能耗/全年使用人数	kW·h/(人·a)
	单位面积年空调能耗	全年空调总能耗/建筑面积	kW·h/(m²·a)
	人均年空调能耗	全年空调总能耗/全年使用人数	kW·h/(人·a)
	人均年动力能耗	全年动力能耗/全年使用人数	kW·h/(月·人)
	单位面积年动力能耗	全年动力总能耗/建筑面积	kW·h/(m²·a)
	单位科研经费年能耗量	全年能耗量/全年科研经费	kW·h/(a·万元)
	单位科研经费年照明能耗	全年照明能耗量/全年科研经费	kW·h/(a·万元)
	单位科研经费年插座能耗	全年插座能耗量/全年科研经费	kW·h/(a·万元)
	单位科研经费年空调能耗	全年空调能耗量/全年科研经费	kW·h/(a·万元)

续表

分类	指标名称	指标计算	指标单位
医学类/农学类/理学类/工学类科研楼建筑	单位面积年能耗	全年总能耗/建筑面积	kW·h/(m²·a)
	人均年能耗	全年总能耗/全年使用人数	kW·h/(人·a)
	单位面积年照明能耗	全年照明总能耗/建筑面积	kW·h/(m²·a)
	人均年照明能耗	全年照明总能耗/全年使用人数	kW·h/(人·a)
	单位面积年插座能耗	全年插座总能耗/建筑面积	kW·h/(m²·a)
	人均年插座能耗	全年插座总能耗/全年使用人数	kW·h/(人·a)
	单位面积年空调能耗	全年空调总能耗/建筑面积	kW·h/(m²·a)
	人均年空调能耗	全年空调总能耗/全年使用人数	kW·h/(人·a)
	人均年动力能耗	全年动力能耗/全年使用人数	kW·h/(月·人)
	单位面积年动力能耗	全年动力能耗/建筑面积	kW·h/(m²·月)
	单位面积年特殊用电量	全年特殊用电量/建筑面积	kW·h/(m²·a)
	人均年特殊用电量	全年特殊用电量/全年使用人数	kW·h/(人·a)
	单位科研经费年能耗量	全年能耗量/全年科研经费	kW·h/(a·万元)
	单位科研经费年照明能耗	全年照明能耗量/全年科研经费	kW·h/(a·万元)
	单位科研经费年插座能耗	全年插座能耗量/全年科研经费	kW·h/(a·万元)
	单位科研经费年空调能耗	全年空调能耗量/全年科研经费	kW·h/(a·万元)
	单位科研经费年动力能耗	全年动力总能耗/全年科研经费	kW·h/(a·万元)
	单位科研经费年特殊用电	全年特殊用电量/全年科研经费	kW·h/(a·万元)

5.1.1.4 宿舍楼建筑

学生宿舍的建筑面积和人数都较易统计，因此可采用单位面积能耗和人均能耗的指标。学生宿舍能耗主要集中于照明、设备、空调、生活热水能耗以及动力等几种类型。而大多数高校对本科生、研究生和留学生实行不同的用电管理制度，如本科生宿舍在晚上均会采用熄灯的形式保证学生的休息时间，而研究生和留学生宿舍则没有该规定。因此，本研究将宿舍楼建筑用能分为本科生、研究生和留学生三类制定能耗指标体系。具体的指标形式如表5.5所示[1]。

表5.5 宿舍楼建筑能耗指标形式[1]

分类	指标名称	指标计算	指标单位
本科生宿舍楼建筑	单位面积年能耗	全年总能耗/建筑面积	kW·h/(m²·a)
	人均年能耗	全年总能耗/全年使用人数	kW·h/(人·a)
	单位面积年照明能耗	全年照明和总能耗/建筑面积	kW·h/(m²·a)
	人均年照明能耗	全年照明总能耗/全年使用人数	kW·h/(人·a)
	单位面积年照明能耗	全年照明总能耗/建筑面积	kW·h/(m²·a)
	人均年插座能耗	全年照明总能耗/全年使用人数	kW·h/(人·a)
	单位面积年空调能耗	全年空调总能耗/建筑面积	kW·h/(m²·a)

续表

分类	指标名称	指标计算	指标单位
本科生宿舍楼建筑	人均年空调能耗	全年空调总能耗/全年使用人数	kW·h/(人·a)
	单位面积年热水能耗	全年热水总能耗/建筑面积	kW·h/(m²·a)
	人均年热水能耗	全年热水总能耗/全年使用人数	kW·h/(人·a)
	单位面积年动力能耗	全年动力能耗/建筑面积	kW·h/(m²·a)
	人均年动力能耗	全年动力能耗/全年使用人数	kW·h/(人·a)
研究生宿舍楼建筑	单位面积年能耗	全年总能耗/建筑面积	kW·h/(m²·a)
	人均年能耗	全年总能耗/全年使用人数	kW·h/(人·a)
	单位面积年照明能耗	全年照明和总能耗/建筑面积	kW·h/(m²·a)
	人均年照明能耗	全年照明总能耗/全年使用人数	kW·h/(人·a)
	单位面积年照明能耗	全年照明总能耗/建筑面积	kW·h/(m²·a)
	人均年插座能耗	全年照明总能耗/全年使用人数	kW·h/(人·a)
	单位面积年空调能耗	全年空调总能耗/建筑面积	kW·h/(m²·a)
	人均年空调能耗	全年空调总能耗/全年使用人数	kW·h/(人·a)
	单位面积年热水能耗	全年热水总能耗/建筑面积	kW·h/(m²·a)
	人均年热水能耗	全年热水总能耗/全年使用人数	kW·h/(人·a)
	单位面积年动力能耗	全年动力能耗/建筑面积	kW·h/(m²·a)
	人均年动力能耗	全年动力能耗/全年使用人数	kW·h/(人·a)
留学生宿舍楼建筑	单位面积年能耗	全年总能耗/建筑面积	kW·h/(m²·a)
	人均年能耗	全年总能耗/全年使用人数	kW·h/(人·a)
	单位面积年照明能耗	全年照明和总能耗/建筑面积	kW·h/(m²·a)
	人均年照明能耗	全年照明总能耗/全年使用人数	kW·h/(人·a)
	单位面积年照明能耗	全年照明总能耗/建筑面积	kW·h/(m²·a)
	人均年插座能耗	全年照明总能耗/全年使用人数	kW·h/(人·a)
	单位面积年空调能耗	全年空调总能耗/建筑面积	kW·h/(m²·a)
	人均年空调能耗	全年空调总能耗/全年使用人数	kW·h/(人·a)
	单位面积年热水能耗	全年热水总能耗/建筑面积	kW·h/(m²·a)
	人均年热水能耗	全年热水总能耗/全年使用人数	kW·h/(人·a)
	单位面积年动力能耗	全年动力能耗/建筑面积	kW·h/(m²·a)
	人均年动力能耗	全年动力能耗/全年使用人数	kW·h/(人·a)

5.1.1.5 图书馆建筑

图书馆能耗主要为照明能耗、空调能耗、插座能耗和动力能耗。图书馆的建筑面积都较易统计,但人员流动性较大,不易统计,故可采用单位面积指标。图书馆的主要功能是为借阅图书和自修服务,并且图书馆都有带座位的自修区域,因此可以单位座椅数进行评价。具体的指标形式如表 5.6 所示[1]。

表5.6 图书馆建筑能耗指标形式[1]

指标名称	指标计算	指标单位
单位面积年能耗	全年总能耗/建筑面积	kW·h/(m²·a)
单位座位年能耗	全年能耗量/座位数	kW·h/(a·座)
单位面积年照明能耗	全年照明总能耗/建筑面积	kW·h/(m²·a)
单位座位年照明能耗	全年照明能耗量/座位数	kW·h/(a·座)
单位面积年插座能耗	全年插座总能耗/建筑面积	kW·h/(m²·a)
单位座位年插座能耗	全年插座能耗量/座位数	kW·h/(a·座)
单位面积年空调能耗	全年空调总能耗/建筑面积	kW·h/(m²·a)
单位座位年空调能耗	全年空调耗电量/座位数	kW·h/(a·座)
单位面积年动力能耗	全年动力总能耗/建筑面积	kW·h/(m²·a)
单位座位年动力能耗	全年动力能耗量/座位数	kW·h/(a·座)

5.1.1.6 食堂餐厅

食堂能耗主要包括食堂照明能耗、空调能耗、动力能耗以及特殊用电（炊事）。食堂类建筑，其耗能量与其营业规模、使用人数和使用强度相关性较强，因此食堂的能耗系统评价指标以单位面积、单位就餐人数指标和单位营业额指标为主。具体的指标形式如表5.7所示[1]。

表5.7 食堂餐厅能耗指标形式[1]

指标名称	指标计算	指标单位
单位面积年能耗	全年总能耗/建筑面积	kW·h/(m²·a)
人均年能耗	全年总能耗/全年使用人数	kW·h/(人·a)
单位面积年照明能耗	全年照明总能耗/建筑面积	kW·h/(m²·a)
人均年照明能耗	全年照明总能耗/全年使用人数	kW·h/(人·a)
单位面积年插座能耗	全年插座总能耗/建筑面积	kW·h/(m²·a)
人均年插座能耗	全年插座总能耗/全年使用人数	kW·h/(人·a)
单位面积年空调能耗	全年空调总能耗/建筑面积	kW·h/(m²·a)
人均年空调能耗	全年空调总能耗/全年使用人数	kW·h/(人·a)
单位面积年动力能耗	全年动力总能耗/建筑面积	kW·h/(m²·a)
人均年动力能耗	全年动力总能耗/全年使用人数	kW·h/(人·a)
人均年特殊用电	全年特殊用电量/全年使用人数	kW·h/(人·a)
单位面积年特殊用电	全年特殊用电量/建筑面积	kW·h/(m²·a)
单位营业额年能耗	全年能耗量/年营业额	kW·h/(a·万元)
单位营业额年照明能耗量	全年照明能耗量/年营业额	kW·h/(a·万元)
单位营业额年插座能耗量	全年插座能耗量/年营业额	kW·h/(a·万元)
单位营业额年空调能耗量	全年空调能耗量/年营业额	kW·h/(a·万元)
单位营业额年动力能耗量	全年动力能耗量/年营业额	kW·h/(a·万元)
单位营业额年特殊用电	全年特殊用电量/年营业额	kW·h/(a·万元)

上述能耗指标体系可以反映每类校园建筑的运行特征。利用上述指标体系可以对能耗特征进行分析，对校园节能运行管理绩效进行评价。此外，从时间维度来看，除全年类指标之外，上述指标还可以分月、分季度进行评价；从空间维度来看，可以对整个学校、单个学院、单个建筑等不同对象进行评价。

5.1.2 水耗指标

水耗指标包括总用水量、最大时用水量、平均时用水量、中水量、雨水回收量、节水用水量等，可作为校园的水耗绩效指标。参考《建筑给水排水设计标准》（GB 50015—2019）[2]和《民用建筑节水设计标准》（GB 50555—2010）[3]，制定了具体指标，如表 5.8 所示。

表 5.8 校园水耗指标

指标名称	指标计算	单位
全年总用水量	所有用水设备的全年用水量之和	L/a
最大时用水量	最高日最大用水时段内的小时用水量	L/h
平均时用水量	最高日用水时段内的平均小时用水量	L/h
节水用水定额	采用节水型生活用水器具后的平均日用水量	L/d
全年节水用水量	采用节水用水定额计算的全年用水量	L/a
全年中水量	全年收集的中水量	L/a
全年雨水回收量	雨水回收系统收集的全年雨水回收量	L/a

5.1.3 垃圾排放量指标

垃圾排放量指标主要包括寝室垃圾排放量、办公垃圾排放量、厨余垃圾和废水排放量、实验设备废弃物排放量、校园总垃圾量、人均垃圾量等各类不同垃圾的排放量，如表 5.9 所示。

表 5.9 垃圾排放量指标

指标名称	指标计算	单位
全年寝室垃圾排放量	寝室产生的全年垃圾排放量之和	kg/a
全年办公垃圾排放量	办公室产生的全年垃圾排放量之和	kg/a
全年厨余垃圾和废水排放量	食堂产生的全年厨余垃圾和废水排放量之和	kg/a
全年实验设备废弃物排放量	全年实验设备废弃物排放量之和	kg/a
全年校园总垃圾量	校园所有垃圾年排放量之和	kg/a
全年人均垃圾量	校园所有垃圾年排放量之和/校园总人数	kg/(人·a)

5.1.4 化学废弃物排放量指标

化学废弃物排放量指标主要包括固体废弃物、废液、废气、危化品、生化品、放射性化学物等的排放量,具体如表 5.10 所示。

表 5.10 化学废弃物排放量指标

指标名称	指标计算	单位
全年固体废弃物排放量	试验沉淀的废渣、打碎的玻璃仪器残渣和一次性耗材等的年排放量	kg/a
全年废液排放量	无机废液、有机废液、普通有毒废液和剧毒废液等的年排放量	L/a
全年废气排放量	实验室的废气年排放量	mg/a
全年危化品排放量	危险性化学物品的年排放量	kg/a
全年生化废弃物排放量	对有病原微生物污染的生化固废或被病原微生物污染过的废弃物年排放量	kg/a
全年放射性废弃物排放量	具有放射性的化学废弃物品年排放量	kg/a

5.1.5 室内外环境指标

室内外环境指标主要涉及建筑室内声环境、光环境、热湿环境、空气品质、室外大气环境(颗粒物浓度、各类气体污染物浓度等)、室外声环境、室外热湿环境(热岛效应等)、室外光环境等方面的指标。根据《民用建筑室内热湿环境评价标准》(GB/T 50785—2012)[4]、《绿色校园评价标准》(GB/T 51356—2019)[5]、《建筑照明设计标准》(GB 50034—2013)[6]、《建筑采光设计标准》(GB 50033—2013)[7]、《民用建筑工程室内环境污染控制标准》(GB 50325—2020)[8]、《民用建筑隔声设计规范》(GB 50118—2010)[9]、《声环境质量标准》(GB 3096—2008)[10] 及《绿色生态城区评价标准》(GB/T 51255—2017)[11] 等规定,同时考虑到实际运行管理的可操作性,选取以下室内外环境指标,如表 5.11 所示。

表 5.11 室内外环境指标

指标名称	指标计算	单位
室内温度[5]	使用玻璃液体温度计法、数显式温度计法或其他方法测量的建筑室内空气温度	℃
室内相对湿度[5]	使用通风干湿表法、氯化锂湿度计法、电容式数字湿度法或其他方法测量的建筑室内空气相对湿度	%
室内空气流速[5]	使用热球式电风速计法、数字式风速表法或其他方法测量的建筑室内空气流速	m/s
预计不满意者的百分数 (Predicted Percentage Dissatisfied,PPD)[4]	处于热湿环境中的人群对于热湿环境不满意的预计投票平均值	%
预计平均热感觉指标 (Predicted Mean Vote,PMV)[4]	根据人体热平衡的基本方程式以及心理、生理学主观感觉的等级为出发点,考虑了人体热舒适感诸多有关因素的全面评价指标,是人群对于热感觉等级投票的平均指数	—

续表

指标名称	指标计算	单位
局部不满意率 (Local Percentage Dissatisfied Caused by Thermal Environment，LPD)[4]	由于冷吹风感、垂直温差、地板表面温度、不对称辐射温度等局部热湿环境引起的不满意率	%
预计适应性平均热感觉指标 (Adaptive Predicted Mean Vote，APMV)[4]	在非人工冷热源热湿环境中，考虑了人们心理、生理与行为适应性等因素后的热感觉投票预计值	—
新风量[5]	使用示踪气体法或其他方法测量的新风流速	$m^3/(人·h)$
照度（Illuminance）[6]	入射在包含该点的面元上的光通量 $d\Phi$ 除以该面元面积 dA 所得之商	lx
亮度（Luminance）[6]	发光体光强与人眼所"见到"的光源面积之比，由公式 $L=d^2\Phi/(dA·\cos\theta·d\Omega)$ 定义的量	cd/m^2
照明功率密度 (Lighting Power Density，LPD)[6]	单位面积上照明的安装功率（包括光源、镇流器或变压器等附属用电器件）	W/m^2
统一眩光值 (Unified Glare Rating，UGR)[6]	度量处于室内视觉环境中的照明装置发出的光对人眼引起不舒适感主观反应的心理参量	—
照度均匀度 (Uniformity Ratio of Illuminance，U0)[6]	规定表面上的最小照度与平均照度之比	—
一般显色指数 (General Colour Rendering Index，Ra)[6]	光源对国际照明委员会（CIE）规定的第1～8种标准颜色样品显色指数的平均值	—
采光系数[6]	房间中某一点的自然光与室外日光之间的百分比关系	%
室内氡 ^{222}Rn 浓度[8]	使用闪烁瓶测量法、径迹蚀刻法、双滤膜法、活性炭盒法或其他方法测量的室内空气中氡浓度	Bq/m^3
室内甲醛（HCHO）浓度[8]	使用AHMT分光光度法、酚试剂分光光度法、气相色谱法或其他方法测量的室内空气中甲醛浓度	mg/m^3
室内氨（NH_3）浓度[8]	使用靛酚蓝光光度法、离子选择电极法、次氯酸钠-水杨酸分光光度法或其他方法测量的室内空气中氨浓度	mg/m^3
室内苯（C_6H_6）浓度[8]	使用气相色谱法或其他方法测量的室内空气中苯浓度	mg/m^3
室内甲苯（C_7H_8）、二甲苯（C_8H_{10}）浓度[8]	使用气相色谱法或其他方法测量的室内空气中甲苯、二甲苯浓度	mg/m^3
室内总挥发性有机化合物浓度 (Total Volatile Organic Compounds，TVOC)[8]	利用Tenax GC或Tenax TA采样，非极性色谱柱（极性指数小于10）进行分析，保留时间在正己烷和正十六烷之间的挥发性有机化合物。使用色相气谱法或其他方法测量的室内空气中TVOC浓度	mg/m^3
室内二氧化碳（CO_2）浓度[8]	使用不分光气体分析法、气相色谱法、容量滴定法或其他方法测量的室内二氧化碳浓度	mg/m^3

续表

指标名称	指标计算	单位
室内可吸入颗粒物 PM2.5 年均浓度[8]	空气动力学当量直径小于等于 2.5μm 的颗粒物浓度,使用撞击式-称重法或其他方法测量的浓度	μg/m³
室内可吸入颗粒物 PM10 年均浓度[8]	空气动力学当量直径小于等于 10μm 的颗粒物浓度,使用撞击式-称重法或其他方法测量的浓度	μg/m³
A 声级 (L_A)[9]	用 A 计权网络测得的声压级	dB(A)
室外温度	使用玻璃液体温度计法、数显式温度计法或其他方法测量的建筑室外温度	℃
室外相对湿度	使用通风干湿表法、氯化锂湿度计法、电容式数字湿度法或其他方法测量的室外空气相对湿度	%
室外风速	使用热球式电风速计法、数字式风速表法或其他方法测量的室外空气流速	m/s
热岛效应强度[11]	校园内气温测点与郊区气温代表性测点的气温差值	℃
室外 PM2.5 浓度	空气动力学当量直径小于等于 2.5μm 的颗粒物浓度,使用撞击式-称重法或其他方法测量的浓度	μg/m³
环境噪声区达标覆盖率	满足环境噪声标准的区域与总区域面积的比值	%

5.1.6 校园绿化指标

校园绿化指标主要有绿化面积、绿地率、人均公共绿地面积、树木密度等,具体如表 5.12 所示。

表 5.12 校园绿化指标

指标名称	指标计算	单位
绿地面积	种植绿地的面积	m²
绿地覆盖率	绿化面积与占地面积的比值	%
人均公共绿地面积	公共绿地面积与人数的比值	m²/人
树木密度	树木数量与占地面积的比值	株/100m²
本土植物指数	区域内全部木本植物中本地木本植物所占比例	%
综合物种指数	城市建成区内该类物种数与市域范围内该类物种总数之比	%

5.1.7 指标数据的采集

第 5.1.1~5.1.6 小节中所列的各个指标数据分别从表 5.13 中所列部门收集,以便进行校园运行管理绩效评价,具体内容如表 5.13 所示。

表 5.13 指标数据的采集部门

指标	数据采集部门
能耗指标	后勤处能源管理办公室、后勤集团
水耗指标	后勤处能源管理办公室、后勤集团
室内外环境指标	运行管理办公室
垃圾排放量指标	后勤处家具管理办公室、校园管理办公室
化学废弃物排放量指标	实验室与设备管理处、后勤处、校园管理办公室
校园绿化指标	后勤处、校园管理办公室、后勤集团

5.2 绩效目标的确定

根据上述制定的运行管理绩效指标体系，确定需要实现的绩效目标。因指标种类众多，对于不同类型的指标，其目标的确定方法有所不同。有些指标，比如室内外环境类指标，可以根据相关国家标准来确定其控制目标。而对于节能减排量等指标，可以通过制定绩效定额以及与基准相比的节能减排比例等方法来确定。

5.2.1 室内外环境控制目标

校园室内外环境控制是绿色校园运行管理的重要内容之一。当前，《绿色校园评价标准》(GB/T 51356—2019)对建筑室内环境和校园热环境、风环境控制均做了要求。此外，《民用建筑室内热湿环境评价标准》(GB/T 50785—2012)、《建筑照明设计标准》(GB 50034—2013)、《建筑采光设计标准》(GB 50033—2013)、《民用建筑工程室内环境污染控制标准》(GB 50325—2020)、《民用建筑隔声设计规范》(GB 50118—2010)、《声环境质量标准》(GB 3096—2008)、《绿色生态城区评价标准》(GB/T 51255—2017)等标准也对室内外环境控制目标进行了规定。根据相关的国内标准要求，表 5.14～表 5.25 汇总了绿色校园运行管理中涉及的室内外热湿环境、室内光环境、室内空气品质、室内外声环境等领域的指标限值要求。

5.2.1.1 建筑室内热湿环境

对于建筑室内热湿环境方面，《绿色生态城区评价标准》(GB/T 51255—2017)对室内热环境做了规定，要求公共建筑夏季室内空调温度设置不低于 26℃，冬季室内空调温度设置不高于 20℃。国家标准《空气调节系统经济运行》(GB/T 17981—2007)[12]规定了空调系统经济运行的室内环境主要控制参数的阈值，即夏季公共建筑的主要功能房间需将相对湿度控制在 40%～65%，新风量控制在每人每小时 10～30m^3，温度控制应大于或等于 26℃。对于一些对外经营且标准要求较高的特定房间，温度控制可适当降低，但应大于或等于 24℃。校园主管部门应该制定激励或管理措施，鼓励办公建筑和大型公共建筑夏季室内空调温度设置不低于 26℃，冬季室内空调温度设置不高于 20℃。

《民用建筑室内热湿环境评价标准》（GB/T 50785—2012）划分了热湿环境等级：人群中 90% 的使用者感觉满意的热湿环境为 Ⅰ 级热湿环境；75% 的使用者感觉满意的热湿环境为 Ⅱ 级热湿环境；低于 75% 的使用者感觉满意的热湿环境为 Ⅲ 级热湿环境。同时，对于热湿环境等级的评定，《民用建筑室内热湿环境评价标准》（GB/T 50785—2012）定义了人工冷热源热湿环境（使用供暖、空调等人工冷热源进行热湿环境调节的房间或区域）的整体评价指标与局部评价指标，以及非人工冷热源热湿环境（未使用人工冷热源，只通过自然调节或机械通风进行热湿环境调节的房间或区域）评价指标。对于人工冷热源热湿环境，整体评价指标应包括预计平均热感觉指标（PMV）、预计不满意者的百分数（PPD），如表 5.14 所示；局部评价指标应包括冷吹风感引起的局部不满意率（LPD_1）、垂直空气温度差引起的局部不满意率（LPD_2）和地板表面温度引起的局部不满意率（LPD_3），如表 5.15 所示。非人工冷热源热湿环境评价等级的判定应符合表 5.16 的规定。《绿色校园评价标准》（GB/T 51356—2019）要求在全年教学期间，建筑室内热湿环境满足现行国家标准《民用建筑室内热湿环境评价标准》（GB/T 50785）的相关要求，且教学用房、行政办公用房、学生宿舍用房均要满足热舒适 Ⅱ 级要求。

表 5.14 人工冷热源热湿环境的整体评价指标[4]

等级	整体评价指标	
Ⅰ级	$PPD \leqslant 10\%$	$-0.5 \leqslant PMV \leqslant +0.5$
Ⅱ级	$10\% < PPD \leqslant 25\%$	$-1 \leqslant PMV < -0.5$ 或 $+0.5 < PMV \leqslant +1$
Ⅲ级	$PPD > 25\%$	$PMV < -1$ 或 $PPD > +1$

表 5.15 人工冷热源热湿环境的局部评价指标[4]

等级	局部评价指标		
	冷吹风感（LPD_1）	垂直空气温度差（LPD_2）	地板表面温度（LPD_3）
Ⅰ级	$LPD_1 < 30\%$	$LPD_2 < 10\%$	$LPD_3 < 15\%$
Ⅱ级	$30\% \leqslant LPD_1 < 40\%$	$10\% \leqslant LPD_2 < 20\%$	$15\% \leqslant LPD_3 < 20\%$
Ⅲ级	$LPD_1 \geqslant 40\%$	$LPD_2 \geqslant 20\%$	$LPD_3 \geqslant 20\%$

表 5.16 非人工冷热源热湿环境评价等级[4]

等级	评价指标（APMV）
Ⅰ级	$-0.5 \leqslant APMV \leqslant 0.5$
Ⅱ级	$-1 \leqslant APMV < -0.5$ 或 $0.5 < APMV \leqslant 1$
Ⅲ级	$APMV < -1$ 或 $APMV > 1$

5.2.1.2 建筑室内光环境

不同类型高校建筑的照明标准不尽相同。同类建筑中不同功能分区的照明标准也有可能不一样。《建筑照明设计标准》（GB 50034—2013）对不同类型学校建筑的照明要求如表 5.17 所示，教学建筑中，美术教室和普通教室的照度标准值均不相同。

表 5.17　学校建筑照明标准[6]

房间或场所	参考平面及其高度	照度标准值（lx）
教室	课桌面	300
实验室	试验桌面	300
美术教室	桌面	500
多媒体教室	0.75m 水平面	300
教室黑板	黑板面	500

使用室内照明时，须控制眩光并改善照明舒适度，保障学生用眼健康。主要教学功能房间应有合理、有效的防眩光措施，如荧光灯采用高频镇流器或采用其他无频闪和防眩光灯具。长期工作或停留的房间或场所，选用的直接型灯具光源亮度和遮光角不应小于表 5.18 的规定[6]。

表 5.18　直接型灯具的光源亮度和遮光角[6]

光源平均亮度（kcd/m²）	遮光角（°）
1～20	10
20～50	15
50～500	20
≥500	30

为防止或减少光幕反射和反射眩光，应采用下列措施：
将灯具安装在不易形成眩光的区域内；
采用低光泽度的表面装饰材料；
限制灯具出光口表面发光亮度；
墙面的平均照度不宜低于 50lx，顶棚的平均照度不宜低于 30lx；
此外，对于有视觉显示终端如计算机、投影仪的教学场所，在与灯具中垂线成 65°～90°范围内的灯具平均亮度限值应符合表 5.19 中所列的规定[6]。

表 5.19　灯具平均亮度限值（cd/m²）[6]

屏幕分类	灯具平均亮度限值	
	屏幕亮度大于 200	屏幕亮度小于等于 200
亮背景暗字体或图像	3000	1500
暗背景亮字体或图像	1500	1000

学校教学楼、行政楼等公共建筑应保证室内良好的日照环境和采光条件。《绿色校园评价标准》（GB/T 51356—2019）要求校园建筑主要功能用房满足采光系数要求的面积必须满足现行国家标准《建筑采光设计标准》（GB 50033）的要求，即教学用房须有 80% 以上的面积满足采光系数标准值要求，行政办公用房和学生宿舍用房须有 75% 以上的面积满足采光系数标准值要求。同时，该标准还给出了校园建筑室内天然光照度标准值、照明功率密度、照度均匀度等照明设计指标，如表 5.20 所示。

表 5.20 校园建筑采光照明指标[7]

场所名称	采光标准值	
	采光系数标准值（%）	室内天然光照度标准值（lx）
专用教室、实验室、阶梯教室、教室办公室	3	400
走道、楼梯间、卫生间	1	150
设计室、绘图室	4	600
办公室、会议室	3	450
复印室、档案室	2	300
阅览室、开架书库	3	450
目录室	2	300

场所名称	照明功率				
	统一眩光值 UGR	照度均匀度 U_0	一般显色指数 Ra	照明功率密度（W/m²）	
				现行值	目标值
一般阅览室、开放式阅览室	19	0.6	80	9.0	8.0
目录厅	19	0.6	80	9.0	8.0
办公室	19	0.6	80	9.0	8.0
会议室	19	0.6	80	9.0	8.0
教室	19	0.6	80	9.0	8.0
美术教室	19	0.6	90	15.0	13.5
学生宿舍	22	0.4	80	6.5	5.5

5.2.1.3 建筑室内空气品质

《民用建筑工程室内环境污染控制标准》（GB 50325—2020）将民用建筑分为两类，Ⅰ类民用建筑应包括住宅、居住功能公寓、医院病房、老年人照料房屋设施、幼儿园、学校教室、学生宿舍等；Ⅱ类民用建筑应包括办公楼、商店、旅馆、文化娱乐场所、书店、图书馆、展览馆、体育馆、公共交通等候室、餐厅等。其中校园建筑中的学校教室、学生宿舍属于Ⅰ类民用建筑，办公楼、图书馆、体育馆等属于Ⅱ类民用建筑。该规范要求所有民用建筑工程竣工验收时，必须进行室内环境污染物浓度检测，其限量应符合表 5.21 的规定。

表 5.21 校园建筑室内环境污染物浓度限量[8]

污染物	Ⅰ类民用建筑	Ⅱ类民用建筑
氡（Bq/m³）	≤150	≤150
甲醛（mg/m³）	≤0.07	≤0.08
氨（mg/m³）	≤0.15	≤0.20
苯（mg/m³）	≤0.06	≤0.09
甲苯（mg/m³）	≤0.15	≤0.20

续表

污染物	Ⅰ类民用建筑	Ⅱ类民用建筑
二甲苯（mg/m³）	≤0.20	≤0.20
总挥发性有机化合物 TVOC（mg/m³）	≤0.45	≤0.50

《绿色校园评价标准》（GB/T 51356—2019）要求高校校园内各类功能建筑室内空气中的氨、甲醛、苯、总挥发性有机物、氡等污染物浓度应符合现行国家标准《民用建筑工程室内环境污染控制标准》（GB 50325）的有关规定。同时，易产生有害、有毒污染物的实验室应进行空气监控，应设置相关环保处理设备保障安全运行，并应确保不影响人体健康。再者，主要教学用房及其他功能建筑中人员密度较高且随时间变化大的区域应设置室内空气质量监控系统，保证健康舒适的室内环境。该系统应对室内二氧化碳浓度进行数据采集、分析，对室内污染物浓度超标实时报警，并与通风系统联动。教学期内，主要功能房间内 PM2.5 年平均浓度不高于 $35\mu g/m^3$，PM10 年平均浓度不高于 $70\mu g/m^3$。另外，校园应实行全面禁烟制度，校园内不应设吸烟区。在显眼处应设醒目的禁止吸烟标识。

5.2.1.4 建筑室内声环境

《绿色校园评价标准》（GB/T 51356—2019）要求主要教学用房及辅助教学用房的室内噪声级及围护结构隔声性能应符合现行国家标准《民用建筑隔声设计规范》（GB 50118）的控制要求，且主要功能用房室内噪声级、建筑构件及相邻房间的空气隔声性能、建筑楼板的撞击声隔声性能均要达到该标准的低限标准。此外，普通教室、其他辅助教学用房、其他需要专项声学设计的室内房间须满足该标准的混响时间要求。国家标准《民用建筑隔声设计规范》（GB 50118—2010）要求学校建筑中各种教学用房、学校建筑中教学辅助用房的噪声级，应符合表 5.22 的规定；教学用房隔墙与楼板之间、教学用房与相邻房间之间的空气声隔声性能，应符合表 5.23 的规定；教学用房的外墙、外窗和门之间的空气声隔声性能，应符合表 5.24 的规定；教学用房楼板的撞击声隔声性能，应符合表 5.25 的规定。

表 5.22 室内允许噪声级

房间名称	允许噪声级（A 声级，dB）
语言教室、阅览室	≤40
普通教室、实验室、计算机房	≤45
音乐教室、琴房	≤45
舞蹈教室	≤50
教师办公室、休息室、会议室	≤45
健身房	≤50
教学楼中封闭的走廊、楼梯间	≤50

表 5.23　教学用房空气声隔声要求

构件名称	空气声隔声单值评价量＋频谱修正量（dB）	
语言教室、阅览室的隔墙与楼板	计权隔声量＋粉红噪声频谱修正量 R_w+C	>50
普通教室与各种产生噪声的房间之间的隔墙、楼板	计权隔声量＋粉红噪声频谱修正量 R_w+C	>50
普通教室之间的隔墙与楼板	计权隔声量＋粉红噪声频谱修正量 R_w+C	>45
音乐教室、琴房之间的隔墙与楼板	计权隔声量＋粉红噪声频谱修正量 R_w+C	>45
语言教室、阅览室与相邻房间之间	计权标准化声压级差＋粉红噪声频谱修正量 $D_{nT,w}+C$	≥50
普通教室与各种产生噪声的房间之间	计权标准化声压级差＋粉红噪声频谱修正量 $D_{nT,w}+C$	≥50
普通教室之间	计权标准化声压级差＋粉红噪声频谱修正量 $D_{nT,w}+C$	≥45
音乐教室、琴房之间	计权标准化声压级差＋粉红噪声频谱修正量 $D_{nT,w}+C$	≥45

注：产生噪声的房间系指音乐教室、舞蹈教室、琴房、健身房。

表 5.24　外墙、外窗和门的空气声隔声要求

构件名称	空气声隔声单值评价量＋频谱修正量（dB）	
外墙	计权隔声量＋交通噪声频谱修正量 R_w+C_{tr}	≥45
临交通干线的外窗	计权隔声量＋交通噪声频谱修正量 R_w+C_{tr}	≥30
其他外窗	计权隔声量＋交通噪声频谱修正量 R_w+C_{tr}	≥25
产生噪声房间的门	计权隔声量＋粉红噪声频谱修正量 R_w+C	≥25
其他门	计权隔声量＋粉红噪声频谱修正量 R_w+C	≥20

表 5.25　教学用房楼板的撞击声隔声要求

构件名称	撞击声隔声单值评价量（dB）	
	计权规范化撞击声压级 $L_{n,w}$（实验室测量）	计权标准化撞击声压级 $L_{nT,w}$（现场测量）
语言教室、阅览室与上层房间之间的楼板	<65	≤65
普通教室、实验室、计算机房与上层产生噪声的房间之间的楼板	<65	≤65
琴房、音乐教室之间的楼板	<65	≤65
普通教室之间的楼板	<75	≤75

5.2.1.5　室外热湿环境

《绿色生态城区评价标准》（GB/T 51255—2017）要求合理控制城市热岛效应强度，其强度不大于 3.0 度。此外，为降低校园热岛强度，户外活动场地有乔木、构筑物遮阴措施的面积应达到 10%，且大于 70% 的道路地面、建筑屋面的太阳辐射反射系数不低于 0.4。

5.2.1.6　室外声环境

《绿色校园评价标准》（GB/T 51356—2019）要求学校环境噪声应符合现行国家标

准《声环境质量标准》(GB 3096) 的规定，校园属于 1 类功能区，昼间时段 (6：00—22：00) 环境噪声限值为 55dB (A)，夜间时段 (22：00—次日 6：00) 环境噪声限值为 45dB (A)。校园总平面规划设计应注意噪声源及噪声敏感建筑的布局，当背景噪声未满足要求时应采取隔声及降噪措施。《绿色生态城区评价标准》(GB/T 51255—2017) 对区域环境噪声质量也做了相同规定。

5.2.1.7 室外空气环境

对于室外空气环境，参照《绿色生态城区评价标准》(GB/T 51255—2017) 要求，校园内的室外空气质量在 1 年内需 240d 以上达到优良标准，PM2.5 平均浓度达标天数需达到 200d 以上。

5.2.2 校园绿化控制目标

《绿色校园评价标准》(GB/T 51356—2019) 要求高校校园新区建设绿地率不低于 35%，旧区改建项目绿地率不低于 30%。同时，按不同校园类型如中小学、普通高校、职业院校等制定了学校场地人均公共绿地面积，且学校公共绿地在放假期间向社会公众开放。普通高校及特殊类型高校的具体规定如表 5.26 所示。

表 5.26　普通高校及特殊类型高校的学校场地人均公共绿地面积

学校人均公共绿地面积 A_g		得分
新区建设	旧区改建	
$1.2m^2 \leqslant A_g < 1.5m^2$	$0.8m^2 \leqslant A_g < 1.0m^2$	3
$1.5m^2 \leqslant A_g < 2.0m^2$	$1.0m^2 \leqslant A_g < 1.2m^2$	5
$A_g \geqslant 2.0m^2$	$A_g \geqslant 1.2m^2$	7

《绿色校园评价标准》(GB/T 51356—2019) 要求对于新建、改建、扩建学校项目，应结合地形地貌现状进行场地设计与建筑布局，保护场内原有的自然水域、湿地和植被，采取表层土利用、垂直绿化、屋顶绿化等生态补偿措施。学校可种植适宜当地气候和土壤条件的乡土植物，选用耐候性强、病虫害少、对人体无害、能体现良好生态环境和地域特点的植物。采用乔、灌、草结合的复层绿化，种植区域覆土深度和排水能力满足植物生长需求，绿地配置乔木不少于 3 株/100m²。

校园建设用地内无土壤污染，运营管理阶段，完成土壤治理并达标，或土壤无污染。

5.2.3 水资源利用控制指标

用水定额是校园水资源管理的重要途径。《建筑给水排水设计标准》(GB 50015—2019) 规定了宿舍、招待所、旅馆、酒店式公寓、宾馆客房、医院、疗养院、幼儿园、公共浴室、理发店、洗衣房、餐饮业、商场、办公、科研楼、图书馆、书店、教学试验楼、电影院、健身中心、体育馆、会议厅、展览馆、航站楼、菜市场、停车场等多种公共建筑的生活用水定额及小时变化系数，其中与校园相关功能建筑的生活用水定额及小时变化系数可根据卫生器具完善程度、区域条件和使用要求按表5.27中所列内容来确定。与高校校园建筑相关功能建筑的热水用水定额应根据卫生器具完善程度和地区条件，按表5.28中所列内容确定。

表5.27　与高校校园建筑相关的功能建筑的生活用水定额及小时数变化系数

序号	建筑物名称		单位	生活用水定额（L）		使用时数（h）	最高日小时变化系数 K_h
				最高日	平均日		
1	宿舍	居室内设卫生间	每人每日	150～200	130～160	24	3.0～2.5
		设公共盥洗卫生间		100～150	90～120		6.0～3.0
2	餐饮	职工及学生食堂	每顾客每次	20～25	15～20	12～16	1.5～1.2
3	办公	坐班制办公	每人每班	30～50	25～40	8～10	1.5～1.2
4	科研楼	化学	每工作人员每日	460	370	8～10	2.0～1.5
		生物		310	250		
		物理		125	100		
		药剂调制		310	250		
5	图书馆	阅览者	每座位每次	20～30	15～25	8～10	1.5～1.2
		员工	每人每日	50	40		
6	教学试验楼		每学生每日	40～50	35～40	8～9	1.5～1.2
7	会议室		每座位每次	6～8	6～8	4	1.5～1.2
8	停车库地面冲洗水		每平方米每次	2～3	2～3	6～8	1.0

表5.28　高校相关功能建筑的热水用水定额

序号	建筑物名称		单位	用水定额（L）		使用时间（h）
				最高日	平均日	
1	宿舍	居室内设卫生间	每人每日	70～100	40～55	24或定时供应
		设公共盥洗卫生间		40～80	35～45	
2	职工及学生食堂		每顾客每次	10～12	7～10	12～16
3	办公楼（坐班制）		每人每班	5～10	4～8	8～10
4	会议室		每座位每次	2～3	2	4

《民用建筑节水设计标准》（GB 50555—2010）规定了宿舍、招待所、酒店式公寓、宾馆客房、医院、养老院、幼儿园、公共浴室、理发店、洗衣房、餐饮业、商场、图书馆、书店、办公楼、教学试验楼、电影院、展览馆、健身中心、体育馆、会议厅、客运站、菜市场、停车场等多种公共建筑的平均日生活用水的节水用水定额。高校相关功能建筑的平均日生活用水的节水用水定额，可根据建筑物类型和卫生器具设置标准按表5.29中所列内容来确定。宿舍的生活热水节水用水定额应根据水温、卫生设备完善程度、热水供应时间、当地气候条件、生活习惯和水资源情况等因素综合确定，可参考表5.30中所列的限值。热水温度一般按60℃计，具体如表5.30所示。

表5.29　高校相关功能建筑的平均日生活用水的节水用水定额 q_g[3]

序号	建筑物类型	节水定额 q_g	单位
1	宿舍 Ⅰ类、Ⅱ类 Ⅲ类、Ⅳ类	130～160 90～120	L/(人·d)
2	高校教学试验楼	35～40	L/(人·d)
3	图书馆	5～8	L/(人·次)
4	学生食堂	15～20	L/(人·次)
5	办公楼	25～40	L/(人·班)
6	会议室	6～8	L/(座·次)

表5.30　高校相关功能建筑的生活热水节水用水定额 q_r[3]

序号	建筑物类型	节水用水定额 q_r	单位
1	宿舍 Ⅰ类、Ⅱ类 Ⅲ类、Ⅳ类	40～55 35～45	L/(人·d)
2	办公楼	5～10	L/(人·班)
3	会议室	2	L/(座·次)

同时，《民用建筑节水设计标准》（GB 50555—2010）[3]规定了浇洒草坪等绿化灌溉用水年均定额，如表5.31所示。

表5.31　绿化灌溉用水的年均定额 [m^3/(m^2·a)][3]

草坪种类	灌水定额		
	特级养护	一级养护	二级养护
冷季型	0.66	0.50	0.28
暖季型	—	0.28	0.12

此外，《绿色校园评价标准》（GB/T 51356—2019）要求高校校园内生均用水量符合现行国家标准《民用建筑节水设计标准》（GB 50555）的规定或连续三年总用水量逐年降低1%。另外，绿化用水应采用高效节水的浇灌方式。

5.2.4　节能减排目标的确定

对于校园能耗、水耗、垃圾排放、化学废弃物排放等内容，其运行管理绩效目标通常可以用节能减排量或节能减排比例来表示。要计算能耗、水耗、垃圾排放、化学废弃物排放的节能减排量，首先需要确定比较的基准。制定基准的方法有多种。可以用对比年份的某一年数值，如去年的数值为基准，也可以用前几年的统计特征值，如平均值、分位数等作为基准；还可以按照指标值的大小进行聚类，根据聚类结果，制定合理的能耗基准值。《绿色校园评价标准》（GB/T 51356—2019）要求高校校园采取综合措施，如采暖空调系统能效优化、热水系统能效优化、主要用能设备能效优化等，逐年降低校园学年生均能耗，年生均能耗降低率为1%～2%。此外，根据基准能耗，各个学校可根据自身的排放现状、财务预算、技术应用难度等实际情况，由学校管理委员会自行制定各个指标的节能减排量，如节能量3%、垃圾减排量10%等。

除上述节能减排量和节能减排率的目标要求之外，在废水、固废处理上还有一些指标要求。参照《绿色生态城区评价标准》（GB/T 51255—2017）要求，校区内统筹建设雨水回收基础设施，场地年径流总量控制率达60%；校园生活污水收集处理率达到100%，无黑臭水体；校园内地表水环境质量达到批准执行的城市水环境质量标准；区域内实行垃圾分类收集、密闭运输，垃圾无害化处理率达到100%等。

基准的制定，还有助于审计、定额等工作的开展。选取超过基准值的对象（例如超过用能基准值、用水基准值以及垃圾排放基准值的建筑或实验室等），将其使用量或排放量和基准值相比，计算其节能减排潜力；并进一步进行审计、诊断，制定详细的改造方法，从而更合理地指导绿色校园运行管理工作的开展。

5.3 节能减排量的计算方法

将校园室内外环境、水资源利用以及校园绿化的实际情况与绩效目标值相比，则可得到实际运行状况与控制目标之间的差距，有利于进行科学合理的管理。但对于节能减排量的计算，因校园能耗、垃圾排放量等受校园人数、使用时间、室外气象等多种因素的影响，节能减排量，即绩效目标，通常难以通过简单计算得到，因此需要确定其准确计算方法。

5.3.1 常用的计算方法

节能减排量的常用计算方法有以下几种。

（1）直接比较法：直接比较法适用于通过测量报告期内节能措施开启、关闭两种模式（关闭模式下也不影响项目运行）下典型工况的实际能耗、水耗等绩效值，再根据相关计算公式进行指标计算。

（2）账单分析法：通过收集计量表的监测数据，分析项目改造前后建筑或各系统设备的能源资源使用量，以核定节能减排量的计算方法。例如，要衡量建筑节能改造项目运行后的绩效，可以收集基准周期与测试周期内的能源消耗账单，确立能耗基准值，建立回归模型，进行度日数、运行时间等影响因素修正，最后计算节能量。

（3）软件模拟法：通过 DEST、Energy Plus、TRNSYS 等性能模拟软件，模拟改造前后的建筑能耗以确定节能量，并根据实际情况对能耗模型加以修正。能耗模拟法也适用于新建项目，进行模型校核后计算节能量。此外，可以使用水耗计算软件进行水耗模拟，确定排水量等。

5.3.2 节能减排量修正方法

因基准周期和计算节能减排量的测试周期不一致，两个年份的建筑面积、使用人数、天气条件等因素也有差别，这些因素将直接影响能源和资源的使用。因此要想得到准确的节能减排量，即准确评价因运行管理产生的绩效，必须基于人数、天气、建筑面积等影响因素，对基准周期或测试周期的能源和资源的使用量进行修正。

本小节以建筑能耗量为例，介绍能耗值的修正方法。计算得到修正能耗后，可按照公式（5.1）计算节能量：

$$节能量＝基准能耗－采取运行管理措施后的能耗＋修正量 \quad (5.1)$$

5.3.2.1 基于人数修正

已有研究表明，建筑使用人数是影响其能耗强度的重要因素。随着建筑使用人数的增加，其空调、照明、通风等能耗都会相应地增加。但使用人数对建筑能耗的影响并非为等比例影响。根据《民用建筑能耗标准》（GB/T 51161—2016）[13]，当办公建筑实际使用超出人均建筑面积，即 $10m^2$/人时，需对能耗指标实测值进行修正，其修正方法如式（5.2）所示。高校校园办公建筑与普通办公建筑运行规律相似，使用人数对其建筑能耗的影响也很显著，对能耗统计结果应进行基于人数的修正。

$$\gamma_1 = 0.7 + 0.3 \frac{S}{S_0} \quad (5.2)$$

式中　γ_1——办公建筑人员密度修正系数；
　　　S_0——人均建筑面积，$10m^2$/人；
　　　S——实际人均建筑面积，为建筑面积与实际使用人员数的比值，m^2/K。

根据《民用建筑能耗标准》（GB/T 51161—2016），旅馆建筑的入住率对能耗的影响也非常显著，根据入住率对能耗修正的计算如式（5.3）所示。高校校园宿舍与普通旅馆建筑运行规律相似，使用人数对其建筑能耗的影响也很显著，能耗统计结果应进行基于人数的修正。

$$\Theta_1 = 0.4 + 0.6 \frac{H_0}{H} \quad (5.3)$$

式中　Θ_1——旅馆入住率修正系数；
　　　H_0——年平均客房入住率50％；
　　　H——旅馆年实际入住率。

5.3.2.2 基于使用时间修正

建筑运行时间的增加会增加建筑能耗，但这也并不是等比例增加，主要原因是使用时间的增加通常是因为加班造成的，而加班的时候空调、照明通常不是全空间开启，而只是局部空间开启。根据《民用建筑能耗标准》（GB/T 51161—2016），当公共建筑实际使用超出年使用时间即 2500h/a 时，需对能耗指标实测值进行修正。其修正值如式（5.4）所示。高校校园办公建筑与普通办公建筑相似，使用时间对其建筑能耗的影响也很显著，对能耗的统计结果应进行基于使用时间的修正。对于其他类型的校园建筑，可根据其使用时间、进行类似修正。

$$\gamma_2 = 0.3 + 0.7 \frac{T}{T_0} \quad (5.4)$$

式中　γ_2——办公建筑使用时间修正系数；

T——办公建筑年实际使用时间，h/a；
T_0——办公建筑年平均使用时间，2500h/a。

5.3.2.3 基于气象修正

建筑空调能耗、照明能耗等分项能耗值均可通过高效能耗监管平台获得，适用于账单分析法。但天气条件对不同周期内能耗存在不可忽略的影响，因此需对基准周期能耗或计算周期的能耗数据进行气候修正。

空调能耗修正的方法大致分为两类：一类是软件模拟计算法，不过由于软件复杂和较高的技术门槛，一般工程项目中很少使用；另一类是简化计算法，如度日数法、设备满负荷小时数法、温频数（BIN）法。

度日数法：度日数指在采暖期中，室外逐日平均温度低于室内温度基数的度数之和[14]。《严寒和寒冷地区居住建筑节能设计标准》（JGJ 26—2010）[14]中，规定空调度日数（CDD26）为一年中当某天室外日平均温度高于26℃时，将高于26℃的度数乘以1d，再将此乘积累加。采暖度日数（HDD18）是一年中当某天室外日平均温度低于18℃时，将低于18℃的度数乘以1d，所得出的乘积的累加值。但由于供冷不是稳态传热过程，人员、设备引起的室内负荷波动较大，因此度日数法不适用于供冷分析。供暖可以看作一维稳态传热，可以用采暖期总度日数是计算供暖负荷和能耗。为了使统计出的度日数足够具有代表性，一般应统计十年以上的气象资料，具体的数据可以查阅《中国建筑热环境分析专用气象数据集》[15]。

采用度日数法[16]估算供暖能耗量的计算如式（5.5）所示：

$$Q_s = \frac{24q(HDD)C_D}{\Delta t_{N-W}} \tag{5.5}$$

式中 Q_s——供暖季累计热负荷，kW·h；
q——建筑物总的设计空调热负荷，kW；
HDD——采暖期度日数，D.D；
C_D——修正系数，考虑间歇采暖对连续采暖的修正，可按表5.32中所列取值；
Δt_{N-W}——室内外设计温差，℃。

表5.32 度日数法修正系数

HDD	1000	2000	3000	4000
C_D	0.76±0.3	0.67±0.26	0.60±0.25	0.65±0.26

设备满负荷小时数法[17]：是将空调设备的额定功率乘以当量满负荷运行时间来估算空调系统的总能耗。当量满负荷运行时间是全年空调冷负荷的总和与制冷机最大出力的比值，通常根据对各类建筑空调运行参数的长年监测数据进行计算得到。但空调能耗受气象条件和室内参数影响较大，因此该方法也有局限。

温频数（BIN）法[18]：是美国采暖、制冷与空调工程师学会（American Society of Heating, Refrigerating and Air-Conditioning Engineers，ASHRAE）提出的一种简化的能耗修正方法，在当地气象参数的基础上，将室外干球温度按一定间隔分段，各温度段出现的小时数作为频数，将各温度段中的干球温度对应的含湿量和湿球温度累积计算得到全年冷热负荷。

温频数（BIN）法能动态反映冷热负荷的变化，其计算过程如下。

① 假设围护结构负荷和新风负荷与室外温度呈线性关系。统计一年中某温度 ΔT 频段中各温度 T 的小时数，以该频段的中点温度作为其代表温度。该温频段的代表湿度是各温度对应湿度的平均值。

② BIN 数据的温度间隔取为 $\Delta T = T_2 ℃$。

③ 从气象参数中获取逐时气温 T 及相对湿度 ϕ。可由这两项参数结合大气压 B、干球温度 T 直接换算成含湿量，计算见式（5.6）：

$$d = 622 \times \frac{\phi \times P_{q,b}}{B - \phi \times P_{q,b}} \tag{5.6}$$

式中　d——含湿量，g/kg；

　　　ϕ——相对湿度，%；

　　　$P_{q,b}$——一定温度 T，大气压 B 下的饱和水蒸气分压力，Pa。

④ 查询气象参数得到全年冬夏两季 BIN 数据。

⑤ 假想空调负荷由通过围护结构传热形成的负荷、太阳辐射得热形成的负荷、内扰负荷、新风负荷及其他负荷组成。简化内扰负荷、新风负荷及其他负荷，得到假想全年负荷的计算式，见式（5.7）：

$$CL(HL) = c_1 T + c_2 h - c_3 \tag{5.7}$$

式中　CL（HL）——假想全年负荷，W/m²；

　　　T——室外干球温度，℃；

　　　h——室外空气焓值，kJ/kg。

c_1、c_2、c_3 通常根据不同地区的气象参数确定。例如，杭州地区气象数据和相关文献，c_1 取 1.494，c_2 取 1.0625，c_3 取 41.81。

⑥ 总负荷 Q 计算式见式（5.8）：

$$Q = \sum_{T_{ic}}^{T_{pc}} CL \times f_T \tag{5.8}$$

式中　T_{ic}——开始使用空调时的室外温度，℃；如夏季室外 26℃ 时，开始使用空调；

　　　T_{pc}——冬夏两季最高/最低的室外温度，℃；

　　　f_T——温频数，h。

5.4　小结

本章根据上一章中校园运行管理要素的识别，分别从能耗、水耗、垃圾排放、化学废弃物排放、室内外环境等方面制定绩效指标体系。同时，根据制定的运行管理绩效指标体系，确定需要实现的绩效目标。在此基础上，进一步针对能耗减排的计算方法及修正方法进行详细介绍。

本章参考文献

[1] 屈利娟. 绿色大学校园能效管理研究与实践［M］. 杭州：浙江大学出版社，2018.
[2] 中华人民共和国住房和城乡建设部. 建筑给水排水设计标准：GB 50015—2019［S］. 北京：中国建筑工业出版社，2019.
[3] 中华人民共和国住房和城乡建设部. 民用建筑节水设计标准：GB 50555—2010［S］. 北京：中国建筑工业出版社，2010.
[4] 中华人民共和国住房和城乡建设部. 民用建筑室内热湿环境评价标准：GB/T 50785—2012［S］. 北京：中国建筑工业出版社，2012.
[5] 中华人民共和国住房和城乡建设部. 绿色校园评价标准：GB/T 51356—2019［S］. 北京：中国建筑工业出版社，2019.
[6] 中华人民共和国住房和城乡建设部. 建筑照明设计标准：GB 50034—2013［S］. 北京：中国建筑工业出版社，2013.
[7] 中华人民共和国住房和城乡建设部. 建筑采光设计标准：GB 50033—2013［S］. 北京：中国建筑工业出版社，2013.
[8] 中华人民共和国住房和城乡建设部. 民用建筑工程室内环境污染控制标准：GB 50325—2020［S］. 北京：中国建筑工业出版社，2020.
[9] 中华人民共和国住房和城乡建设部. 民用建筑隔声设计规范：GB 50118—2010［S］. 北京：中国建筑工业出版社，2010.
[10] 中华人民共和国环境保护部. 声环境质量标准：GB 3096—2008［S］. 北京：中国环境科学出版社，2008.
[11] 中华人民共和国住房和城乡建设部. 绿色生态城区评价标准：GB/T 51255—2017［S］. 北京：中国建筑工业出版社，2017.
[12] 中华人民共和国住房和城乡建设部. 空气调节系统经济运行：GB/T 17981—2007［S］. 北京：中国建筑工业出版社，2007.
[13] 中华人民共和国住房和城乡建设部. 民用建筑能耗标准：GB/T 51161—2016［S］. 北京：中国建筑工业出版社，2016.
[14] 中华人民共和国住房和城乡建设部. 严寒和寒冷地区居住建筑节能设计标准：JGJ 26—2010［S］. 北京：中国建筑工业出版社，2010.
[15] 中国气象局. 中国建筑热环境分析专用气象数据集［M］. 北京：中国建筑工业出版社，2005.
[16] 赵荣义. 简明空调设计手册［M］. 北京：中国建筑工业出版社，1998.
[17] 康一亭. 公共建筑能耗基准评价方法研究［D］. 成都：西华大学，2012.
[18] 刘雄伟. 夏热冬暖地区公共建筑能耗定额编制方法研究［D］. 重庆：重庆大学，2010.

6 高校绿色校园运行管理方法

高校绿色校园运行管理方法的建立，是指从 PDCA 循环体系的管理端出发，建立保证高校绿色校园顺利运转的管理机制。高校绿色校园运行管理方法主要涉及以下几个环节：管理层组织机制的建立、绿色校园运行管理方案的确定（P 计划）；实施层组织机制的建立、相关人员的培训、体系文件编制、体系运行（D 执行）；记录、实施层审核流程的制定（C 检查）；管理层审核流程的制定（A 处理）。其中，D 执行环节中的体系运行，主要涉及从节能管理、室内外环境管理、垃圾废弃物管理、化学废弃物管理、废水排放管理、废气排放管理和校园绿化管理等方面制定具体的管理措施。

6.1 绿色校园运行管理机构的建立

虽然绿色校园建设工作日益得到我国高校的重视，但是绿色校园建设的众多工作内容，比如绿色采购、易腐垃圾堆肥、雨水回收等，当前并未纳入校园各个行政部门的日常工作范围，绿色校园的运行管理增加了各部门的日常工作量。而能源与环境审计、优化运行管理等工作又对各行政部门提出了更高的业务要求。此外，绿色校园运行管理工作繁多，过程复杂，工作量大，各部门交叉事务多，而当前校园各行政部门对绿色校园运行管理工作缺乏配合。这些问题都严重阻碍了高校绿色校园运行管理工作的实施效果。因此，急需成立专门的绿色校园运行管理机构，建议由主管校长负责，全盘统筹绿色校园运行管理工作；并将后勤、资产、采购、财务、基建等各行政部门以及各院系均纳入运行管理机构，以确保各部门能相互配合，对工作进行有效监管和绩效评价，从而促进绿色校园运行管理工作的高效实施。

6.1.1 组织机构的设置

高校运行管理工作面向校园所有活动、产品和服务开展，是一项长期性、基础性、覆盖面广、工作量大的工作。根据国内外高校绿色校园运行管理经验，通常建立绿色校园运行管理委员会、绿色校园运行管理专家委员会、绿色校园运行管理办公室等组织机构，推进绿色校园运行管理工作。故在国内外调研的基础上，结合我国高校管理体制的现状以及对绿色校园运行管理的需求，设定了高校绿色校园运行管理的组织机构框架，如图 6.1 所示。

只有学校领导层高度重视以及各职能部门积极配合，高校绿色校园管理才能达到理想的运行效果。高校绿色校园运行管理组织机构的管理层为绿色校园运行管理委员会。

该委员会由主管校长担任主任，由相关职能部门的负责人担任委员，以确保绿色校园运行管理的各项工作均能够获得所需的相应资源，得到各部门的支持，为绿色校园运行管理各项工作的开展提供有力保障。绿色校园运行管理委员会须确保运行管理体系的持续适用性、充分性和有效性，在整个机构内分配责任和权限，确定绿色校园运行管理的整体规划、节能减排和环境保护的绩效目标以及具体执行方案，同时监测并审查体系运行管理及绩效的实现结果，以确保运行管理体系融入校园日常过程。

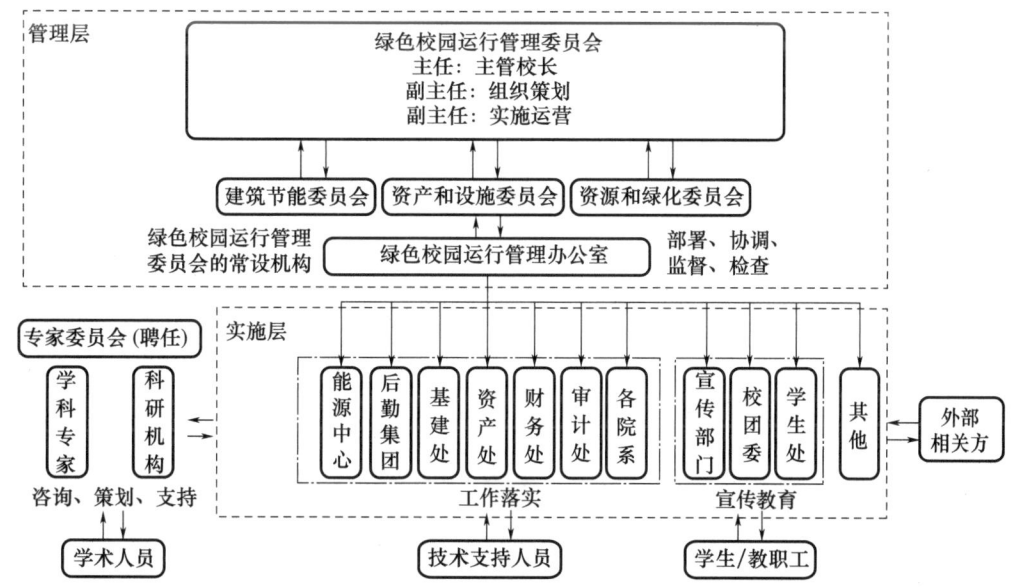

图6.1 高校绿色校园运行管理的组织机构

绿色校园运行管理委员会下设建筑节能委员会、资产和设施委员会以及资源和绿化委员会三个专业机构，分管不同专业领域的工作。其中，建筑节能委员会主管校园建筑及用能设备的优化运行和维护管理以及室内外环境控制等工作；资产和设施委员会主要管理校园内固定资产类设施设备的采购、维护、报废等工作；资源和绿化委员会的职能为管理环境资源节约高效使用以及可再生、可循环利用。三个专业委员会的成员为各委员会工作责任范围内对应的行政机构主管领导。例如，建筑节能委员会由后勤处、基建处等主管（副）处长组成，财务处、宣传部、校团委、学生处等部门配合。

三个专业委员会下设绿色校园运行管理办公室。绿色校园运行管理办公室是各项具体工作的牵头、协调和监督机构，在学校各部门和院系的协助下共同完成绿色校园运行管理的各项工作。绿色校园运行管理办公室主任对各项运行工作进行总体负责，以确保运行管理体系按照既定目标要求顺利实施。其具体职能包括：确定并优先考虑已列出的运行管理因素和影响的重要性；协调运行管理目标的设定；为运行管理方案的制定提供必要的协调和督促；向有关方面通报运行管理体系的义务；与运行管理体系实施层保持联络，确保各项项目活动按要求进行，以达到目标；协调各类运行管理培训和能力评估；组织内部审核和管理评审；根据内部审核和管理评审的结果，制定改进或纠正措施并协调实施；审查和更新合规登记簿，以确保相关政策及事务合规；确保所有合规性控制得到确认，并进行过评估；修订流程、程序和其他运行管理体系文件；

向绿色校园运行管理委员会报告绿色校园运行管理体系的运作情况；为运行管理体系的改进提供依据等。

此外，绿色校园运行管理办公室还配备其他专职人员，包括节能减排专员、垃圾管理专员、绿化管理专员、绿色采购专员和宣传培训专员。各专职人员的工作职责如表6.1所示。具有各领域运行管理专业知识的专职人员根据校内各类能源、资源的使用特点，协调制定合理的管理措施，并对校园能源资源使用和环境状况进行检查，跟进高校运行管理各项工作的落实；确保遵守运行控制流程；对各种运行管理表现进行监测和测量；协助进行内部审核和合规审核评估；协助提供运行管理培训以广泛提高员工的节能减排和环保意识以及专业水平。

表6.1 运行管理办公室中专职人员的工作职责

专职人员类型	负责内容
节能减排专员	负责对校园能源使用状况进行管理检查，根据校内建筑及车辆等的用能特点，制定合理的用能管理措施，并跟进高校节能管理中各项工作的落实；制定合理的建筑室内外热湿环境、空气环境、声环境和光环境管理措施，并跟进室内外环境管理中各项工作的落实；识别并记录校园节能减排和建筑环境管理领域的目标和绩效，在必要时回顾目标，维护合规性；参与节能减排和建筑环境管理领域的内部审计和管理评审工作
垃圾管理专员	协调生活垃圾、办公垃圾、废弃家具和设备、化学废弃物等各类废弃物的回收、处理、交易等各项活动；识别并记录校园废弃物管理领域的目标和绩效，在必要时回顾目标，维护合规性；参与垃圾管理领域的内部审计和管理评审工作
绿化管理专员	协调校园绿化、生物多样性、园林维护、土壤管理等相关活动的顺利进行；识别并记录校园绿化领域的目标和绩效，在必要时回顾目标，维护合规性；参与绿化管理领域的内部审计和管理评审工作
绿色采购专员	协调全校试验仪器、耗材、化学用品、家具、办公用品、用能设备等各类设备设施的绿色采购；识别并记录校园绿色采购领域的目标和绩效，在必要时回顾目标，维护合规性；协调绿色采购领域的内部审计和管理评审工作
宣传培训专员	定期对全校师生和后勤管理人员开展节能减排和环保的培训和宣传活动

各类专职人员根据各自负责的工作内容，对口相应的职能部门。例如，节能减排专员主要对口学校后勤处，以确保后勤处在日常运行管理中认真执行各项节能运行管理制度，实现节能目标。学校各学院、机关部处、直属单位等二级单位也需建立健全的负责制度，安排专人在各自的部门落实各项运行管理工作。绿色校园运行管理机构的设置，能够在高校运行管理工作中打破校内各部门间的界限，促进各部门分工合作，有利于及时反馈各类问题，提高高校运行管理的工作效率，最终有助于绿色校园运行管理全局目标的实现。

除高校绿色校园运行管理机构的各类人员之外，绿色校园运行管理还离不开全体师生以及其他利益相关方的支持，其作用如表6.2所示。绿色校园运行管理办公室负责确保广大师生和外部利益相关方的需求和期望得到沟通和满足，同时使他们更好地履行自身职责。

表 6.2　绿色校园运行管理机构各支撑人员的作用

各支撑人员	在绿色校园运行管理体系中的作用
全体师生	定期接受内部沟通和培训；了解校园节能减排及环保类政策，以及与其工作领域的相关性；获得关于本机构环境绩效和举措的信息；知晓其自身对运行管理体系的贡献，以及存在不合规行为时的影响；积极参与并推动校园工作和生活中各项节能减排环保活动
外部相关方	外部利益相关方，如校园废弃物的外包处理厂家等，需明确其在绿色校园运行管理体系中的作用和工作职责；同时也明确表达其需求和期望

此外，高校应充分利用学科特色，组建绿色校园运行管理专家委员会，为校园运行管理的目标、方针政策、实施方案的制定提供技术咨询和评审意见。专家委员会应包括技术型专家和管理型专家，由具有丰富经验的项目管理人员、后勤行政管理人员，以及建筑、暖通、规划、机械、环境、能源、化学等各领域的教授和工程师组成。此外，还可吸纳校园相关研究机构的力量，为高校绿色校园运行管理提供技术支持。

6.1.2　绿色校园运行管理体系参与单位及其工作职责

绿色校园运行管理委员会的建立，为校园运行管理各项工作提供有力的保障。在具体工作实施中，绿色校园运行管理办公室和学校各部门一起完成高校运行管理的各项工作。从工作内容上看，高校运行管理各项工作的主管单位及其主要管理对象如表 6.3 所示。

表 6.3　高校绿色校园运行管理工作环节及其参与单位

工作环节	参与机构
管理层、实施层组织机制的建立	绿色校园运行管理委员会、建筑节能委员会、资产和设施委员会、资源和绿化委员会、绿色校园运行管理办公室，以上机构合称运行管理体系管理层；各学院/机关部处等二级单位，合称运行管理体系实施层
绿色校园运行管理方案的确定	运行管理体系管理层
校园运行管理影响因素及相关标准的识别	由绿色校园运行管理办公室牵头，运行管理体系实施层协助
确定与运行管理相关的活动、产品和服务	由绿色校园运行管理办公室牵头，运行管理体系实施层协助
设定运行指标和运行目标	运行管理体系管理层、专家委员会、财务处
人员培训	绿色校园运行管理办公室、专家委员会、全体师生、外部相关方等体系支撑人员
体系文件编制及体系运行	运行管理体系管理层、运行管理体系实施层、专家委员会
计划行动及沟通	运行管理体系实施层
应急准备和响应	运行管理体系管理层、运行管理体系实施层
记录	运行管理体系实施层
监测、测量、分析、合规性评价、不符合及纠正与预防措施	运行管理体系实施层；绿色校园运行管理办公室
内部审核方法的制定，并开展内部审核	运行管理体系管理层、运行管理体系实施层、专家委员会

续表

工作环节	参与机构
绩效公示及定额	运行管理体系管理层、运行管理体系实施层
管理评审	运行管理体系管理层、运行管理体系实施层、专家委员会
改进方法的制定	运行管理体系管理层、绿色校园运行管理办公室、专家委员会

管理层和实施层组织机制的建立工作主要由绿色校园运行管理委员会、建筑节能委员会、资产和设施委员会、资源和绿化委员会负责，对管理层和实施层中各机构的作用、职责和权限作出明确规定，并形成文件，并传达给校园运行管理办公室贯彻落实。

绿色校园运行管理方案的确定主要由运行管理体系管理层负责，制定并保持一个或多个旨在实现运行管理目标和指标的运行管理方案及其细则，并传达给绿色校园运行管理办公室贯彻落实。

校园运行管理影响因素及相关标准的识别工作由绿色校园运行管理办公室负责。校园运行管理影响因素包括与校园运行管理相关的外部和内部影响因素，如影响高校能源资源消耗、能源利用效率的因素，影响高校各类废弃物排放和处理的因素，影响校园生态环境的因素等。校园运行管理相关标准的识别有助于校园运行管理目标和绩效的制定；而只有确定了对校园运行管理的主要影响因素，才能有效提高运行管理的效果。

绿色校园运行管理办公室根据绿色校园运行管理的日常工作内容负责确定与运行管理相关的活动、产品和服务，建筑节能委员会、资产和设施委员会、资源和绿化委员会提供协助。

设定运行指标和运行目标需校园运行管理层制定。建筑节能委员会、资产和设施委员会、资源和绿化委员会和绿色校园运行管理办公室结合专家委员会提供的专业信息，并根据财务处提供的绿色校园运行管理相关的各项活动年度预算，共同制定绿色校园运行指标和运行目标；并报绿色校园运行管理委员会审批通过。

人员培训由绿色校园运行管理办公室负责，聘请专家委员会的专业人士对全体员工、学生、外部相关方等体系支撑人员进行校园运行管理培训，各院系及行政单位需积极配合。

体系文件编制由绿色校园运行管理办公室拟定，经咨询专家委员会意见及建议后交由建筑节能委员会、资产和设施委员会、资源和绿化委员会审核确定最终内容。绿色校园运行管理体系的正常运转除涉及绿色校园运行管理体系管理层之外，还需要各学院/机关部处等二级单位的积极参与和相互支持配合。

绿色校园运行管理的计划、行动及沟通环节涉及到能源及设备的绿色采购、节能减排基建项目、设备运行管理、垃圾及化学废弃物的回收与处理、校园绿化等各项活动。各学院/机关部处等二级单位需严格按照绿色校园运行管理方案执行，绿色校园运行管理办公室进行监督协调，同时，各二级单位之间以及二级单位与绿色校园运行管理办公室之间需保持紧密沟通。

应急准备和响应是针对校园运行管理各项活动中存在的潜在事故或紧急情况，建立一套应急准备程序，并在紧急情况发生时及时作出响应。该环节涉及存在潜在事故或紧急情况的各项活动执行部门。由绿色校园运行管理办公室和各学院/机关部处等二级单位制定应急准备程序。如有紧急情况发生，绿色校园运行管理办公室和各学院/机关部处等二级单位能按照应急流程作出及时响应,以减少不良影响;并上报建筑节能委员会、资产和设施委员会、资源和绿化委员会;并根据事件的重要性决定是否上报运行管理委员会。

绿色校园运行管理各项工作的记录由绿色校园运行管理实施层的各学院/机关部处等二级单位负责。在记录的基础上,进行监测、测量、分析、合规性评价、不符合及纠正与预防等工作。

监测、测量、分析、合规性评价、纠正与预防等工作面向校园所有建筑、设施以及能源资源利用等各项活动开展,具有长期性、基础性、覆盖面广、工作量大等特点。以校园建筑节能监管平台和环境监测平台为依托,由后勤处、基建处等部门负责提供校园能源使用和环境指标等数据。运行管理体系管理层可要求各院系及行政单位将相关信息定期向绿色校园运行管理办公室汇报,提高高校建筑能耗统计和环境监测分析的工作效率。绿色校园运行管理办公室根据收集到的基础数据,进行能源资源使用量、使用效率及合规性进行分析;确定不符合要求的内容,分析其原因,制定并执行纠正和预防措施。

管理层及实施层审核流程的制定由绿色校园运行管理办公室负责,制定用于定期开展运行管理体系审核的一个或多个方案和程序,经咨询专家委员会意见及建议后交由建筑节能委员会、资产和设施委员会、资源和绿化委员会以及绿色校园运行管理委员会审核,确定最终流程。内部审核由绿色校园运行管理办公室牵头,并和各学院/机关部处等二级单位选拔的审核员共同组成内部审核小组,进行各学院/机关部处的交叉审核,以审核绿色校园运行管理体系是否符合预定的运行管理安排、是否符合建立的运行管理目标和指标、是否得到了有效的实施与保持并改进了运行管理绩效,并将审核结果上报建筑节能委员会、资产和设施委员会、资源和绿化委员会以及绿色校园运行管理委员会。

审计及公示主要针对校园能源资源使用、废弃物的排放处理等内容进行审计、绩效公示、绩效定额工作,由绿色校园运行管理办公室牵头负责。被审计单位以及资产处、基建处、财务处、后勤处等负责提供审计所需的基本数据、费用账单、管理文件等相关资料,确保其真实性,并安排审计必要的现场工作条件,包括现场工作地点、现场测试便利条件等。绿色校园运行管理办公室负责审计,专家委员会提供支持。审计结果由绿色校园运行管理办公室向上级管理层汇报。同时,绿色校园运行管理办公室牵头,学校宣传部门配合,进行公示工作,将校园建筑能耗和环境监测信息向全校师生公开。最后,绿色校园运行管理办公室负责对各学院/机关部处等二级单位进行绩效定额。

管理评审由绿色校园运行管理委员会牵头,由建筑节能委员会、资产和设施委员会、资源和绿化委员会、运行管理办公室主任、专家委员会组成审核小组,根据运行管理办公室各专员收集的资料,按规定的时间间隔,对运行管理体系进行评审,以确保体系的持续适用性、充分性和有效性。评审资料由各学院/机关部处等二级单位负责提供。

改进方法的制定由校园运行管理办公室总负责:首先,发挥专家委员会的作用,对校园运行管理过程中需进行改进的内容提出改进方案;其次,运行管理体系管理层组织方案比选,确定最终方案;再次,由校财务处审核,明确改造资金来源,基建部门负责组织项目施工;最后,项目完成后由绿色校园运行管理办公室组织项目验收,并上报建筑节能委员会、资产和设施委员会、资源和绿化委员会。

6.2 校园运行管理规划和方案的制定

校园运行管理规划是绿色校园运行管理工作的纲领，是对校园运行管理的总体性、全局性的顶层设计，也是校园运行管理工作开展的依据。高校绿色校园运行管理规划需满足学校和社会可持续发展的需要，并符合国家可持续发展的相关政策导向和要求。绿色校园运行管理规划通常由建筑节能委员会、资产和设施委员会、资源和绿化委员会共同起草，最终由绿色校园运行管理委员会确定。根据规划时间的长短以及发展目标和规划内容的差异，可分为近期规划、中期规划和长期规划。

高校绿色校园运行管理的近期规划通常在全面了解校园运行管理发展现状和改善潜力以及本校财政能力的基础上，针对未来1~3年的情况制定。绿色校园运行管理专家委员会通常需提供技术支持。图6.2展示了绿色校园运行管理所涉及的领域。基于全生命周期和可持续发展的思想，考虑规划、设计、采购、建造、运行管理、维护、整改、拆除等各个环节，并结合本校1~3年内的财政规划和经费情况，切合实际制定具体的管理目标和量化指标。在此基础上，进一步根据图6.2中所示的涉及领域和运行管理的各个环节，制定具体的运行管理方案，落实实施部门、基金预算和进度计划。近期规划和实施方案主要侧重于具体节能项目和运行管理项目的实施。依托校园节能监管平台的能耗监测数据和收集到的环境类数据进行统计及分析，从校园能源结构调整、既有建筑节能低碳改造、新建节能建筑、可再生能源应用、建筑节能运行管理、校园绿化、绿色采购、垃圾/化学废弃物/废水/废气的排放及处理等方面，合理安排相关项目。

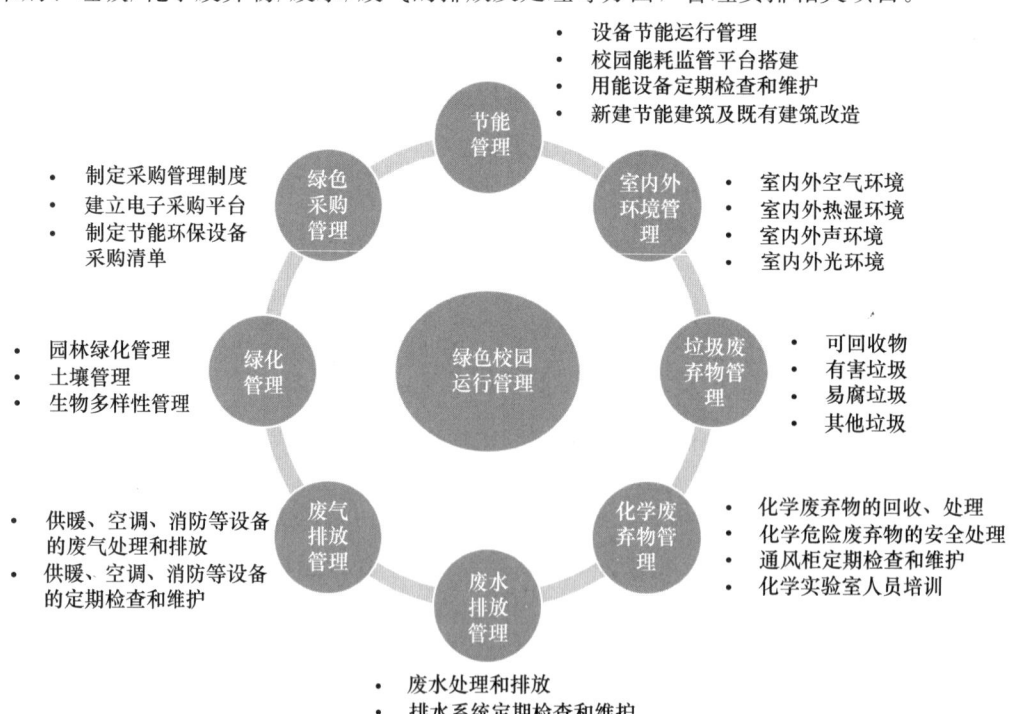

图6.2 绿色校园运行管理所涉及的领域

高校校园运行管理中期规划通常指未来 3~5 年内的规划。相较于近期发展规划，中期规划提出的目标更高，涉及的范围也更广。中期规划将在近期规划实施成果的基础上，形成合理的校园运行管理结构，继续扩展运行管理项目的数量和规模，形成一批具有代表性的能源、资源可持续使用和环境管理项目，并进一步提高能源和资源循环应用的比例。形成完善的运行管理制度，实现采购、资产管理、财务、设备管理、后勤、教务、科研等部门联动，完成学校关联业务的信息共享和调控、生态资源的定额管理、科研联动等。在校园文化方面，采取相关的激励机制，促进广大师生在工作和生活中的自发节能环保行为，同时进行校园运行管理培训等事项。

高校校园运行管理长期发展规划通常指未来 10 年甚至 20 年内的规划。参照国外高校制定的运行管理长期发展规划，以实现校园碳中和和实施建立符合国家或 ISO 标准的运行管理体系为目标，在建设绿色建筑、应用高效的建筑节能减排技术、加大可再生能源应用力度等措施的基础上，采取购买绿电、高校建筑碳交易等方式，实现校园绿色运行管理；校园生态优化管理、循环可持续也是实现校园生态环境优化、资源高效利用的另一重要途径；形成校园生态、节能、低碳、循环、可持续的校园文化，并渗透到校园师生的学习、生活和工作中；同时还应协调地域的社会经济发展，体现区域联动与合作；最终形成完善的绿色校园运行管理机制。

6.3　人员培训

对相关人员进行校园运行管理培训，有助于提高其专业素质和业务能力，是校园建筑运行管理工作效果的重要保证。人员培训主要包括三大类人群：后勤管理人员、物业人员、广大师生及行政人员。

对于后勤管理人员：应普及建筑节能的基本知识；掌握校园建筑能耗特征及用能规律、校园建筑能耗影响因素及重要影响环节；了解校园建筑能耗审计流程、校园节能工程项目管理的基本知识；掌握校园建筑节能监管平台的功能及使用维护方法、垃圾处理及回收方法、化学物品处理方法、绿色采购流程及绿色产品清单以及校园绿化管理技术等；确定与运行管理体系相关的培训需求，确保其在整体框架控制下执行任务，使得有潜力影响环境绩效及合规义务履行的人员提高节能减排环保等意识，并具备一定经验基础及业务素质。

对于物业人员：应普及校园运行管理的基本知识，掌握校园建筑能耗特征及用能规律、校园建筑基础用能设施（如空调、动力等）性能特征、用能设施节能运行方法、用能设施维护方法、垃圾处理及回收方法、废水/中水/雨水处理、化学物品处理管理方法、绿色采购流程、绿化管理、土壤保护技术等。

对于广大师生及行政人员：除节能减排和环境保护意识提升培训外，主要针对师生在日常工作和生活中的节能环保技能进行宣传和培训，包括绿色采购、双面打印、垃圾分类、实验室化学废弃物回收管理方法等内容，以促进绿色校园文化的形成。

6.4 运行管理体系文件编制

运行管理体系文件是绿色校园运行管理所遵循的重要依据。针对校园能源使用、资源使用和环境管理等活动内容，相关的文件编制主要包括运行管理手册、支持性文件、运行记录文件（日常运营记录）、审计公示文件的制定。

6.4.1 运行管理手册

《×××高校绿色校园运行管理手册》是绿色校园运行管理的框架性和纲领性文件，为相关管理人员有效运作运行管理体系提供基本依据。该手册主要包括以下几个方面的内容：①明确高校校园运行管理在绿色校园建设中的重要性和地位；②对绿色校园运行管理体系的目标和管理范围做出说明，对其运行管理的活动要素、产品要素和服务要素进行识别；③基于PDCA的管理方法从技术端和管理端详细介绍运行管理体系运行模式和涉及的主要内容；④确立高校绿色校园运行管理的组织机构及其权限、职责。

6.4.2 支持性文件

支持性文件可包括发展规划类文件、技术支撑类文件、能耗审计及定额类文件、资源消耗审计及定额类文件、绿色采购类文件、运行管理类文件、培训类文件、各类奖惩激励类（即节能激励类、环境保护激励类）文件、运行管理评审类文件等，具体如表6.4所示。其中，发展规划类文件主要包括绿色校园运行管理近期、中期、长期规划及实施方案；技术支撑类文件主要包括绿色校园运行管理重要影响因素和影响环节识别、我国绿色校园运行管理相关标准汇编；能耗审计及定额类文件主要包括校园能源审计制度、校园能耗定额方法及定额标准、水电费定额包干及收费管理实施细则；资源消耗审计及定额类文件主要包括校园资源消耗审计办法、校园资源消耗定额方法及定额标准；绿色采购类文件主要包括绿色办公设施采购制度、建筑内基础用能设施采购制度、试验设备采购制度、能源采购制度、宿舍家具采购制度；运行管理类文件主要包括高校校园设施节能运行管理办法及监督制度、水电管理条例及实施细则、暖通空调系统运行管理条例、试验设备工作规程、应急准备和响应控制程序、校车管理办法、校园绿化管理办法、病原微生物实验室生物安全管理条例、各类实验室废弃物处置要求和流程等；培训类文件主要包括后勤管理人员运行管理培训制度、物业人员运行管理培训制度、校园师生运行管理培训制度；节能激励类文件主要包括群众监督举报制度、师生节能减排评比奖惩制度、后勤物业人员工作评比奖惩制度；环境保护激励类文件主要包括群众监督举报制度、师生环境保护行为评比奖惩制度、后勤物业人员工作评比奖惩制度；运行管理评审类文件主要包括内部审核制度、管理评审制度。

表 6.4 绿色校园运行管理支持性文件汇总

文件类别	文件名称	主要内容
发展规划类	绿色校园运行管理近期、中期、长期规划	分别介绍绿色校园近期、中期、长期运行管理的绩效目标、工作重点、管理部门及其职责等
	绿色校园运行管理方案	结合近期、中期和长期规划,分别制定各阶段校园建筑运行管理工作的具体实施方案及工作内容等,包括制定能源、资源使用和回收利用的具体项目,公示项目内容、各参与单位及其职责、所需经费、项目执行效果、执行周期等
技术支撑类	绿色校园运行管理重要影响因素和环节识别	明确绿色校园运行管理的影响因素和重要环节,以供绿色校园运行管理相关人员参考
	我国绿色校园运行管理相关标准汇编	从节能减排和环境保护等角度,汇总我国绿色校园规划、设计、运行管理等相关标准
能耗审计及定额类	校园能源审计制度	明确参与审计的能源类别、审计频率、审计方法、各参与单位及职责等
	校园能耗定额方法及定额标准	根据校园各用能单位的性质和用能特征,制定校园能耗定额的方法及定额标准值
	水电费定额包干及收费管理实施细则	明确各院系和各行政单位水电定额的奖惩性收费细则
资源消耗审计及定额类	校园资源消耗审计办法	明确参与审计的资源类别、审计频率、审计方法、各参与单位及职责等
	校园资源消耗定额方法及定额标准	根据资源使用单位的性质和使用特征,制定校园资源定额的方法及定额标准值
绿色采购类	绿色办公设施采购制度	明确绿色办公设备、办公家具等的采购要求(特别是节能减排性能要求等)
	建筑内基础用能设施采购制度	明确空调系统、锅炉、电梯、水泵、动力设备等建筑内基础用能设施的采购要求(特别是节能减排性能要求)
	试验设备采购制度	明确各类试验耗能设备的采购要求(特别是节能减排性能要求等)
	能源采购制度	从节能减排的角度出发,合理规定校园能源使用结构,根据制定的能源结构调整方案,确立合理的能源采购制度
	宿舍家具采购制度	明确绿色宿舍家具等的采购(特别是室内环境健康要求、生态环保要求等)
运行管理类	高校校园设施节能运行管理办法	明确校园各类用能设施节能运行要求、管理方法、管理单位及其职责等
	水电管理条例	确定校园水电节能运行管理办法
	院级/行政部门水电管理实施细则	明确各院系及行政单位的水电节能运行要求、管理单位及其职责等

续表

文件类别	文件名称	主要内容
运行管理类	暖通空调系统运行管理条例	确定校园建筑暖通空调设施的运行管理办法,包括空调主机、锅炉、水泵等节能运行操作要求等
	中央空调系统使用暂行管理规定	对校园建筑中央空调系统使用时间、使用条件、温度控制、后勤人员职责等进行明确规定
	试验设备工作规程	对实验室用能设备的节能操作进行明确规定
	应急准备和响应控制程序	包括责任部门、潜在事故和紧急情况内容、应急准备、应急响应、事故调查与处理、事后评价与改进等内容
	校车管理办法	对于校车的节能运行进行明确规定
	校园绿化管理办法	对校园绿化面积、本土植物种类、生物多样性、土壤/水体污染治理、绿化废弃物、绿化化学用品、园林维护等进行明确要求
	病原微生物实验室生物安全管理条例	对微生物实验室的安全管理和生化废弃物处理要求进行明确规定
	实验室废弃物处置要求和流程	对一般化学废弃物的处理要求和流程进行明确规定
	实验室危险废弃物处置管理办法	对危化品废弃物的处理要求和流程进行明确规定
	校园设施运行监督制度	确立校园各类用能设施监督办法、监督执行机构及其职责等
培训类	后勤管理人员运行管理培训制度	对后勤管理人员进行校园能源资源使用、节能运行管理、环境保护等相关知识培训,明确培训周期、内容、培训管理办法等
	物业人员运行管理培训制度	对物业人员进行校园能源资源使用、节能运行管理、环境保护等相关知识培训,明确培训周期、内容、培训管理办法等
	校园师生运行管理培训制度	明确校园师生工作及生活相关的节能减排、环境保护知识及技能培训的周期、培训内容、培训管理办法等
节能激励类	群众监督举报制度	建立群众监督举报制度,针对校园节能运行管理的各个环节进行监督管理
	师生节能减排评比奖惩制度	建立节能减排评比奖惩制度,并通过举行相关活动项目,以激励校园师生工作生活中的节能减排行为
	后勤物业人员工作评比奖惩制度	根据校园节能运行管理绩效,对负责的后勤物业人员进行评比奖惩

续表

文件类别	文件名称	主要内容
环境保护激励类	群众监督举报制度	建立群众监督举报制度，针对校园环境管理的各个环节进行监督管理
	师生环境保护行为评比奖惩制度	建立环保行为评比奖惩制度，并通过举行相关活动项目，以激励校园师生工作和生活中的环保行为
	后勤物业人员工作评比奖惩制度	根据环保类运行管理项目的执行效果，对负责的后勤物业人员进行评比奖惩
运行管理评审类	内部审核制度	明确内部审核的评审范围、评审内容、评审标准、各参与单位及职责等
	管理评审制度	明确管理评审的评审范围、评审内容、评审标准、各参与单位及职责等

6.4.3 运行记录（日常运营记录）文件

围绕校园绿色采购、能源资源使用、校园环境管理的各项活动制定各类日常运营记录文件，记录各项活动的日常情况，以确保绿色校园运行和管理的有序和高效开展。运行记录文件包括绿色采购类、设备运行管理类、能源使用类、资源使用类、环境管理类以及校园可持续发展专项项目类的日常运营记录文件。其中，绿色采购类运行记录文件主要记录校园能源、办公用品及办公设施、宿舍家具、试验设备、建筑用能产品、食材及食堂日用品、校园绿化等日常采购情况，所采购的设备及物品需从全生命周期的角度，重点考虑其节能减排、环保和生态性能；设备运行管理类运行记录文件主要记录建筑暖通空调设备、建筑动力设施、实验室用能设备、可再生能源系统、用水器具、中水回用/雨水回收设备以及校园能耗/水耗监管平台等系统设备的日常运行情况；能源使用类运行记录文件主要记录校园能源日常使用数据；资源使用类运行记录文件主要记录市政用水、实验室化学用品及耗材的日常使用情况；环境管理类运行记录文件主要记录生活垃圾排放量、易腐垃圾排放量、实验室化学用品及耗材废弃物处理、农药/杀虫剂的日常使用、校园绿化日常管理以及应急管理等记录文件；校园可持续发展专项项目类运行记录文件主要记录基建项目日常运行情况、中水回用/雨水回收量的日常数据、易腐垃圾/绿化垃圾回收处理以及土壤/水体治理情况。各类文件名称及文件内容如表6.5所示。

表6.5 校园运行管理运行记录文件汇总

文件类型	文件名称	主要内容
绿色采购类	能源采购日常记录	对电、燃气、油、蒸汽、集中供热量、绿电等日常购买量进行记录，在购买的过程中需从节能减排的角度，考虑能源结构的调整
	办公用品及设施绿色采购日常记录	记录各院系及部门打印纸、打印耗材、办公设备、办公家具的日常购置种类和数量；从全生命周期节能减排的角度，采购过程中注重可再生纸张的购置比例、设备的节能环保生态性能等

续表

文件类型	文件名称	主要内容
绿色采购类	宿舍家具绿色采购日常记录	记录宿舍家具的日常购置种类和数量，采购过程中注重家具的健康环保、生态性能
	试验设备绿色采购日常记录	记录各院系试验设备的日常购置类型和数量，采购过程中注重设备的节能减排性能
	建筑用能产品的绿色采购日常记录	记录建筑中供暖、空调、通风、照明等设备的日常购置类型和数量，采购过程中注重设备的节能减排性能
	食材及食堂日用品日常采购记录	记录食堂食材的日常购置种类和数量，采购过程中注重有机食材、本地食材等的采购比例，并尽可能减少一次性用具的采购比例
	校园绿化日常采购记录	记录校园绿化植物、杀虫剂等用品的日常购置种类和数量，采购过程中注重本土植物的比例
设备运行管理类	建筑暖通空调设备日常运行记录	记录暖通空调设备的运行时间、运行参数等
	建筑动力设施日常运行记录	记录建筑动力设施的运行时间、运行参数等
	实验室用能设备日常操作记录	记录实验室各类用能设备的运行时间、运行参数等
	可再生能源系统日常运行记录	记录太阳能光伏、光热等系统运行性能、节能减排量等参数
	用水器具日常运行记录	记录各院系及行政部门用水设备、节水器具等的日常故障及维护情况等
	中水回用/雨水回收设备的日常运行记录	记录校园中水回用/雨水回收装置的运行情况、过程中出现的问题及处理情况等
	校园能耗/水耗监管平台运行日常记录	记录校园能耗/水耗监管平台运行过程中出现的数据中断、报错、表具故障等日常突发问题及处理情况
能源使用类	校园能源使用日常记录	通过校园能耗监管平台或抄表等方式，记录校园各类能源的日常使用量
资源使用类	市政用水日常记录	各院系及行政部门市政用水的日/周/月/年使用量记录
	实验室化学用品及耗材的日常使用记录	记录实验室各类化学用品及耗材的使用时间、使用剂量等
环境管理类	生活垃圾排放量记录	记录校园生活垃圾日常排放量的具体数据情况，以及废弃物承包商和协议、废弃物承包商许可证复印件、废弃物转移记录、与废弃物管理过程有关的通信证据
	易腐垃圾排放量记录	记录校园易腐垃圾日常排放量的具体数据情况，以及废弃物承包商和协议、废弃物承包商许可证复印件、废弃物转移记录、与废弃物管理过程有关的通信证据
	实验室化学用品及耗材废弃物处理记录	化学废弃物的种类、日/周/月产生数量、转移方式、化学废弃物处理承包商的相关信息（包括单位名称、承包商资质、签署的协议、与化学废弃物管理过程有关的通信证据等）

续表

文件类型	文件名称	主要内容
环境管理类	农药/杀虫剂的日常使用记录	所有农药/杀虫剂的购买记录、存放地、日常使用类型和剂量等
	绿化管理日常记录	记录校园绿化日常维保过程的情况，以及过程中出现的问题及处理情况
	应急管理记录，包括《应急预案演练总结》《应急预案的演习记录》《事故调查表》《紧急情况处理报告》等	记录校园日常管理过程中出现的突发情况，以及各单位应急处置情况，例如化学品（危险废弃物和有害物质化合物等）泄漏及处理情况等
校园可持续发展专项项目类	基建项目运行记录	记录校园正在进行的基建类项目的能源及资源消耗、环境污染防治措施，以及过程中出现的问题及处理情况
	中水回用/雨水回收量的日常记录	记录日/周/月/年的校园中水处理量/雨水回收量
	易腐垃圾/绿化垃圾回收处理记录	记录校园易腐垃圾日常排放/回收量的具体数据情况、废弃物承包商和协议、废弃物承包商许可证复印件、废弃物转移记录、与废弃物管理过程有关的通信证据
	土壤/水体治理记录	记录校园土壤/水体治理的项目执行情况，以及过程中出现的问题及处理情况

6.4.4 审计公示文件

审计公示文件主要从校园能源资源使用审计、废弃物排放及回收利用的统计公示、运行管理项目审查及公示、运行管理评审公示等几个方面制定，具体如表6.6所示。

表6.6 校园运行管理审计、公示类文件汇总

文件类型	文件名称	主要内容
校园能源资源使用公示类	校园能源资源使用公示表	明确参与审计的能源、资源类别选取原则、审计频率、审计管理方法、各参与单位及职责等
废弃物排放及回收利用的公示类	高校校园废弃物排放及回收利用公示	明确公示的废弃物种类、各院系、宿舍及行政部门的各类废弃物排放量、回收利用方法、回收利用量等
运行管理项目公示类	基建项目审查及公示	从节能减排和环境保护的角度，审查各类基建项目施工过程是否符合节能减排和环境保护的要求，明确审查内容、审查参与单位及其职责，公示审查结果等
运行管理评审公示类	内部审核结果公示	内部审核结果公示：是否符合预定的运行管理安排；是否符合建立的运行管理目标和指标；各项运行管理活动是否得到了有效的实施与保持，并改进了运行管理绩效等
	管理评审结果公示	运行管理体系的审核结果、目标和指标的实现程度、对下一阶段管理绩效的规划、运行管理方案的改善、基于持续改进的承诺、对运行管理体系的目标、指标和其他要素的调整等

6.5 体系运行

绿色校园运行管理体系运行包括试运行和持续运行两个阶段。试运行即绿色校园运行管理体系建立之后的尝试性运行。系统各环节进行尝试性运行之后，通常会进行管理评审，以检验体系是否能正常运转，并进行改进。系统通过管理评审之后即进入持续运行阶段。

6.5.1 节能管理

为明确与"校园能源消耗"相关的风险和机会，尽量减少能源消耗，并确保各项运行活动均符合相关的法规及标准要求，需针对校园运行的各个环节进行节能管理。绿色校园运行管理办公室的节能减排专员全面负责监督整个校园的能源管理，确保符合节能减排绩效目标和执行方案。

绿色校园运行管理层协同专家委员会一起，制定校园节能减排的绩效目标和实施方案，并确定节能减排绩效的基准和计算方法。

后勤处水电中心、资产处、采购处进行不同类型能源种类和建筑内各用能设备的购置；后勤处节能管理办公室负责建筑内各类能耗系统设备的节能运行管理以及校园能耗监管平台的运行；后勤处水电中心负责各类能耗设备的维修，以及能源资源消耗人工抄表和收费工作。

后勤处、基建处、财务处和专家委员会一起协同推进节能建筑的新建、既有建筑的改造及可再生能源系统的应用等项目。

建筑节能委员会和绿色校园运行管理办公室合作负责运行管理体系相关文件的编制。绿色校园运行管理办公室、后勤处节能管理办公室、基建处、财务处等职能部门进行各类运行记录文件、审计公示文件的实时记录和整理工作。

校园节能管理工作，主要从建筑围护结构性能、设备系统性能及优化运行、舒适度水平和管理水平等几个方面展开。

6.5.1.1 建筑围护结构性能

建筑围护结构性能是影响建筑能耗的重要因素之一。按照《绿色校园评价标准》(GB/T 51356—2019)[1]，校园内新建建筑应全面执行现行国际标准《绿色建筑评价标准》(GB/T 50378) 中的一星级或以上的相关规定，即围护结构热工性能的提高在国家现行相关建筑节能设计标准的要求基准上提升 5% 或建筑供暖空调负荷降低 5%。以夏热冬冷地区为例，《夏热冬冷地区居住建筑节能设计标准》(JGJ 134—2010)[2] 列出了夏热冬冷地区甲类公共建筑围护结构热工性能指标限值，如表 6.7 所示。即夏热冬冷地区校园新建建筑的围护结构热工性能在表 6.7 中数据的基础上提升 5%。既有校园建筑改造的要求不应低于现行国家标准《既有建筑绿色改造评价标准》(GB/T 51141) 中一星级的要求，围护结构热工性能要比原有围护结构热工性能提升 35%～45%。

表 6.7 夏热冬冷地区甲类公共建筑围护结构热工性能指标[2]

围护结构构件		传热系数 [W/(m²·K)]	
屋面	围护结构热惰性指标 D≤2.5	≤0.4	
	围护结构热惰性指标 D>2.5	≤0.5	
外墙（包括非透明幕墙）	围护结构热惰性指标 D≤2.5	≤0.6	
	围护结构热惰性指标 D>2.5	≤0.8	
底部接触室外空气的架空或外挑楼板		≤0.7	
外窗（包括透明幕墙）		传热系数 [W/(m²·K)]	遮阳系数 SHGC（东、南、西向/北向）
单一朝向外窗（包括透明幕墙）	窗墙面积比≤0.2	≤3.5	—
	0.2<窗墙面积比≤0.3	≤3.0	≤0.44/0.48
	0.3<窗墙面积比≤0.4	≤2.6	≤0.40/0.44
	0.4<窗墙面积比≤0.5	≤2.4	≤0.35/0.4
	0.5<窗墙面积比≤0.6	≤2.2	≤0.35/0.4
	0.6<窗墙面积比≤0.7	≤2.2	≤0.30/0.35
	0.7<窗墙面积比≤0.8	≤2.0	≤0.26/0.35
	窗墙面积比>0.8	≤1.8	≤0.24/0.3
屋顶透明部分（屋面透明部分面积≤20%）		≤2.6	≤0.3

6.5.1.2 设备系统性能及优化运行

建筑及用能设备的性能及优化运行直接影响建筑能耗。不同类型的建筑，其运行规律不一样。不同类型建筑内的用能设备也不一样，其设备的运行时间也不一致。因此，掌握各类高校建筑及其用能设备的运行规律，是高校建筑节能运行管理的基础。

此外，建筑内使用者的使用习惯也会影响建筑能耗。诸如办公室人员外出或下班时段，电脑、打印机等设备依然正常运行，没有关闭或进入节能模式；空调系统运行的同时开门窗；教室自然采光充足时依然开启灯具，这些使用习惯都直接造成高校建筑能源的浪费。

(1) 建筑内人员移动规律和人员密度

人员在室移动是建筑内能源使用的前提条件。已有研究表明[3]，人员在室移动特征、人员密度变化直接影响建筑能耗变化，且建筑内人员密度和建筑能耗存在一定的正相关性。

高校建筑类型多样，不同类型高校建筑的人员移动和人员密度特征也各不相同。掌握各类建筑的人员移动规律及密度特点对高校建筑能耗预测和节能运行管理有重要作用。

在各类高校建筑中，对于办公楼，人员移动和密度比较容易掌握。而对于高校建筑中占大部分比例的科研楼、教学楼、宿舍而言，由于存在着无固定使用时段或部分使用的特点，且各房间（空间）人员在室随机性很大，因此很难对其各个时间段内的人员密度作出准确估计，必须辅以大量调研去掌握其变化特征。或者用一些反映校园建筑使用特征的参数来反映人员在室规律，例如教学楼可以通过课时量来间接反映人员移动规律。

(2) 照明系统运行管理

高校照明有室内照明和室外照明，室外照明主要有建筑外立面照明和校园道路照明等类型。室内照明在高校办公建筑、教室、图书馆等类型建筑中的能耗比例很大。注重灯具的效率以及灯具的控制方式对照明节能非常重要。当前各高校的照明节能改造中，主要采用节能灯、LED灯替换普通照明灯。并采取房间分区控制、红外线感应控制、调光控制、路灯智能控制等多种控制方式，合理进行照明系统的运行管理，以实现照明节能。同时关注照明回路的三相电流平衡度，对于三相电流不平衡度较大的回路，适当调整各相回路所接的灯具数量。

(3) 供暖空调系统运行管理

高校建筑中同种类的建筑一般空调形式都较为接近。宿舍一般都以安装分体式空调为主，而部分学校的宿舍也有不安装或部分安装的情况。对于其他类型高校建筑而言，通常建造年代较早的建筑多采用分体式空调。而新建的公共建筑基本采用集中式空调。

集中式空调系统较为复杂，影响因素较多，系统方案设计的合理程度、主机、水泵等设备效率等都会影响建筑的空调系统能耗。对于集中空调系统，《绿色校园评价标准》(GB/T 51356—2019)中关于高校建筑采暖空调系统性能规定如表6.8所示。如系统的冷却循环水泵、冷冻循环水泵以及冷却塔风机，具有变频调节功能则更节能。对于冬夏两季的室温控制，按照住房城乡建设部关于印发《公共建筑室内温度控制管理办法》的通知（建科〔2008〕115号），夏季制冷设定温度不低于26℃，冬季采暖设定温度不高于20℃。可通过智能控制系统中控制面板的温度设定功能，来对使用者的设定温度限值进行管理，并且在无人时自动关闭室内机。室外机电源应设置可切断装置，在非采暖空调季节关闭室外机。分体式空调主要受设备能效的影响。在分体式空调插座上也可以安装智能控制器进行运行管理。智能控制器上安装有温度传感器，可以按照温度和（或）时间进行控制。在非采暖空调季节关闭电源。室外机应布置在通风阴凉处。若有条件，室外机应加装遮阳措施。对于阳光直射且集中布置的室外机，若通风不良或制冷效果不好，建议进行雾化喷淋改造。在高校建筑基本信息统计时，空调系统需要统计建筑供冷面积、建筑供暖面积、建筑空调类型、空调能效等参数，以便于后续能耗审计和节能分析。

表6.8 高校建筑集中式采暖空调系统性能指标[1]

冷源		额定制冷量（kW）	性能系数 COP（W/W）
水冷	活塞式	<528	3.8
		528~1163	4.0
		>1163	4.2
	旋涡式	<528	3.8
		528~1163	4.0
		>1163	4.2
	螺杆式	<528	4.1
		528~1163	4.3
		>1163	4.6

续表

冷源		额定制冷量（kW）	性能系数 COP（W/W）
水冷	离心式	＜528	4.4
		528～1163	4.7
		＞1163	5.1
风冷或蒸发冷却	活塞式/旋涡式	≤50	2.4
		＞50	2.6
	螺杆式	≤50	2.6
		＞50	2.8
热水锅炉	燃气锅炉	＜88	89
		88～733	89
		≥733	89
	燃油锅炉	＜88	89
		88～733	89
		≥733	89
蒸汽锅炉	燃气锅炉	＜88	89
		88～733	89
		≥733	89
	燃油锅炉	＜88	89
		88～733	89
		≥733	89

（4）其他用能设备运行管理

其他用能设备主要指的是插座用能设备。高校办公楼、科研楼、图书馆、宿舍楼、教学楼的用能设备主要以电脑、打印机、复印机、饮水机、投影仪等为主。学校招待所、宾馆及交流中心的用能设备还包括电视机、小型冰箱等。高校建筑中电脑、打印机等类型的用能设备通常使用时间长，待机时间长甚至不关机，因此其能效、运行管理及待机能耗大小对总能耗的影响也较大。

（5）动力设备运行管理

动力设备一般包括给排水水泵、电梯等设备。该部分能耗除了和设备效率以及控制方式有关，还和建筑设计有关。水泵与建筑的供水方式以及建筑层高有直接关系。电梯与建筑的层高和电梯的安装密度有关。生活水泵可采用变频技术，同时水泵电机应选择国家推荐的节能产品。生活用水可采用无负压供水系统，结合高性能变频调速器，根据生活用水量的多少自动调节水泵转速或增减运行水泵的台数，实现恒压供水，在保证供水效果的前提下可有效降低用电量。在用水系统上，可采用节水器具，如将老旧的手动式水龙头改为感应式水龙头，节水效率可以提高50%以上，从而也间接减少了水泵的能耗。电梯应采用变频及群控技术。同时张贴宣传标语，鼓励多走楼梯。

（6）特殊设备运行管理

特殊设备指不属于建筑物常规功能的用电设备，一般包括信息中心机房设备、厨房餐厅炊事设备、游泳池热水设备以及大型高能耗密度的科研专用设备等。特殊设备的特点是能耗密度高、占能耗比重大，部分设备（如风洞中心设备）的开启时间长。但对于科研设备等特殊设备而言，科研人员及生产厂家往往更多地关注其专业领域的设备性能（如精度等），对其用能强度并不关注，也缺乏关注的动力，从而导致该部分能耗在校园建筑总能耗中，特别是在科研能力强的高校中占据相当大的比例。因此，提高该类设备的能效，对高校节能作用很大。

6.5.1.3 舒适度水平

毋庸置疑，室内舒适度水平直接影响建筑能耗，冬季过高或夏季过低的室内温度需求、过高的新风量需求以及照度需求等都会增加能耗。以空调能耗为例，研究表明，夏季室内设定温度每上调1℃，能节约5%左右的空调能耗[4]。因此，在舒适度需求和节能要求之间找到平衡点，对运行节能有很大帮助。

6.5.1.4 管理水平

对建筑节能的管理主要体现在两方面，一方面体现在对设备的运行操作以及维护管理上；另一方面则是体现为对用能浪费现象的监督巡查。

当建筑投入使用后，用能设备的运行管理会在很大程度上影响建筑能耗。有研究表明，对于同一套空调系统，因运行管理水平不同，系统能耗可相差50%以上[5]。因此，通过建筑运行调适可使得建筑设备在最优条件下高效运行，对建筑运行节能非常重要。而当前高校后勤管理人员和技术人员以及物业人员均在建筑运行调适领域缺乏专业知识，对用能设备的性能缺乏了解，甚至连最基本的人员在室及设备运行规律都没有掌握，调适水平非常低下。

此外，管理者对能源浪费现象的监管也十分重要。对于高校公共建筑，能耗费用通常由学校支付，缺乏日常用能激励制度，因此存在非常严重的浪费现象。如教学楼这种众多人员开放使用且人员流动性大的建筑而言，常会有人走不关灯、不关空调的情况；或是开空调的同时开窗开门现象，这需要有专人勤于巡查，才能避免能耗浪费。对于已安装能耗监测平台的建筑而言，是否能通过平台的能耗报警机制，及时发现并解决能源浪费问题也十分重要。

由上可见，后勤部门的调适与监管水平又是高校建筑节能运行的重要影响因素。通过运行调适，校园用能设备和设施应能优化运行。能源监测方面，建立校园能耗监管平台，对校园用电、用水、用热、用冷和主要能耗设备进行有效监测，并确保平台能常年正常运行。按能耗分项计量监测要求，实现监测覆盖校园用能场所面积达70%以上。实行能耗监测信息化，并具备与各省住房和城乡建设厅的建筑能耗监管平台对接的功能。同时，提交详尽合理的碳排放计算与分析清单。根据能耗和碳排放数据，制定分阶段的减排目标和实施方案，具体内容包括：制定能源利用专项规划，统筹利用各种能源；根据监测情况制定建筑、设备、设施改造方案，对耗能量大的建筑和设备进行升级改造，取得节能降耗成效；制定优化运行管理方案等。

高校校园可根据国家标准《智能建筑设计标准》(GB 50314—2015)[6]的基础配置要求建设校园建筑的智能化系统，以满足校园运行与管理的需要。运用楼宇自控系统优化控制校园设备运行，提高运行效率。另外，建立功能完善、覆盖全面的校园建设信息管理系统，实现校园建筑、设施、管网的信息化管理。例如，可运用校园一卡通等信息管理系统管理学生各项教学、科研及生活活动。校园无线网络覆盖率应达到100%，且运用校园网络平台与师生展开绿色校园相关内容的互动，将智慧校园建设深入校园日常运行管理的各个环节。

6.5.1.5 低碳结构优化

校园低碳结构优化主要为优化校园能源使用结构。在建筑用能方面，体现在优化建筑用能结构，优先采用清洁能源、可再生能源等，以及对使用高污染的设备进行改造，优先推荐使用清洁能源的设备系统，如燃煤锅炉改为燃气锅炉等。在校园交通方面，推荐采用低碳交通，如新能源汽车等。

6.5.2 室内外环境管理

室内外环境的运行管理是指通过各类环境运行控制技术的合理运用，将各类校园建筑的室内外空气环境、热湿环境、声环境、光环境控制在节能且舒适的水平。室内空气环境方面，对易产生有害、有毒污染物的实验室应进行空气监控，应设置相关环保处理设备并保障其安全运行，应确保不影响人体健康。主要教学用房及其他功能建筑中人员密度较高且随时间变化大的区域可设置室内空气质量监控系统。对室内的二氧化碳浓度进行数据采集、分析，对室内污染物浓度超标实时报警，并与通风系统联动，保证健康舒适的室内环境。热湿环境方面，布置室内外热湿环境的监控系统，进行温度、湿度的数据采集，并及时进行调节。声环境方面，校园总平面规划设计应注意噪声源及噪声敏感建筑的布局，当背景噪声未能满足要求时应采取隔声及降噪措施。光环境方面，校园应实行道路与景观的照明节能控制，并进行实时监控。

校园建筑环境管理由绿色校园运行管理办公室的节能减排专员负责，协调并跟进环境管理的各项工作是其主要工作内容。在室内环境管理方面，由校园节能管理办公室监管并落实室内热湿环境、声环境、光环境和空气环境控制等各项工作，通过建筑空调、通风、照明等设备系统的合理运行，营造良好的室内环境。在室外环境管理方面，需得到绿化管理专员等其他工作人员的配合，落实室外热湿环境、声环境、光环境管理的各项工作。

6.5.3 垃圾废弃物管理

为明确与废弃物排放与处理有关的风险和机会，确保废弃物排放与处理遵守相关的环境法规，增加用于回收的物料分离量，对校园垃圾废弃物进行科学有效的管理是绿色校园运行管理非常重要的内容。

垃圾废弃物管理涉及校园内所有无公害废弃物的储存和处置。校园应制定合理的垃圾管理制度，以实现垃圾废弃物的处理和资源化利用。绿色校园运行管理办公室的废弃物管理专员协调并跟进生活垃圾、办公垃圾、废弃办公家具和电子设备等回收、处理、交易等各项活动。后勤处具体落实各项工作，包括确保可回收物、有害垃圾、易腐垃圾和其他垃圾定期、准确地从校园内转运到校园外各类垃圾处理机构；确保玻璃、废食用油、废荧光管/电池、硒鼓/墨粉盒等各类特殊垃圾从校内指定废弃物收集地转运到校外进行处理；确保上述各类活动均有记录文件，并保存在后勤处校园环境管理办公室。相关的文件信息包括废弃物承包商协议、废弃物承包商许可证复印件、废弃物转移记录和与废弃物管理过程有关的通信证据等。

2019年中国开始大范围提倡并实行垃圾分类制度。高校校园办公室、宿舍及餐厅产生的生活垃圾可分别对应可回收物、有害垃圾、易腐垃圾和其他垃圾4类。可回收物主要包括报纸、纸箱、书本、广告单、塑料瓶、油桶、酒瓶、玻璃杯、易拉罐、旧铁锅、旧衣服、包等。有害垃圾主要包括废电池（充电电池、铅酸电池、镍镉电池、纽扣电池等）、废油漆、消毒剂、荧光灯管、含汞温度计、废药品及其包装物等。易腐垃圾包括果皮、剩菜剩饭、菜叶、骨骼内脏、茶叶渣、果壳、饼干糕点、绿植花卉等。其他垃圾包括污染纸张、一次性手套（受污染）、少量尘土、烟头、卫生用品和难以自然降解的食物残渣（如大棒骨、大贝壳等）。校园应合理规划垃圾物流，对垃圾进行分类收集，垃圾设施和容器应设置规范。各类污染物排放应符合国家现行相关标准。垃圾收集站（点）不污染环境，垃圾及时清运、处置，垃圾收集站（点）定期冲洗、消毒，且周边无臭味。

校园垃圾分类收集及处理的具体流程如图6.3所示：在校园内应提供可回收物、有害垃圾、易腐垃圾和其他垃圾的收集容器，分类收集各类垃圾。全体师生都应确保所有废弃物都分类投放在对应的垃圾箱中。保洁人员定时将建筑内的各类垃圾运送到临时垃圾存放地点。餐饮服务人员将易腐垃圾的垃圾袋除去，并检查易腐垃圾中是否含有非食物垃圾，如有非食物垃圾需重新分类。垃圾搬运工将各类垃圾定期从临时垃圾存放地点运输到校园垃圾集中堆放区。垃圾承包商根据指定的垃圾回收时间表分别收集可回收物、有害垃圾、易腐垃圾和其他垃圾等4类废弃物，其中可回收物应当交售给再生资源回收经营者处理，有害垃圾应当交给有害垃圾回收经营者处理，易腐垃圾应当交给有相应资质的单位收集和处理。最后，每项收集工作需填写垃圾转移通知单，并转交给后勤工作人员，后勤工作人员将其交于后勤处校园管理办公室保管。

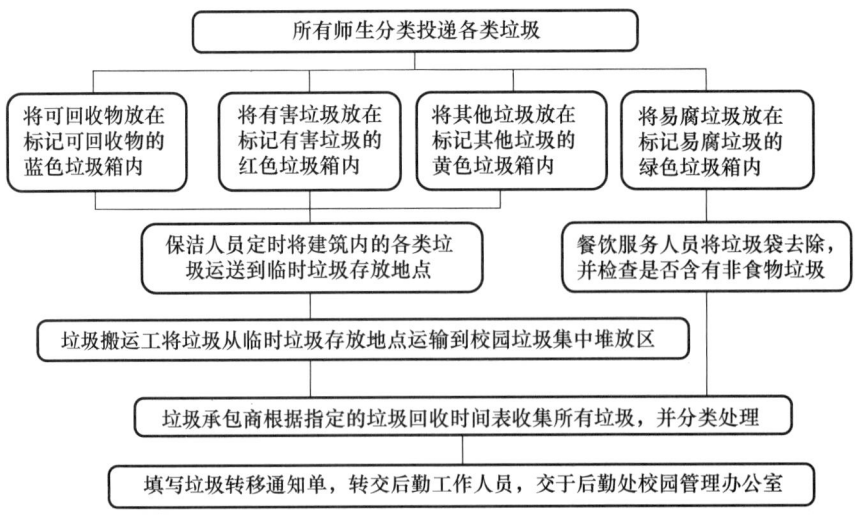

图6.3 垃圾处理流程

除常规垃圾外，部分特殊垃圾须进行特殊处理。详见如下所述。

玻璃：餐饮出口、场馆和大厅的玻璃废料应直接运到相关废料场。

废食用油：餐饮部门的废食用油被餐饮人员直接送到废物集中区，并储存在捆扎容器中。

废荧光管/电池：废荧光管及电池也被分别收集并储存在专用的废弃物收集箱内，并进行登记。由指定的承包商运送到校外进行处理，废弃物转移记录交至后勤处校园管理办公室。

硒鼓/墨粉盒：硒鼓和废墨盒等收集并储存在一个专用的废弃物收集箱内，并进行登记。由指定的承包商运送到校外进行处理，废弃物转移记录交至后勤处校园管理办公室。

同时，学校应建设电子废弃物收集信息平台，学校各部门可通过平台登记，提供废弃物的类型、数量以及所在位置等细节，废弃物搬运工联系提供者收集废弃物，并将其转移到废旧电子废弃物及家具储存仓库。后勤处相关部门根据实际情况，安排有执照的废弃物承包商收集废弃物，并提供废弃物的类型、数量以及相关的材料安全数据表。对环境危害比较大的废旧电子产品，如电脑显像管内的铅、电脑元件中含有的砷、汞和其他有害物质等被处置为危险废弃物，因此每一个包裹都须包含托运单。在收集废弃物时，废弃物搬运工和废弃物承包商均必须签署托运单据，之后将其交至校园管理办公室。

对于废弃办公家具，学校各部门同样可以通过废弃家具收集及共享平台登记及发布相关信息，提供废弃或闲置办公家具的类型、数量以及所在位置等信息，废弃物搬运工联系提供者收集废弃或闲置办公家具，并将其转移到废弃家具储存仓库。对于不能再使用的家具，后勤处家具管理办公室联系废弃物承包商进行收集和送出校外处置。对于尚可使用的家具，其他有需求的部门可以在废弃家具收集及共享平台上提出申请，联系家具管理办公室获取。

另外，高校校园新建或改建时建筑废弃物应控制排放及回收。根据《绿色校园评价标准》（GB/T 51356—2019），每 10000m^2 建筑面积建造或改造工程的建筑垃圾排放量不大于 310t，装潢工程中每 10000 元建材造价对应工程量所产生的建筑垃圾排放量不大于 1.8t。另外，建筑垃圾回收率大于 90%[1]。

6.5.4 化学废弃物管理

为明确与化学废弃物有关的风险和机会、实现化学废弃物的妥善保留、储存和处理，确保各项活动遵守相关的环境法规，必须对高校各机构中的所有化学废弃物流进行科学的运行管理。绿色校园运行管理办公室的废弃物管理专员协调并跟进化学废弃物的回收、处理等各项活动。实验室与设备管理处负责具体落实各项工作，包括：负责确保废弃物由有执照的承包商收集，寄售单据完成签署，发送给废弃物承包商；废弃物搬运工负责危险废弃物向校园废物集中区的转移；确保工程和维护小组将所有化学危险废弃物安全运输并储存在危险废弃物储存库；确保实验室危险废弃物的合理处置；确保化学工程实验室的技术人员遵守各项化学废气物排放规章制度；通风柜对控制化学试验过程中的室内空气污染有重要作用，所有通风柜必须由合格的工程师按照技术要求定期检修，以确保其通风性能达到要求；并对有暴露风险的所有实验室技术人员都进行使用培训；处理流程所涵盖的与废料流有关的所有文件资料均由后勤处校园管理办公室储存。相关的文件信息包括废弃物承包商和协议、废弃物承包商许可证复印件、货物托运单据、危险废弃物管理过程有关的通信证据、培训记录等。

在校园内产生的危险废弃物流主要有含废化学品，包括农药、硫化物、氟化物、易爆物、强氧化剂以及铝、钾、锂、镁、钙、钠等易燃金属等。危险废弃物生产者应提供废弃物的位置、类型、数量等详细信息给实验室与设备管理处，并提供材料安全数据表的副本。实验室师生在完成试验后应将危险废弃物包装好贴上标签后收集于建筑内明确标记有害垃圾的红色垃圾箱内。除实验室外，其他产生危险废弃物的部门，应联系实验室与设备管理处安排，收集于明确标记有害垃圾的红色垃圾箱内。保洁人员从建筑物内部的有害垃圾箱中取出危险废弃物，并将其存放在临时垃圾存放地点内标记有害垃圾的红色垃圾箱中。垃圾搬运工将危险废弃物从临时垃圾存放地点的红色垃圾箱运输到校园垃圾集中堆放区。实验室与设备管理处安排有资质的企业收集危险废弃物，并向其提供危险废弃物的类型、数量以及相关材料安全数据表。在收集危险废弃物时，企业向实验室与设备管理处提供完整的托运单副本，以确认收货人已收到危险废弃物。

如图 6.4 所示，列出了危险废弃物处理流程：

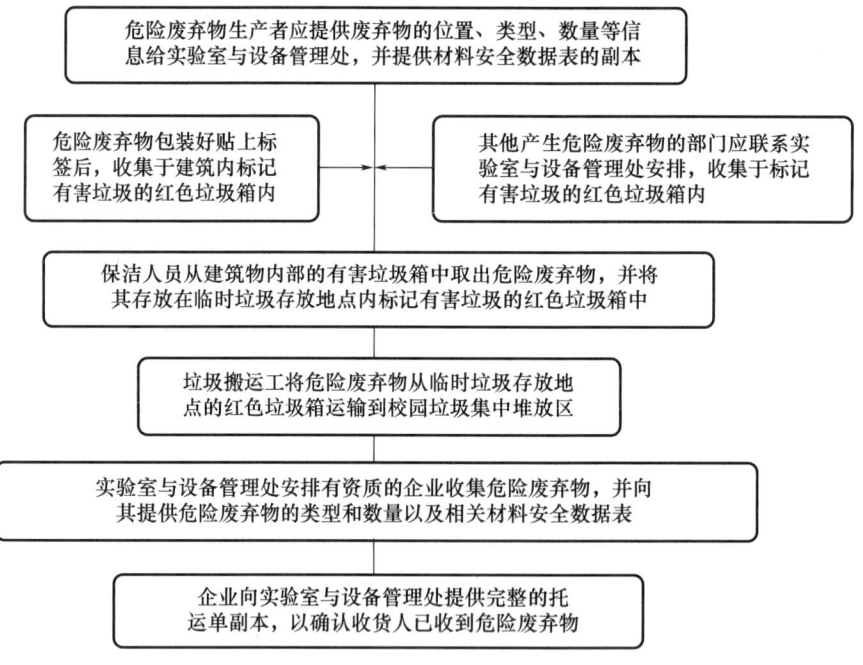

图 6.4　危险废弃物处理流程

此外，在化学品泄漏的情况下，泄漏处理过程遵循"应急处理及响应流程"。事件应记录在环境事件报告表上。如果发生重大紧急情况或事故，应向绿色校园运行管理办公室报告。如果超出正常处理时间，由绿色校园运行管理办公室负责控制和处理该事件。

6.5.5 废水排放管理

为明确与校园"废水排放"有关的风险和机会,最大限度地减少废水排放,确保遵守高校的污水排放许可和相关的环境法规,需对高校排放地表水和污水排水进行管理。绿色校园运行管理办公室的废弃物管理专员协调并跟进废水处理和排放以及排水系统维护等各项活动。本小节内容主要涉及对生活废水排放进行管理。对于实验室化学废液的管理属于 6.5.4 小节"化学废弃物管理"的内容。

由后勤处校园环境管理办公室等相关部门落实各项工作,并有工程维护小组负责修理和维护校园地表水和污水排放系统。所有与废水排放有关的文件资料均由后勤处校园管理办公室等相关部门储存。相关的文件信息包括与废水排放相关的日常记录、排水系统维修记录等。

废水排放管理主要涉及以下几个内容:高校需确定所有地表水及污水的排放路线,并标明在校园场地的排水设施上;排水系统由工程小组进行维护,根据实际需要进行小型工程修理;在开始施工前,在相关区域进行排水监控和检测,以确定排水系统的结构完整性;除雨水以外的任何废水都不能排放到地表排水系统中。

6.5.6 废气排放管理

为明确与废气排放有关的风险和机会、通过设备维护和设备性能改善来减少废气排放和降低空气污染风险、确保各项废气排放管理活动遵守相关的环境法规,对高校内的所有供暖、空调、消防等设备的废气排放进行管理。校园供暖空调设备主要包括空调和锅炉等类型,其中空调的废气排放指的是制冷剂如含氟气体等的泄漏,而用电所产生的温室气体并不在校园现场进行排放,故不纳入本小节所述的废气排放管理范围之内;而锅炉在燃烧过程中所产生的废气会对校园空气产生直接影响,故纳入废气排放管理的范围。对于实验室化学废气的管理属于 6.5.4 小节"化学废弃物管理"的内容。

绿色校园运行管理办公室的废弃物管理专员协调并跟进废气的处理和排放,以及空调、供暖及消防设备定期检查和维护保养等各项工作。后勤处校园能源管理办公室等相关机构需负责空调供暖设备维保的承包商招标,并监督其日常维护管理,确保符合含氟气体使用的相关法规,落实用能设施的定期维护,并由绿色校园管理办公室协助落实废气的处理和排放工作。

所有含氟的空调制冷设备均必须登记其具体信息,并由空调承包商进行所有设备的定期保养和泄漏测试:对包含 $5\sim50t\ CO_2$ 当量的设备,至少每隔 12 个月进行一次测试,或其安装了泄漏检测系统,则至少每隔 24 个月进行一次测试;对包含 $50\sim500t\ CO_2$ 当量的设备,至少每隔 6 个月进行一次测试,或其安装了泄漏检测系统,则至少每隔 12 个月进行一次测试;对于包含 $500t\ CO_2$ 当量的设备,至少每隔 3 个月进行一次测试,或其安装了泄漏检测系统,则至少每隔 12 个月进行一次测试。

指定的空调承包商需具备处理含氟温室气体的资质,只有来自指定空调承包商且具有相关资格的工程师才有权对含氟气体设备进行泄漏测试工作。

另外,高校需通过校园网站向师生告知校园锅炉排放点。同样,锅炉的日常维修保养也需通过招标的方式委托给具有资质的锅炉承包商,以确保校园内所有锅炉的运行性能及其废气排放均没有超过法律许可的范围。例如,所有的锅炉都须防止暗烟排放;锅炉承包商需每年进行一至两次锅炉维修、每年进行一次废气排放测试。如果锅炉排放黑烟,必须停止使用锅炉,并进行检修。

和所有承包商签署的维修保养合同、所有设备的泄漏测试报告及维修保养记录,以及相关培训记录等均由校园能源管理办公室进行保管。

6.5.7 校园绿化管理

为最大限度地减少因不恰当的校园绿化活动造成的负面环境影响、确保各项校园绿化活动遵守环境法规的相关要求,有必要识别"校园绿化"各项活动的风险和机会,并对各项活动进行规划化管理。校园绿化管理主要包括园林绿化管理、土壤管理和生物多样性管理等工作,由绿色校园运行管理办公室的绿化环境管理专员负责协调、监督管理各项工作,而由校园管理办公室具体执行。绿色校园运行管理办公室和校园管理办公室需共同制定校园自然环境和生态空间管理政策、技术措施和实施办法,推进校园绿化建设。各项绿化活动需记录在案,并对其绩效进行评估。

园林绿化管理是校园绿化管理的重要内容,管理和维护的对象包括校园草地、花坛、林地、水体等区域。园林景观需要进行管理和定期维护。园林绿化以种植适宜当地气候和土壤条件的乡土植物为主,选用耐候性强、病虫害少、对人体无害、能体现良好生态环境和地域特点的植物,积极为本土昆虫营造良好的生态圈;采用乔、灌、草结合的复层绿化。确保种植区域覆土深度和排水能力以满足植物生长需求。根据《绿色校园评价标准》(GB/T 51356—2019)的要求,绿地配置乔木不少于 3 株/100m^2。校园建筑可采用垂直绿化、屋顶绿化等多种方式。同时,促进生物多样性也是校园绿化管理的重要目标。除扩大植物物种之外,可以结合专业研究和教学需要,饲养既有研究价值又有观赏价值的动物;且在园林绿化维护的工作期间,不得干扰校园内养殖的各类动物的正常生活。对于绿色废弃物,如落叶、碎屑等,可以采取堆肥的形式进行处理,并在需要的地方使用。此外,景观水质的保障也是校园绿化管理的主要内容之一。对景观水体定期维护监测,使用生态化手段保障水体水质。

土壤管理主要涉及杀虫剂和除草剂等化学物品的保管和使用。所有农药和杀虫剂的使用都需要有绿化管理清单进行登记。农药/杀虫剂储存在有化学品标记的容器内。所有管理和使用人员都需接受化学品使用和泄漏相关的技能培训。在可能的情况下,尽量采用物理除草的方式来清除杂草。采用无公害病虫害防治技术,除草剂的使用尽可能减少面积范围。绿化化学用品需使用规范,采取措施避免环境污染。

6.5.8 绿色采购管理

高校可通过采购物品的金额大小来确定是否采用学校招标、学校购买、个人采购等不同采购方式。建立电子采购平台,提供网上采购,以简化购买程序。

在产品选择方面，根据《财政部　国家发展改革委　生态环境部　市场监管总局关于调整优化节能产品、环境标志产品政府采购执行机制的通知》（财库〔2019〕9号）要求，高校应依据政府优先采购和强制采购的产品类别品目清单和认证证书实施绿色采购。在此基础上，应进一步制定高校常用的节能环保设备采购清单，并按照清单来进行购买。

采购处需制定明确的采购管理制度，对所有产品或设备，优先选择对碳排放量影响小的产品和设备，如采购空调、电机、电脑等用电产品，优先采购列入国家节能推广目录的产品。对于二氧化碳气体的采购，应与使用部门沟通是否存在其他可替代气体，减少温室气体的购买和使用。

在验收交货方面，产品验收可分为两类进行，一是学校集中采购有专人负责验收；二是各行政部门和院系采购后入库登记，并在采购物品上增加条码，各部门负责采购物品的保管。

6.6　交流与沟通

通过沟通和信息交流来确保与运行管理体系相关的内部和外部问题均得到妥善处理。各职能部门需描述如何接收、记录和回应有关方面的沟通要求。内部和外部环境通信的处理方式包括但不限于来电查询和投诉、请求信息以及机构内网和外网的网站信息等。如有查询和投诉，可以通过上述任何渠道，或直接由绿色校园运行管理办公室经手处理。这些查询和回复则将被保存到通信日志，并由绿色校园运行管理办公室相关专员用如表6.9所示的这种类型表格来维护。

表6.9　信息交流表

类别（请√）	通信日期	姓名	联系	联系方式	处理人	回复日期	回复方式	处理结果
查询								
请求								
投诉								

6.7　内部审核

内部审核的目的是对运行管理的各项工作能否得到有效执行进行检验，通常在试运行结束的时候进行。通过内部审核，发现各项工作中的所存问题，并进行及时改进。内部审核通常以自审的形式，由绿色校园运行管理办公室主任确定内部审核的计划。由参与运行管理体系各环节工作的各校园行政部门对自身工作进行审核。各部门需安排内部审计师负责审计工作，并进行内部审计培训，以明确各自的职责。内部审计团队由运行管理办公室主任协调执行内部审计计划。各项审计结果应准确记录并公示，并进行审计结果的必要沟通。审计结果汇总交给校园运行管理办公室,并提交绿色校园运行管理委员会审查。

建议高校至少每半年做一次内部审核,以评估高校绿色校园运行管理体系执行的有效性。各部门需依据绿色校园运行管理体系的范围以及最新的运行管理要求进行审核。需指出审计的条款是否符合既定的运行管理指标、目标和方案,是否满足各类标准。表 6.10 列出了内部审核的主要内容和参与单位。内部审核包括管理侧和技术侧的审核,其中,管理侧的审核环节包括各类体系文件的编制与发布、人员培训情况、合规性评价;技术侧的审核环节包括绿色采购、节能减排效果、可持续项目建设情况、垃圾废弃物的处理、化学废弃物的处理、校园绿化管理情况、各类文件记录情况、成果公示、运行管理成果定额。

表 6.10　内部审核的内容与参与单位

	审核环节	审核内容	参与单位
管理侧	各类体系文件的编制与发布	审核支持性文件、运行记录文件、审计公示文件等三类文件中每项文件是否制定,以及制定的内容是否科学合理、是否将每个文件发放给对应部门执行	运行管理办公室、专家委员会
	人员培训情况	培训对象、培训内容、培训频率、培训效果、培训的组织管理等	运行管理办公室、专家委员会、各学院/机关部处等二级单位
	合规性评价	审核各部门是否进行了合规性评价,确保识别的各项标准正确且是最新标准,各部门均是按照这些标准来执行	运行管理办公室、各学院/机关部处等二级单位
技术侧	绿色采购	是否根据绿色采购制度对各项设备设施进行合理采购,以及采购设备的种类、数量、性能等	运行管理办公室、资产处
	节能减排效果	根据校园能耗监管平台的数据反馈以及设备运行记录审查运行管理的效果及问题	运行管理办公室、后勤处、节能办公室
	可持续项目建设情况	新建节能建筑、既有建筑改造、可再生能源系统应用、雨水回收、中水处理、易腐垃圾堆肥等项目的建设情况、建成后运行管理效果	运行管理办公室、基建处、后勤处、财务处
	垃圾废弃物的处理	审查宿舍生活垃圾、办公垃圾、废弃办公设施、易腐垃圾、废水、废弃试验仪器是否进行合理处置,包括处置方式、处置数量、所存问题等	运行管理办公室、宿管科、实验室与设备管理处
	化学废弃物的处理	审查化学固废、废气、废水、危化品、生化品等各类化学废弃物是否进行合理处置,包括处置方式、处置数量、所存问题等	运行管理办公室、实验室与设备管理处

续表

	审核环节	审核内容	参与单位
技术侧	校园绿化管理情况	审查校园绿化活动是否按照既定目标和方案合理执行及其执行效果,包括绿化面积、绿化种类、生物多样性,以及土壤管理、化学试剂使用是否合规等	运行管理办公室、校园绿化办公室
	各类文件记录情况	审核各记录文件制定是否合理、需修改完善之处、是否进行有效记录等	运行管理办公室各学院/机关部处等二级单位
	成果公示	公示各院系及行政机构的能源资源使用量、垃圾排放量及回收处理方式等是否符合要求	运行管理办公室、宣传部
	运行管理成果定额	审核各院系及行政机构的运行管理成果定额的执行情况、各院系及行政机构最终的节能减排及环保绩效、定额达标率、奖惩执行情况等	运行管理办公室

6.8 管理评审

在内部审核结束之后,需对运行管理体系进行管理评审,其目的是保持绿色校园运行管理体系的适宜性、充分性和有效性,保证体系的持续改进。管理评审至少每年进行一次,记录所有关于运行管理体系的审查结果和结论。在运行管理办公室将审计结果提交绿色校园运行管理委员会后,由绿色校园运行管理委员会对各个环节进行审核。管理评审需考虑一系列信息,包括审计结果、运行管理目标的实现情况及各项活动进展情况、合规义务的变化以及相关方的需求和期望等。在管理评审结束之后,体系将得以改进,进行新一轮的运行。

6.9 小结

本章节针对PDCA循环理论的管理端,从管理层组织机制的建立、校园运行管理方案的确定(P计划),实施层组织机制的建立、人员培训、体系文件编制、体系运行、交流与沟通(D执行),记录信息、内部审核(C检查),管理评审(A处理)等方面制定具体的管理措施,建立高校绿色校园运行管理方法。本章重点明确了绿色校园运行管理组织机构的建立,校园运行管理体系参与单位及其工作职责,运行管理手册、支持性文件、运行记录(日常运营记录)文件及审计公示文件的编制,以及节能管理、室内外环境管理、垃圾废弃物管理、化学废弃物管理、废水排放管理、校园绿化管理、绿色采购等体系运行环节中各领域所涉及的内容、参与单位和职责。

本章参考文献

[1] 中华人民共和国住房和城乡建设部. 绿色校园评价标准：GB/T 51356—2019 [S]. 北京：中国建筑工业出版社，2019.

[2] 中华人民共和国住房和城乡建设部. 夏热冬冷地区居住建筑节能设计标准：JGJ 134—2010 [S]. 北京：中国建筑工业出版社，2010.

[3] 刘雄伟，刘刚，郑洁. 人员密度对办公建筑能耗评价指标影响分析 [J]. 建筑热能通风空调，2011（02）：45-47，67.

[4] 李兆坚，江亿，魏庆芃. 环境参数与空调行为对住宅空调能耗影响调查分析 [J]. 暖通空调，2007（08）：67-71，45.

[5] 吴晓艳. 公共建筑空调系统的节能设计与优化管理 [D]. 长沙：湖南大学，2006.

[6] 中华人民共和国住房和城乡建设部. 智能建筑设计标准：GB 50314—2015 [S]. 北京：中国建筑工业出版社，2015.

7 国内外高校绿色校园运行管理案例

绿色校园建设是当前国内外高校可持续发展的重要方向。从第 1 章国内外绿色校园历程与运行管理现状的分析可以了解到，尽管当前国内外高校绿色校园运行管理体系建设尚不系统，但各高校均纷纷致力于绿色校园的运行管理工作，在不同领域均取得了明显成效，且各有特点。本章选取国内外绿色校园运行管理的 4 所典型高校，介绍其在绿色校园运营管理上的工作成果和特色，以期为高校绿色校园运行管理体系建设提供参考。

7.1 中国高校——浙江大学

浙江大学是我国首批节约型高校示范试点建设高校。截至 2019 年年末，学校有全日制在校本科生 28535 人，硕士研究生 25313 人，博士研究生 12074 人，教学科研人员 5756 人。学校拥有紫金港、玉泉、西溪、华家池、之江、舟山、海宁 7 个校区，占地面积 6223440 平方米，校舍总建筑面积 3547223 平方米[1]。学校占地面积广、建筑体量大、能源资源使用类型复杂，使用人数多，消耗总量大。在多年的绿色校园建设实践中，学校充分发挥人才优势和学科优势，践行科学发展观，将可持续发展和环境保护理念融入学校办学全过程，从体制机制建设、运行管理的因素识别、绿色校园建设规划、运行管理方案制定、各项节能减排及环境管理项目的实施、节能减排绩效评价等方面，把控好绿色校园建设的过程管理，以构建绿色校园建设实践体系，是中国绿色校园建设的典范。

浙江大学海宁国际校区是浙江大学近年来建成的新校区，于 2016 年 9 月正式招生开学。校区采取国际合作办学模式，旨在构建与国际接轨的开放支撑服务体系。本文提出的绿色校园运行管理体系在该校区进行了应用实践，对可持续校园运行管理起到了很好的推动作用。

7.1.1 绿色校园运行管理体系的管理端建设

7.1.1.1 管理层组织机制的建立

管理层的最高级为最高管理评审委员会，第二级为资产和设施委员会、资源和绿化委员会、研究与学术委员会，第三级为校园运行管理办公室。该校区的管理层职能和管理内容如表 7.1 所示。

表 7.1 管理层职能和管理内容

机构	职能和管理内容
最高管理评审委员会	负责绿色校园运行管理体系的正常运行,主要包括但不限于:确定运行管理体系的范围及有效性;确保运行管理体系被纳入机构运作;制定运行管理目标、绩效指标和运行管理方案;确定运行管理体系各部门的职责和权限
资产和设施委员会	主要管理校园内固定资产类设施设备的采购、维护、报废等工作
资源和绿化委员会	主要管理环境资源的节约高效使用及可再生循环利用
研究与学术委员会	为绿色校园运行管理提供技术支持
校园运行管理办公室	为运行管理评审委员会的常设机构,配备专职人员,聘任具有运行管理专业知识的员工对资源利用情况进行管理检查,根据校内不同资源使用特点,制定合理的资源使用管理措施,并负责高校运行管理中各项工作的落实

7.1.1.2 实施层组织机制的建立

该校区结合实际情况建立了实施层组织机制,如表 7.2 所示。本表旨在说明该校区的校园管理办公室、采购管理办公室、基本建设处、安全保卫处、能源管理办公室、餐饮服务中心、后勤服务集团、维修现场管理办公室等各机构在参与绿色校园运行管理时所必须履行的职能和合规义务。

表 7.2 实施层机构和职能

机构或负责人	职能
校园管理办公室	① 负责校园管理制度的制定和实施、监测、沟通和更新; ② 负责环境卫生、校园水域、楼宇道路标识等校园环境管理工作; ③ 负责校园绿化养护、改造和景观提升管理工作; ④ 组织和协同有关部门开展食品饮水安全监督管理工作; ⑤ 负责化学废弃物清运处置和中转站管理工作
采购管理办公室	① 负责可持续采购的各项工作; ② 提供可持续的服务,宣传可持续发展的概念
基本建设处	① 组织实施校园教学科研用房、公共设施以及道路工程建设,确保校园基础设施建设具有绿色、可持续理念; ② 确保绿色施工的顺利实施
安全保卫处	① 负责绿色校园的运行安全; ② 负责校车、电动车等校园绿色交通相关工作
能源管理办公室	① 承担学校能源管理相关制度、办法和标准的制定和实施; ② 编制并组织实施学校能源工作计划,制定节能改造方案,推广节能技术措施; ③ 负责学校能源供应保障工作,进行相关设备维保和运行监管; ④ 负责对委托管理单位的能源供应保障、计量收费和节能管理工作进行考核; ⑤ 负责对二级单位用能指标考核,指导二级单位合理用能和节能管理; ⑥ 负责能源数据的统计分析工作,进行能耗公示和定额,报送统计报表; ⑦ 参与工程项目节能方案的审查和监督实施; ⑧ 负责学校能源管理平台的建设和管理工作; ⑨ 组织开展节能宣传、教育、培训和交流,普及节能科学知识
餐饮服务中心	负责管理绿色餐饮相关业务
后勤服务集团	① 制订可持续的校园后勤服务计划; ② 提供绿色校园后勤服务,确保实现可持续发展的目标和指标; ③ 为物流服务团队提供可持续相关的培训; ④ 管理场地/水域维护团队

续表

机构或负责人	职能
维修现场管理办公室	① 负责日常维修工程的立项和方案的制定； ② 负责日常维修工程的现场管理工作； ③ 负责计划外修缮工程的审批、监督工作； ④ 负责维修工作的信息化管理

7.1.1.3 校园运行管理方案的制定

该校区从能源与碳排放、水资源、废弃物、校园绿化、绿色建筑等5大领域来进行绿色校园运行管理方案的制定，并确定了各领域的对应负责单位。具体方案内容如表7.3所示。

表7.3 校园运行管理方案

环境范围	操作内容	执行单位
能源与碳排放	在ECO PRO计划中实施行动	校园运行管理办公室
	在所有建筑物的公共区域安装智能照明系统	能源管理办公室
	根据天气情况灵活控制供暖空调系统	能源管理办公室和浙江大学求是物业管理有限公司
	开发和利用可再生能源，如太阳能和空气/地热能等	能源管理办公室
	定期举办环境讲座	能源管理办公室
	各学院和宿舍举办"生态月"活动	各学院与后勤服务集团
	校园餐饮中心锅炉维保	维修现场管理办公室
	增加校园班车在各校区往返服务，以及校园电动车的校园内交通服务	安全保卫处
	和政府沟通增设四个校园大门附近的公交车站，并开设多条公交线路通往城市火车站以及商业中心等	基本建设处
水资源	增设节水器具	能源管理办公室和基础建设处
	铺设透水地面、增设雨水收集和净化设施	
	增设中水回用系统	
废弃物	减少一次性产品，包括塑料袋和纸张	采购管理办公室
	制定废弃物分类和回收政策	校园管理办公室
	制定和实施建筑垃圾处理政策	校园管理办公室
	为校园内所有办公室延长回收服务时间	校园管理办公室
	进行垃圾分类回收	校园管理办公室
	对保洁员工进行废弃物回收处理等相关培训	校园管理办公室
	优化废弃物物流	校园管理办公室
	定期进行废弃物审核，以监测废弃物的可回收程度	校园管理办公室
	制定有害物质库存记录	采购管理办公室
	制定实验室安全管理政策，定期进行安全检查	校园管理办公室

续表

环境范围	操作内容	执行单位
校园绿化	生物多样性行动计划的实施措施	校园管理办公室
	制定每个季节的植被规划	校园管理办公室
	实施公共建筑屋顶绿化和垂直绿化	基础建设处
绿色建筑	制定相关政策大力推动校园绿色建筑的建设	基础建设处
	安装径流控制系统，将雨水引导至陆地生态区，避免雨水径流污染；提高地表径流控制率为70%	基础建设处
	可渗透路面百分比提高到50%	基础建设处
	在建筑物周围建造自行车停放棚	基础建设处

7.1.1.4 人员培训

根据该校区设定的绿色校园运行管理目标，结合校内各类人员的已有专业素质和技能现状分析，校区决定由总务处牵头组织专业培训。分别针对不同部门制定了不同的培训方案，并确定授课人数及授课时间。要求每个职能部门、学院以及校区学生会和校区社联等大型学生组织至少安排一名成员参加。

对后勤管理人员培训的主要内容包括：介绍与校园能源资源使用和环境保护相关的法律法规和标准；普及建筑节能的基本知识；掌握校园建筑能耗特征及用能规律、校园建筑能耗影响因素及重要影响环节；了解校园建筑能耗审计流程、校园节能工程项目管理的基本知识；掌握校园建筑节能监管平台的功能和使用方法；讲解碳排放源识别方法、碳排放量核算方法、校园碳排放源识别清单以及校园主要的节能减碳技术；掌握垃圾处理及回收方法、废水/中水/雨水处理、厨余垃圾处理、实验室化学物品处理管理方法、绿色采购方法、校园绿化管理以及土壤保护知识和技术等。确定与运行管理体系相关的培训需求，确保其在整体框架控制下执行任务，使得有潜力影响环境绩效及合规义务履行的人员提高节能减排环保等意识，并具备一定的经验基础及业务素质。

对物业人员重点普及校园运行管理的基本知识、掌握校园建筑能耗特征及用能规律、校园建筑基础用能设施（如空调、动力等）性能特征、用能设施节能运行方法、用能设施维护方法、垃圾处理及回收方法、化学物品处理管理方法、绿色采购方法及绿化管理等。

对广大师生及其他行政人员培训内容除了普及节能减排和环境保护的基本知识之外，主要针对师生在日常工作和生活中的行为进行节能宣传和培训，介绍办公室工作、教学、试验和日常生活中的节能减排知识和环保技能及其效果，以促进绿色校园文化的形成；应当进行提高其环保意识、绿色采购、双面打印、垃圾分类、实验室化学废弃物管理及回收方法等方面的培训。

7.1.2 绿色校园运行管理体系的技术端建设

7.1.2.1 校园运行管理要素的识别

（1）校园运行管理的影响因素识别

借用宏观环境的 PESTLE 分析方法，从政策、经济、社会影响、技术、法律、环境等方面，从校园内部和校园外部两个角度，分析校园运行管理的风险和机遇，如表7.4所示。

表7.4 校园运行管理影响因素的识别及分析

政策（Political）		
外部问题	风险	机遇
政府政策的变化	—	强调节能减排和生态规划；鼓励清洁能源的使用
政治趋势的变化	—	全面推行"双碳"行动
税费变更	可能带来不可避免的额外成本	"绿色税收"等与能源及资源使用有关的财政或税收政策将有效促进校园节能减排、鼓励清洁能源使用、废弃物回收利用
高校绿色校园运行管理政策	政策的改变可能导致校园财政支持的减少，这将导致分配给校园运行管理的资金减少	主校区可以为运行管理项目提供更多的支持；主校区的绿色校园运行管理相关政策将引领其他各校区的管理
内部问题	风险	机遇
管理体制改革	加剧行政管理人员的流动和跳槽	有机会引入新人
政策重构	将校园运行管理作为焦点	确保在机构战略中考虑运行管理
寒暑假管理重心的变化	在假期放松监管可能会导致环境问题	在新学期开始前实施环境规划；通过举办夏令营等相关活动，提升学生的环保意识
经济（Economic）		
外部问题	风险	机遇
经济趋势	经济增长可能会增加成本，包括员工成本、设备成本、建设成本等	经济繁荣将带来更多的产品和服务选择
税率变化	增加税收会减少校园运行管理体系的可用资金	增加税收会激励更多节能措施的实施，以及增加在节能环保技术上的投资
能源成本	能源成本的增加会减少校园运行管理的资金	更高的能源成本将激励可再生能源以及节能减排技术的使用
资金可得性	—	促进节能环保技术的研究和应用
内部问题	风险	机遇
预算变动	从运行管理角度重新分配资金和调整相关政策措施	考虑绿色校园运行管理体系对校园能源资源使用和环境的影响，重新分配体系资金
运行管理成本	运行管理投资回报率较低甚至难以预估，可能会导致管理层的不支持	进一步支持绿色校园运行管理的可能性增大
机构财务绩效	财务绩效不佳可能导致校园运行管理资金的撤出	积极的财务表现可能会为运行管理提供更多资金
改变学生人数	学生人数的增加将给校园运行管理带来更大的压力	未来几年学生人数将继续增加，必将增加就业机会

续表

社会影响（Social）		
外部问题	风险	机遇
社会压力	若不满足公众对环境绩效的期望，可能损害学校的声誉	增加压力和动力，以提升良好的环境绩效水平；有机会公开宣布环境绩效提升成果，这将带来更多的社会支持，鼓励更多的组织参与
媒体		
来自当地居民和地方政府的期望	与校园运行管理相关的矛盾和问题可能导致运行管理效率低下	有助于改善校园的环境表现；帮助校园发挥其积极的社会影响
气候变化对社会的影响	没有及时并正确响应气候变化将带来一系列的潜在问题	可以使师生和后勤工作人员提高气候变化和节能减排意识
内部问题	风险	机遇
师生的参与度和期望值	缺乏参与度可能会降低校园运行管理的执行力和有效性	期望值越高，就越容易吸引员工和学生
文化趋势	因文化的差异性，某些节能减排和环境保护项目可能会遭遇阻力	不同背景的学生和工作人员可能会带来各种各样的经历和文化影响
员工的去留	行政管理人员流动会对校园运行管理效率产生负面影响	获得更多招聘专业人员的机会
环境意识	缺乏环境意识，会阻碍绿色校园运行管理进程	提升环保意识，会为行为改变提供机会
技术（Technological）		
外部问题	风险	机遇
技术发展	新技术的出现将加速淘汰现有技术，增加应用成本	不断涌现的新技术提供了更多机会以促进校园能源资源节约和环境保护
成本	较高的技术成本和较长的回收期将会减少新技术的应用机会	技术的成本可能随着时间的推移而变得更加经济可行
技术标准和导则	没有与绿色校园建设密切相关的技术标准和导则，将无法给校园运行管理提供准确的指导	促进绿色校园运行管理相关标准和导则的颁布和执行
基础设施建设	—	中国绿色产业基础设施的发展有利于加快国际先进技术的融合，实现节能减排和环境保护目标
内部问题	风险	机遇
实施新技术	缺乏对新技术的了解和应用经验或能力建设不够，可能达不到预期的效果	该校已引进的节能环保技术包括中水回用技术、可再生能源利用技术、校园建筑能耗监测技术等。这些技术为绿色校园发展提供支持，有助于实现校园节能减排和环保目标
设备维修	存在大量资金投入的风险	可以引入更合适的新技术，以更有效地实现运行管理目标

续表

技术（Technological）		
内部问题	风险	机遇
管理团队的支持	没有配备支持管理团队，或由于能力不够，存在新技术和新设备不能充分使用的风险	优秀的管理团队能够充分发挥专业能力，使技术和设备更好地运行
节能环保课程与讲座	节能环保课程与讲座的缺失，不利于形成绿色校园的文化氛围	提高校园高效运行管理的意识；鼓励更多师生参加环保活动

法律（Legal）		
外部问题	风险	机遇
新立法	新的法律将影响原有运行机制，可能需要重新调整管理体制，如《中华人民共和国环境保护税法》中，环境保护税取代了排污费，可能对税收征管产生影响	吸引更多的人关注环境，提高社会责任感，实现环境目标
进入国际组织	中国加入国际组织可能导致环境立法的变化，对校园运行管理产生直接影响	
内部问题	风险	机遇
法律信息更新	不及时更新法律信息，员工法律意识淡薄，实施效果差，法律制度不一致，将导致违法风险	及时了解法律变化，提前准备应对措施，以确保校园各项运营活动的合法性，有利于实现运行管理目标
员工的法律意识		有利于员工了解和识别校园的相关制度、文化和运行管理目标，促进目标的实现
法律的实施		将得到政府、社会和学校领导的充分支持，有利于校园运行管理目标的实现
规章制度		已有的规章制度应符合相应的法律法规，为绿色校园运行，以及目标的实现提供有力保障
资源投入	资源投入不足会影响法律的实施，不利于环境目标的实现	遵守法律要求的资源投入，有助于运行管理目标的加速实现

环境（Environmental）		
外部问题	风险	机遇
对环境的影响	对空气、土地和水的污染以及生态系统造成损害；产生废弃物；消耗自然资源；气候变暖；危险化学品污染等	增强生物多样性；通过校园运行管理体系提高环境绩效
气候变化	能耗增加；极端天气可能破坏基础设施；机构运作中断	促进环保项目的开发

续表

环境（Environmental）		
外部问题	风险	机遇
资源可用性	有限的资源将会越来越难以获得；随着供应的减少，资源成本可能增加	促进垃圾回收/再生资源的利用
内部问题	风险	机遇
学生人数	学生数量的增加，将增加能源资源的消耗和对环境的不利影响	促进校园可持续发展
位置	紧邻湿地公园可能增加当地环境破坏风险	有利于培养员工/学生的环保责任感
资本开发	破坏原始生态系统；资源利用增加	为绿色生态低碳校园的建设提供充分的资源

（2）运行管理相关标准的识别

该校区就空气和气候变化、水资源、能源、废弃物和有害物质、生物多样性、建筑物和设施、应急计划、健康和安全这8大部分进行了相关标准的识别。

（3）确定与校园运行管理相关的活动、产品和服务

该校区根据4.3节中所示方法识别了与校园运行管理相关的活动、产品和服务。活动要素的内容、重要性、正负面的影响归纳于表7.5；产品包括办公设备、家具电器、实验室仪器等；服务指与校园环境相关的宣传与培训、组织机制及能力建设。

表7.5 活动要素的识别、影响及重要性分析

活动领域	活动内容	活动环境要素	影响	正面/负面影响	影响的严重性（1~5）	影响的可能性（1~7）	影响的重要性程度
废气排放控制	通风柜使用	实验室通风柜排放物	空气污染	负面	3	1	3
化学品的使用和存储	化学品的使用和存储	化学品的泄漏/溢出、回收和处理	土地/水污染；教职工的健康风险	负面	5	1	5
能源使用	电气设备的使用	用电	温室气体的间接排放；资源利用	负面	2	7	14
能源使用	供热	用气	资源利用；温室气体的直接排放	负面	2	7	14
能源使用	太阳能系统/地源热泵	节能	减少化石能源的使用	正面	3	5	15
能源使用	空调使用	制冷剂的使用	制冷剂泄漏造成的空气污染	负面	3	1	3

续表

活动领域	活动内容	活动环境要素	影响	正面/负面影响	影响的严重性（1~5）	影响的可能性（1~7）	影响的重要性程度
水资源使用	水循环利用	再生水系统（中水回用系统）	减少市政耗水量；绿地灌溉等	正面	4	4	16
	节水器具的使用	节水龙头、节水马桶等的使用	减少市政耗水量	正面	4	4	16
废弃物管理	废弃物的存储和处置	生活垃圾	土地/水污染；废弃物处置	负面	3	3	9
		办公垃圾	土地/水污染；废弃物处置	负面	3	3	9
		厨余垃圾及废水	土地/水污染；废弃物处置	负面	4	3	12
		废弃试验仪器	废弃物处置	负面	3	1	3
		废弃物回收	垃圾的回收利用	正面	4	3	12
园林绿化	绿化活动	杀虫剂/除草剂的使用	土地/水污染	负面	4	2	8
		园林绿化维护	绿色废弃物的产生	负面	2	3	6
		提供自然栖息地	增加生物多样性	正面	3	3	9
		种植新的植物	增加生物多样性	正面	3	3	9
绿色采购	商品和服务的采购	购买设备	资源利用；废弃物产生	负面	1	7	7
		购买化学品	资源利用；危险废弃物的产生	负面	2	5	10
		购买食物	资源利用；厨余垃圾的产生	负面	3	7	21
		购买普通消耗品	资源利用；废弃物产生	负面	3	7	21
		校区间通勤服务	温室气体排放	负面	2	7	14
		服务采购（如餐饮、信息技术、维护、清洁等）	废弃物产生；温室气体排放	负面	2	3	6

注：影响的重要性程度＝影响的严重性×影响的可能性。其中，影响的严重性表示在各种可能的条件下每个活动要素对环境的影响程度。1~2分表示较小的环境影响；3分表示中等环境影响；4~5分表示严重的环境影响；造成环境影响的可能性由七分法来确定。最大值7代表使用或运行的任何情况下都会造成环境影响；最小值1代表只在极少数情况下对环境造成影响。

(4) 设定环境指标和环境目标

该校区从能源与碳排放、水资源、废弃物、校园交通、生物多样性、绿色建筑这 6 大方面确定了近期发展目标，确保与绿色校园建设方向相适应，同时确定了目标的完成时间。具体如表 7.6 所示。

表 7.6 环境指标和环境目标

范围	环境目标（以 2018 年为基准）
碳排放	到 2023 年生均碳排放量减少 25%
水资源	到 2023 年生均耗水量减少 20%
废弃物	到 2023 年生均垃圾填埋量减少 15%；控制危险废弃物的产生
校园交通	到 2023 年生均碳排放量减少 25%
生物多样性	制定生物多样性行动计划；到 2023 年 12 月校园生物种类增加 25%
绿色建筑	减少建筑全生命周期的环境影响；实现绿色建筑二星级或更高

7.1.2.2 项目实施

该校区针对"废气排放控制""化学品的使用和存储""能源使用""水资源使用""废弃物管理""园林绿化"和"绿色采购"这 7 大领域进行了风险和机遇评估，在此基础上制定了如表 7.7 所示的节能减排和环境保护实施项目。

表 7.7 该校区节能减排和环境保护实施项目

活动领域	风险	机遇	实施项目
废气排放控制	增加碳排放量；污染校园空气；超过设定的排放水平目标	鼓励使用可再生能源，如太阳能和地热能等	制订减排计划，设定废气排放年度目标，制定操作控制流程和规范，对锅炉、油烟柜和车辆进行定期维保
化学品的使用和存储	污染当地水源和校园地面；造成严重事故和伤害；危害学生的身体健康	开发化学品使用和储存记录，并定期检查化学品存放场所；开发一个在线化学品库存系统来采购化学品	制定化学品使用操作流程；为员工提供操作和应急过程的培训
能源使用	能源资源价格波动；能源资源消耗；空气污染和水污染风险；温室气体的排放	考虑建筑设计、建造和使用过程中的能源资源利用效率；考虑使用节能减排技术和设备，如可再生能源技术等；使用新能源汽车	开发建筑节能监管平台；定期进行能耗公示；进行新建建筑节能设计和既有建筑节能改造；采用可再生能源系统降低能源消耗；采用节能装置和技术；采用再生水系统、渗透路面和节水技术来减少市政用水
水资源使用			
废弃物管理	对周边产生环境污染；潜在的安全风险	提高废弃物回收率，减少对环境的负面影响，降低处理成本；采取垃圾分类回收利用，提高材料利用率	制定废弃物分类和回收政策；制定和实施建筑垃圾处理方法；在所有地点安装垃圾箱以进行分类回收；进行废弃物回收培训

续表

活动领域	风险	机遇	实施项目
园林绿化	污染校园地面生物多样性损失；对学生和学生的潜在危害	提高绿化废弃物回收率，减少对环境的负面影响，降低处理成本；利用垃圾分类回收利用，提高材料利用率	公共建筑屋顶绿化和垂直绿化的实施；提高透水地面面积百分率；记录农药和除草剂的使用情况
绿色采购	不可再生资源的利用；增加垃圾填埋场的垃圾量；在输送过程中污染环境	为改善环境性能提供更多的产品选择；考虑购买商品和服务时的环境影响	尽可能选择当地和环保产品；选择使用寿命长的产品；按需购买固定资产，避免超额消费；设置耗材储存和使用记录；制作采购记录；回收包装材料

在上述7大领域中，"能源使用"和"水资源使用"是该校区绿色校园运行的重点工作。该校在照明节能、供暖空调节能、数据中心节能、新能源汽车以及校园节水等方面采取了一系列的措施以降低校园能源资源使用，减少碳排放。一些典型的校园节能项目如下。

① 该校区在教学区和学生生活区逐步将T8日光灯（36W）改为LED灯（18W），其中教学楼原双管2×40W日光灯，改为了单管LED灯，改造了约3000套；部分学生宿舍改为LED灯，改造了约3000套；部分地下室原是常开的T8日光灯，已全部改为感应的LED灯，改造了约1000套。年节能量725040kW·h，可减少二氧化碳排放510t。

② 该校区将两台型号分别为S7-315和S7-400型变压器更新为SCB10型，响应国家政策，淘汰落后设备，减少了电能损耗率，减少了碳排放量。

③ 该校区供暖系统设备运行维护情况较好，现场设备未有明显漏水痕迹，设备和管道无腐蚀现象，现场系统标识清晰，管道保温完好，供暖效率为90%，符合《公共建筑节能设计标准》（GB 50189—2015）规定的限额要求。

④ 校区冷水给水系统：校区共设置了6个水泵房，所有水泵均配置变频器，且为二次供水；教学区各幢建筑，除中层、多层建筑2层或3层以上采用加压供水外，其余楼层和绿化浇灌均采用市政管网压力直接供水，部分绿化灌溉采用中水回收系统，减少水泵电机耗电导致的碳排放。

⑤ 校区数据中心采用了节能效果好、安全性高的模块化UPS装置和能效比高的精密空调机，有利于节能减碳。

⑥ 全校安装了140余台电梯，单台安装的电梯采用集选控制方式，部分区域二台或者多台一起安装的电梯采用并联控制方式，新购电梯采用了永磁变频无齿轮曳引机。这些管理和技术措施有利于提高电梯利用效率和节能运行，最终实现节能降碳。

⑦ 校区配置了新能源汽车充电桩，校内巡逻车采取纯电动汽车，同时鼓励教职工采用公共交通出行或开电动汽车，减少燃油汽车的温室气体排放，尤其是甲烷和氧化亚氮的排放。

⑧ 该校区学生宿舍楼热水系统均采用空气源热泵热水系统，此为合同能源，由供

方统一监督、维护，对学生按照 40 元/t 的热水费用价格收费，这样每年锅炉运行时间将减少，进而减少化石燃料燃烧导致的温室气体排放。

⑨ 该校区屋面建设了光伏发电系统，发电功率 11kW，自投入运行以来已发电 31785kW·h，下一步计划加大光伏发电系统的应用。

7.2 澳大利亚高校——麦考瑞大学

国外的绿色大学建设起步早，建设快，且取得了显著的成绩。具有代表性的绿色大学建设高校如美国的康奈尔大学、俄勒冈大学、伯克利大学，澳大利亚的澳大利亚国立大学、麦考瑞大学以及日本的京都大学等。国外高校的绿色校园运行管理，通常从校园规划、节能减排、水资源利用、学生和员工参与、绿色采购、绿色食品、废弃物利用、绿色教学、绿色科研等领域进行，由学校的可持续发展办公室统一负责绿色大学建设。

7.2.1 用能及排放现状

麦考瑞大学校园的总体规划中确定了减少能耗、水耗、碳排放和废弃物排放等方面的可持续发展目标：与 2009 年基准相比，2030 年的能耗强度和碳排放强度降低 40%，用水强度降低 34%，垃圾填埋场转移率提升到 90%。自 2009 年至 2020 年，尽管该大学的总建筑面积增加了 39%，人口增加了 40%，但能耗降低了 33%，用水量减少了 34%，碳排放降低了 32%，并将垃圾填埋场转移率提升到了 84%[2]。能源资源的逐年使用情况如下。

(1) 逐年能源使用情况

如图 7.1 所示，与 2009 年基准相比，2020 年总能耗降低了 7%[2]。鉴于电气基础设施效率的提升和现场可再生资源的利用，由此也减少了对天然气的依赖。同时，与 2009 年基准相比，2020 年能耗强度降低了 33%，如图 7.2 所示[2]。自 2009 年以来节省了能源消耗约 475TJ，平均每年节省 140 万美元，累计节省约 1700 万美元[2]。

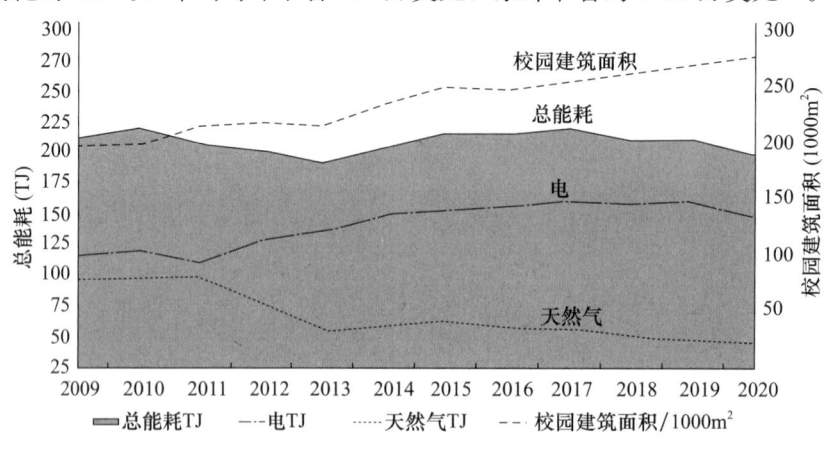

图 7.1 麦考瑞大学逐年能耗变化情况[2]

7 国内外高校绿色校园运行管理案例

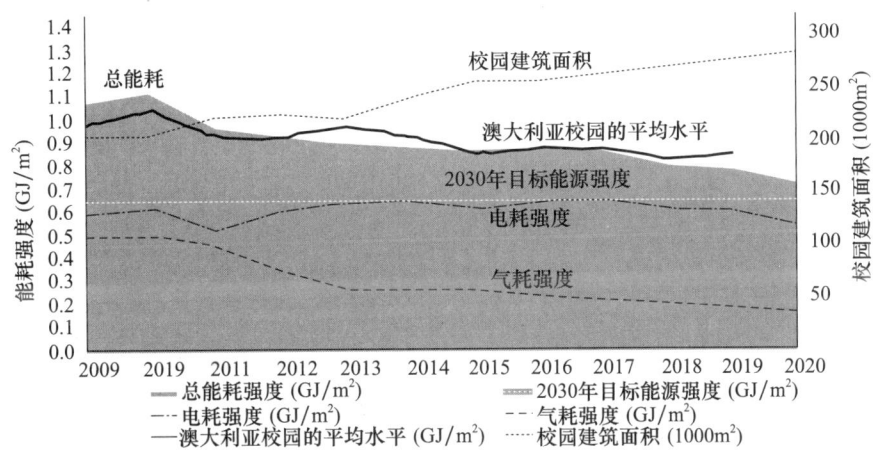

图 7.2 麦考瑞大学逐年能耗强度变化[2]

（2）逐年用水量情况

与 2009 年基准相比，2020 年度用水量减少了 8%（图 7.3），用水强度降低了 34%（图 7.4）。自 2009 年以来，平均每年可节省成本 12 万美元，累计节省成本约 145 万美元[2]。

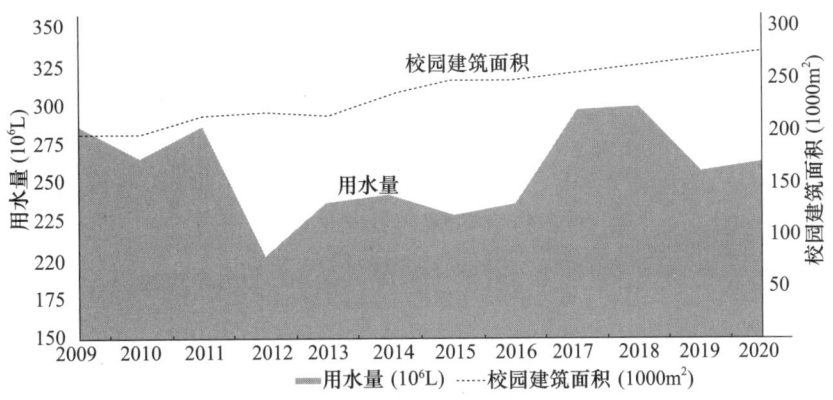

图 7.3 麦考瑞大学逐年用水量变化[2]

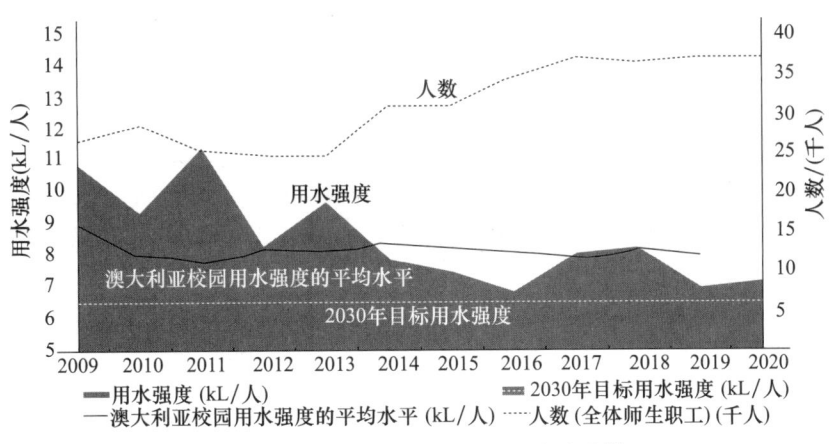

图 7.4 麦考瑞大学逐年用水强度变化[2]

（3）逐年碳排放情况

自 2009 年以来，直接碳排放和间接碳排放总量减少了 5%（图 7.5），年碳排放强度减少 32%（图 7.6），共减排了约 76800t 二氧化碳[2]。其中，范围 1 是直接排放的温室气体，如天然气的使用；范围 2 是间接排放的温室气体，如使用购置的电力所产生的温室气体等。

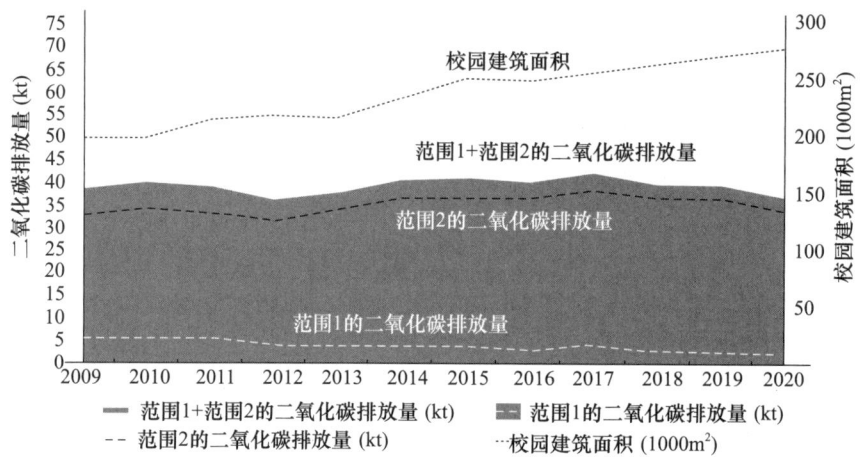

图 7.5　麦考瑞大学逐年碳排放量变化[2]

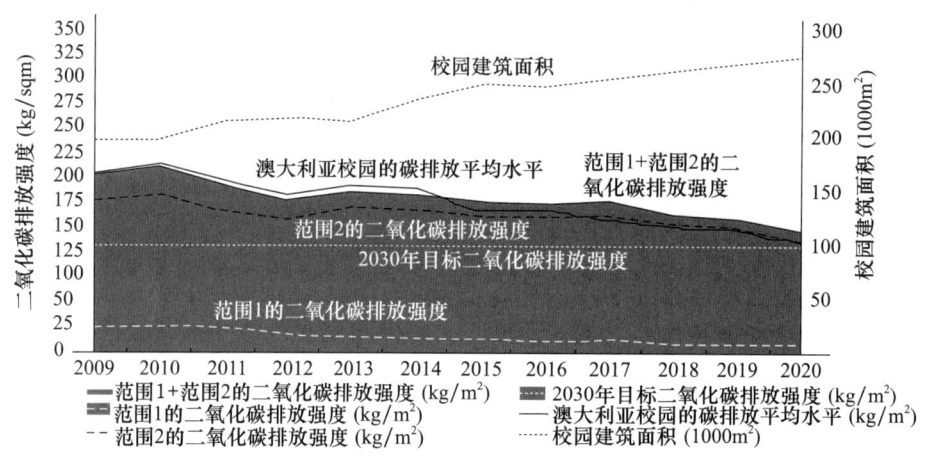

图 7.6　麦考瑞大学逐年碳排放强度变化[2]

（4）逐年废弃物排放情况

按照目标要求，与 2009 年废弃物排放量的基准值相比，2020 年的废弃物中垃圾填埋场的废弃物量计划减少 90%。与 2011 年基准相比，2020 年的实际垃圾填埋量减少了 84%，基本达到预定目标，如图 7.7 所示。

2019 年用纸量约 90t，花费了 86500 美元。通过"纸类回收箱"，2019 年有 36.5t 的纸张被回收利用，即购买的纸张中约 50%～61%（或 42000～50000 美元）被回收再利用[2]。

7 国内外高校绿色校园运行管理案例

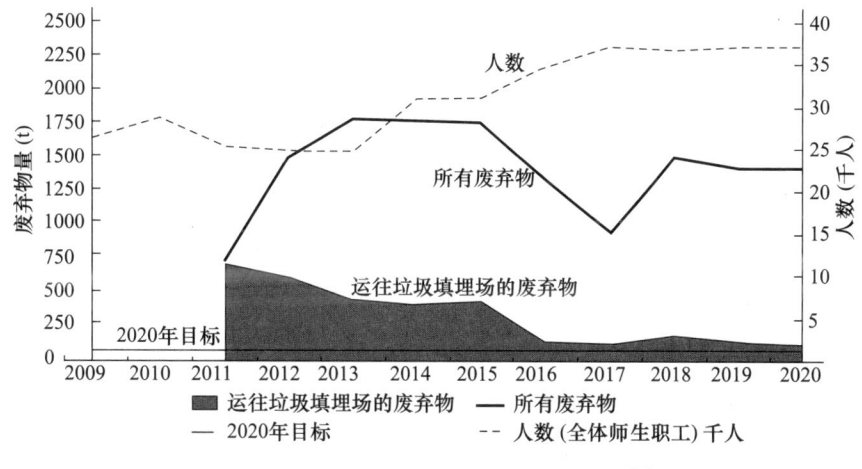

图 7.7 麦考瑞大学逐年垃圾填埋量变化[2]

7.2.2 绿色校园建设措施

麦考瑞大学在澳大利亚乃至全世界范围内均为校园可持续发展领域的示范。2010年，它因校园可持续发展方案获得澳大利亚新南威尔士州（以下简称"新州"）绿色全球公共部门奖；同时它因在节约用水方面的贡献获得新州保持澳大利亚美丽奖的亚军[3]。麦考瑞大学也是澳大利亚的大学中最早进行可持续发展建设的大学。2001年，校园建筑因采用冷热电联产能源站减少了44%的温室气体排放，而获得新州绿色全球公共部门奖[3]。本小节介绍麦考瑞大学在绿色校园运行管理方面所取得的成果。

7.2.2.1 组织构架

图 7.8 展示了麦考瑞大学绿色校园建设的组织管理机构。整个学校的绿色大学建设由主管副校长牵头，由资产处、财务处、教务处、人力资源处、市场处、学生办公室等部门分工协作。绿色校园建设涉及了教学、规划和发展、生物多样性、废弃物、水资源、交通、能源、采购、管理、交流、公平交易、可持续报告等多个领域[4]。

7.2.2.2 发展规划

在新的十年开始之际，麦考瑞大学的运行环境正在发生巨大变化，进入了机遇与挑战并存的新时代[5]。机会主要是革新大学社区运行管理体系，致力于采用新的合作方式来促进可持续发展。挑战是在日益不确定的世界中如何利用有限的资源实现更多和更好的成就，如何对必须开放的领域做出运行管理上的优化。

2020年在新冠肺炎疫情的大背景下，该校运行管理新规划是数字化转型[5]。首先确定数字路线图的范围并开始用于沟通、研究、运营、服务的数字化运行管理工具和平台，改进了系统流程、服务、数据和分析功能的集成，将可扩展的数字化涵盖运营计划各个方面，并通过有效的数据分析做出基于实际绩效的实践工作和决策。同时，进行员工培训，让员工有机会学习新技术及新的工作方式，共同完善数字化运行管理体系构建。

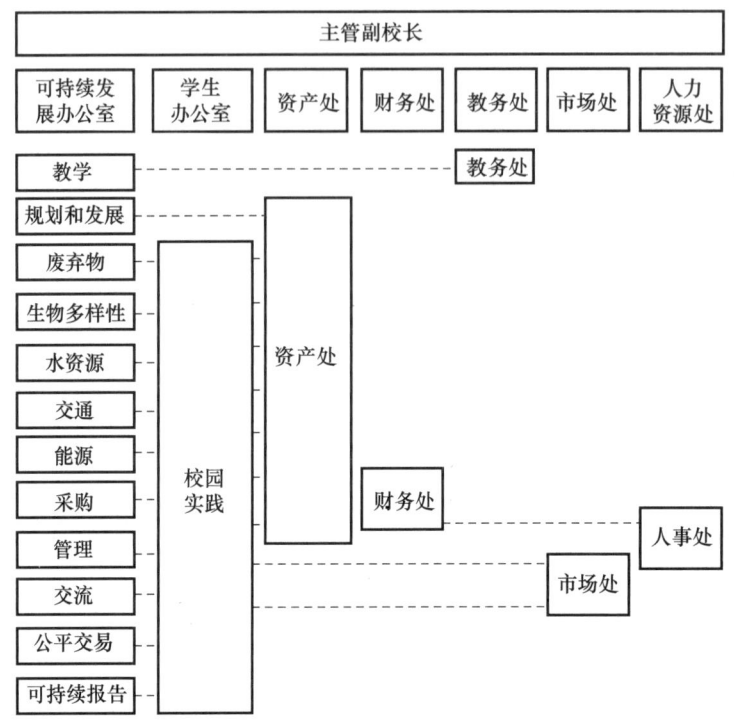

图 7.8 麦考瑞大学绿色校园建设涉及领域及组织构架[4]

7.2.2.3 运行管理

（1）节能措施

麦考瑞大学在校园节能减排领域的工作主要体现在建筑节能技术的应用方面。

校园建筑中采用了冷热电联产技术，利用气体燃料发电供校园建筑用电，电厂的废热回收驱动吸收式制冷机组，为建筑供冷水和供热，如图 7.9 所示。该系统相对于传统能源温室气体排放减少 44%。游泳池加热也利用热电联产系统，每年减少了温室气体排放，节约了近 200000 美元/年的运行经费。此外，建筑中还采用混合通风技术来降低供热空调负荷[6]。

可再生能源的利用主要体现在太阳能光伏发电技术在建筑中的应用。建筑 E6B 安装了装机容量为 21.12kW 的光伏发电系统。每天平均发电 53kW·h，预期 CO_2 减排量为 20.3t/年，见图 7.10。

（2）节水措施

节水领域的工作主要从使用节水设备和非传统水源两个方面进行。当前完成的项目主要有运动场雨水回收项目、新建图书馆的雨水回收项目、Biz Fix 项目、无水锅的使用，以及水资源利用管理项目等[7]。

麦考瑞大学运动场雨水回收项目于 2009 年启动，该项目利用地下管网回收系统收集雨水，每年能够节约 $2.1×10^7$L 水。2010 年 7 月，将城镇灌溉系统改造为雨水收集系统。

7 国内外高校绿色校园运行管理案例

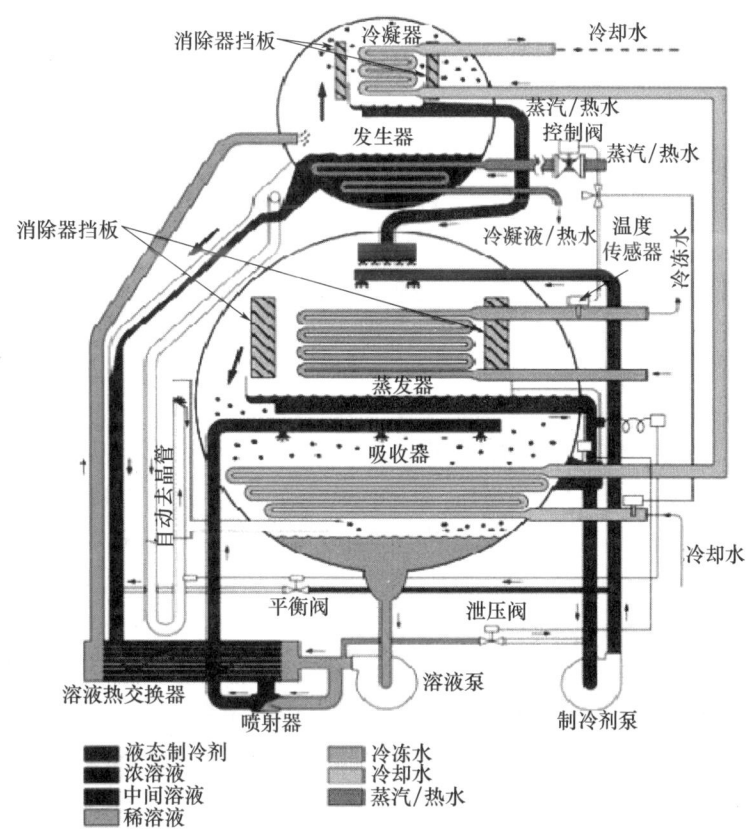

图 7.9 冷热电联产技术的应用[6]

图 7.10 太阳能光伏发电技术在建筑中的应用[6]

学校新建图书馆也设置了雨水收集、储存、处理和回收利用系统，以及高校水环境控制系统。该套雨水回收系统可以节约一半的市政用水量。此外，在体育及水上活动中心和新图书馆还采用无水小便器。传统的冲水便池需水量较大，充一次一般要5～20L水。采用了无水小便器之后，一年可以节省约$5×10^5$L的水。Biz Fix是一个利用通风装置、气塞和储水池等节水设备来提高浴室和厨房水利用效率的商业项目，通过这些设备能够节约30%的用水量。另外，在Thai Kiosk和Lee's食堂，无水锅已经取代了传统的炊事锅，无水锅的利用可以节约96%以上的用水量。

麦考瑞大学可持续发展中心还参加了悉尼"珍惜每一滴水"的商业计划，初步完成了校园水资源效率审计和项目年度评审，被评为水资源效率管理的四星级水平，成为第一个获得此奖的教育机构，也是获得该级别奖项的少数几个机构之一。

（3）废弃物管理

麦考瑞大学在废弃物利用上做得非常有特色。废弃物处置主要包括普通废弃物处置、纸类处置及绿色废弃物处置3类。对于普通废弃物，当师生将废弃物放入废弃物收集设施之后，运输到废弃物分类设备进行自动分离，再转发到相应的回收/再利用装置[2]。在办公室、图书馆、教室等地方设置有固定和无固定的纸张回收箱。对于落叶等绿色废弃物，通常通过堆肥等方式进行回收利用。

此外，通过相关宣传活动，培养师生尽可能减少废弃物产生的意识，鼓励倡导师生进行重复利用和回收利用各类物品[8]。如学校建立了校园废物回收利用系统、二手物品交易市场等，对电子垃圾、废纸、废瓶、废旧金属、手机和电池进行专项回收。同时，对校园餐厅垃圾也进行回收处理。

（4）生态管理

麦考瑞大学致力于生物多样性的保护。2008年10月，麦考瑞大学成立了灌木保护团队，经过努力将Mars Creek从荒芜变得郁郁葱葱[9]；同时，麦考瑞大学建有自己的植物园，包含多类本地植物。

（5）绿色采购

在绿色采购领域，学校同样以可持续发展为原则，注重商品的全生命周期成本以及其环境和社会影响。同时还开设了相关培训课程让师生了解节能环保产品知识，掌握绿色采购流程[10]。

（6）教育推广

麦考瑞大学在绿色校园建设的过程中，通过各种途径积极鼓励校园广大师生参与到校园建设中去，促进形成可持续发展的校园文化。其成果主要体现在以下3个方面：首先建成了可持续发展代表网络（Sustainability Representative Network，SRN）。该组织由一群热衷于校园可持续发展服务的学生和老师组成，可通过在线分享、现场讨论和实际参与绿色项目等方式让更多的师生参与各项绿色校园建设活动[11]。其次是办公室可持续发展项目（Department Sustainability Challenge）。通过该项目鼓励教职工参与交流讨论、实践办公室内节能、节水等一系列可持续发展措施，以提高办公室的能源资源利用效率[4]。最后是可持续发展引导（Sustainability Induction Modules）。对所有教职工进行可持续发展的在线培训，以提高其对可持续发展的兴趣和参与度[4]。

7.3 日本高校——京都大学

京都大学（Kyoto University），其本部位于日本京都市左京区，系日本著名的研究型国立综合大学。京都大学现共有 10 个学部，截至 2019 年 5 月，京都大学共有 7 个校区，分布于京都、大阪、爱知等多个城市，建筑面积共计 135 万 m²，共有学生及教职工 3.88 万人，其中本科生 1.31 万人，研究生 0.95 万人，教职工 1.62 万人[12]。1990 年至今，科研经费、师生人数、校园建筑面积稳步上升（图 7.11）。

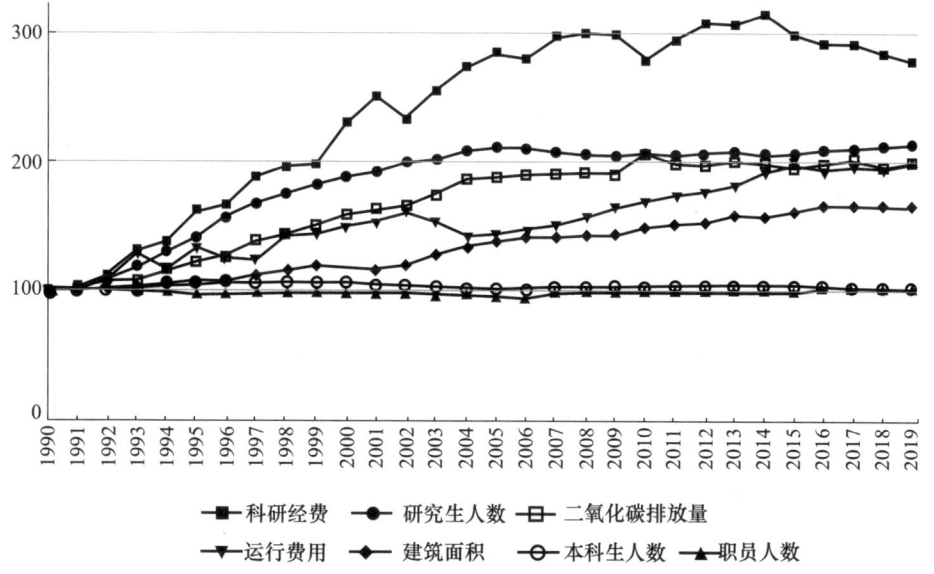

图 7.11 京都大学各参数的比例变化（以 1990 年的数据为 100）
注：本图以 1990 年的数值为 100。

京都大学在 2002 年制定的《京都大学环境宪章》中明确指出，"环境保护是人类最重要的问题之一"，并以减轻环境负担和防止环境污染为目的开展了很多与绿色校园运行管理相关的活动。

7.3.1 校园用能及碳排放现状

(1) 校园能耗

京都大学 2019 年度能源使用总量比上年度增长 0.6%，单位面积下降 0.7%，图 7.12 显示了每个校区的年度能耗，包括用电量和用气总量，其中吉田校区约占大学总能耗的 75%。图 7.13 显示了吉田校区内能耗量排名前 15 位建筑物的年度能耗。吉田校区共有 136 栋建筑，能耗排名列前 15 位的建筑能耗总量约为校园建筑总能耗的一半[13]。

在该校的能源结构中，电耗占比最大，占了总能耗的 60% 左右，其次为天然气，太阳能及石油等占据了小部分比例,如图 7.14 所示[13]。从 2017 年以来,虽然建筑面积和校园师生人数的逐年增加,该校的单位面积能耗及人均能耗都呈现缓慢的下降趋势,如图 7.15 所示[13]。2008—2018 年的单位面积能耗以每年平均 1.3% 的速度降低;与 2018 年相比,2019 年度的能耗降低 0.7%。

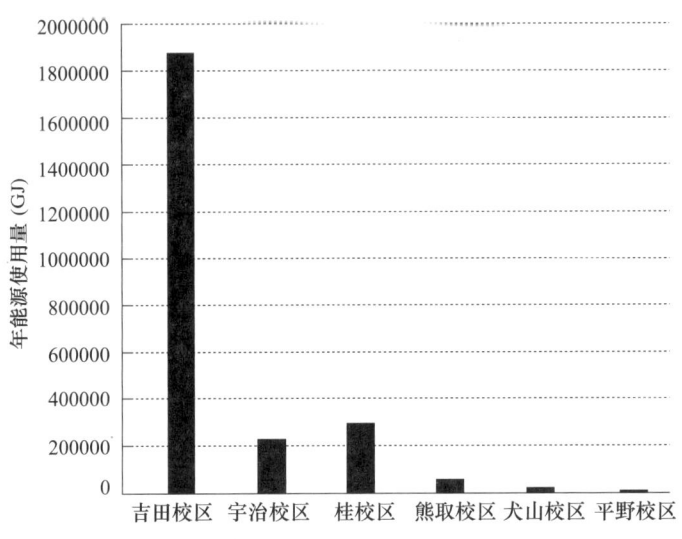

图 7.12　各校区年能耗（2019 年度）[13]

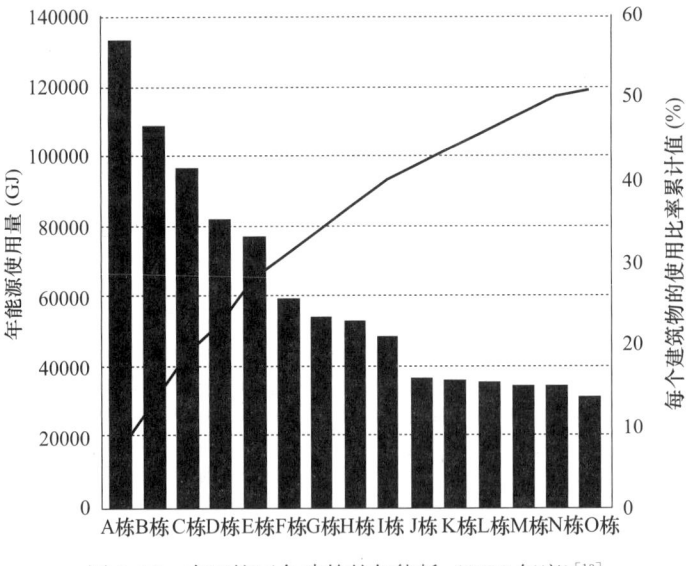

图 7.13　吉田校区各建筑的年能耗（2019 年度）[13]

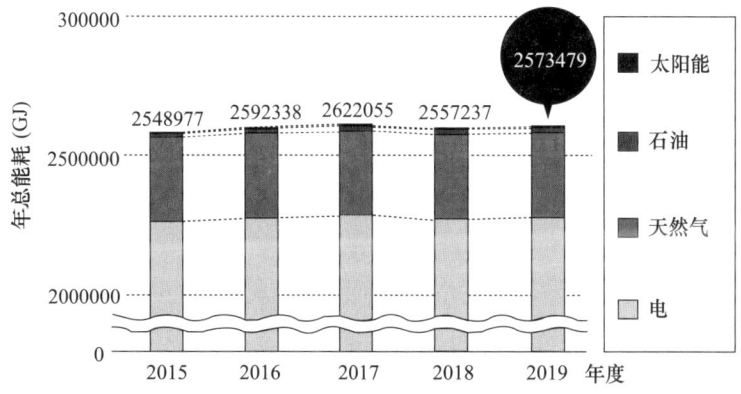

图 7.14　京都大学逐年总能耗量的变化[13]

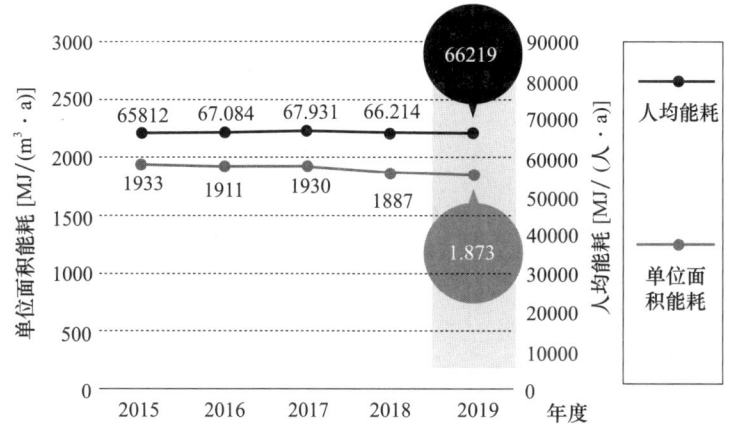

图 7.15　京都大学单位面积能耗和人均能耗逐年变化值[13]

(2) 二氧化碳排放量

为了达到绿色校园的目标，京都大学在 2008 年设定了二氧化碳减排目标，计划 5 年内一共减少 10% 的排放量，即每年减少 2%，其中，通过技术和设施的改进等每年减少 1% 的排放量，通过成员的节能行为等每年减少 1% 的排放量[14]。技术和设施的改进主要通过 2008 年开始的能源服务公司计划（Energy Service Company Project）为两个校区的共计 56908m^2 的建筑进行节能改造，包括在楼梯和大厅安装人员感应器，更换高性能空调等节能产品。此外，通过环境年报、实验室环境行动手册、"生态承诺"网站等各类节能方式促进行为节能。其中，节能活动包括减少照明时间，减少待机电力，改变空调设定温度节能等[14]。图 7.16 和图 7.17 反映了该校从 2015—2019 年的逐年碳排放量。从图 7.16 和图 7.17 中可知，相比于 2015—2017 年，2018 年和 2019 年的碳排放总量、单位面积二氧化碳排放量和人均二氧化碳排放量均有明显降低[13]。

(3) 用水量及废水排放

京都大学积极推进节水设备的使用，用水量明显减少，2019 年度通过试验设备和厕所的节水化管理，用水量比 2018 年的用水量减少了 1.0%。单位面积水耗及人均水耗也逐年明显减少，具体如图7.18、图7.19所示[13]。2015—2019年的4年时间内用水量共减少了9.3%[13]。

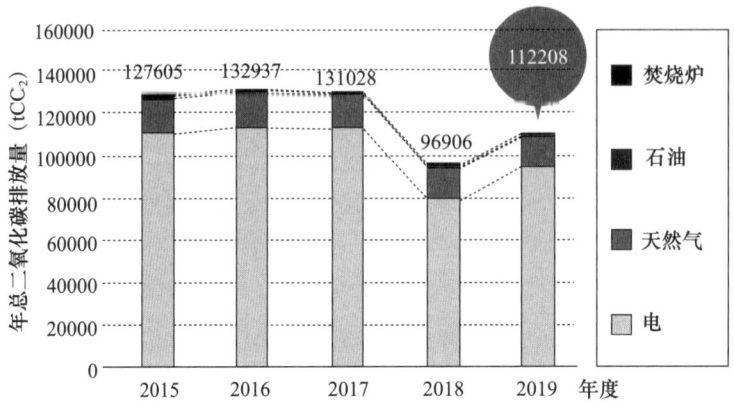

图7.16 京都大学二氧化碳排放量逐年变化量[13]

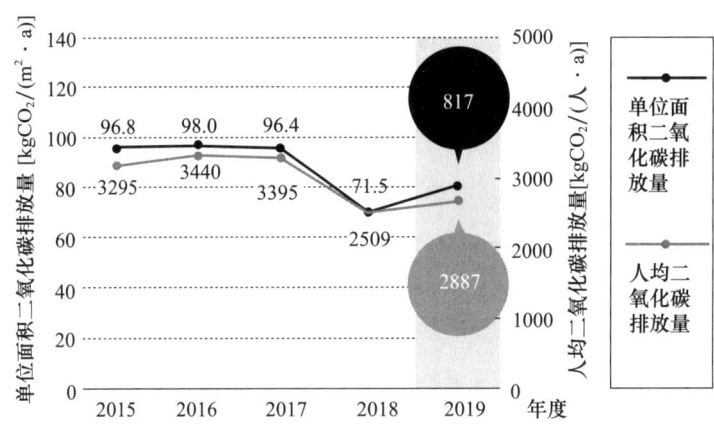

图7.17 京都大学单位面积及人均二氧化碳排放量逐年变化量[13]

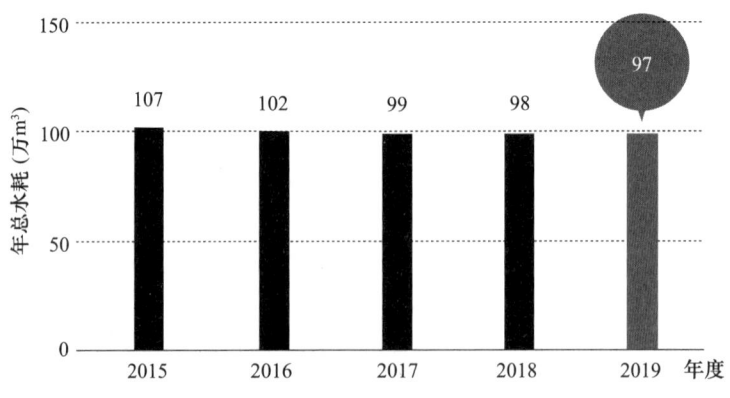

图7.18 京都大学年总水耗逐年变化量[13]

7 国内外高校绿色校园运行管理案例

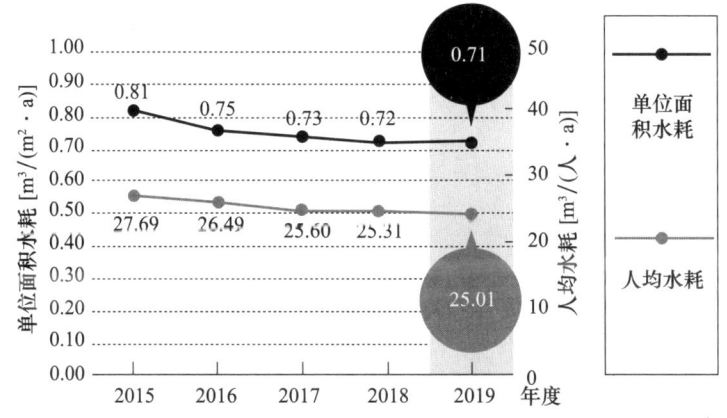

图 7.19　京都大学单位面积水耗及人均水耗逐年变化量[13]

为了达到《下水道法》规定的排水水质标准，京都大学在 2018 年进一步完善了管理体制，降低了排水污染物排放量。2018 年超标的主要原因为食堂废水排水系统的排水水质不达标，因此 2019 年度对食堂设备实施了改造。此后超标次数有了明显减少，如图 7.20 所示[13]。

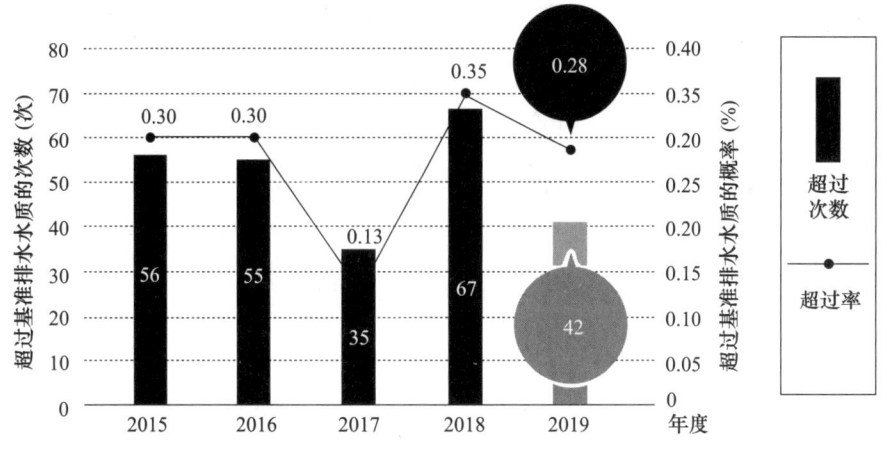

图 7.20　京都大学排水水质超标次数和超标率逐年变化量[13]

（4）大气污染物排放

图 7.21、图 7.22 展示了 2015—2019 年间氮氧化物排放量及粉尘排放量，与 2018 年度相比，2019 年氮氧化物排放量及粉尘排放量均略有减少[13]。氮氧化物、粉尘等大气污染物排放量根据每半年进行一次测定的锅炉等有气体排放设备的排放量计算得到。

（5）废弃物排放

废弃物包括生活废弃物和实验室废弃物两类。分析逐年废弃物排放量发现，2019 年度废弃物排放量与前一年相比，生活类废弃物增加了 12.9%，实验室废弃物减少了 27.0%，如图 7.23～图 7.26 所示[13]。因 2019 年校医院的搬迁，大量家具及设备废弃，故 2019 年生活类废弃物显著增加。同时，由于 2018 年将库存中的实验室废弃物集中销毁，因此造成了 2018 年度实验室废弃物排放量的升高，但 2019 年没有集中销毁处理，故其数量降回到 2017 年的数值。

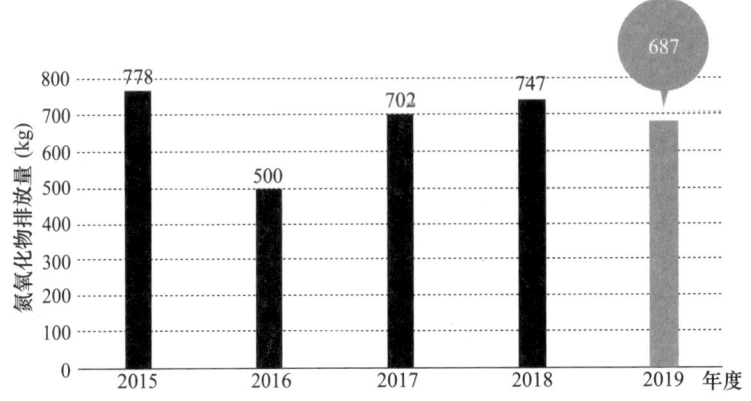

图 7.21　京都大学氮氧化物排放量逐年变化值[13]

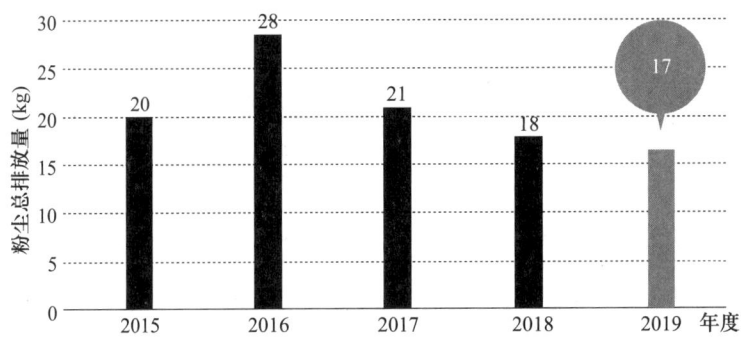

图 7.22　京都大学粉尘总排放量逐年变化值[13]

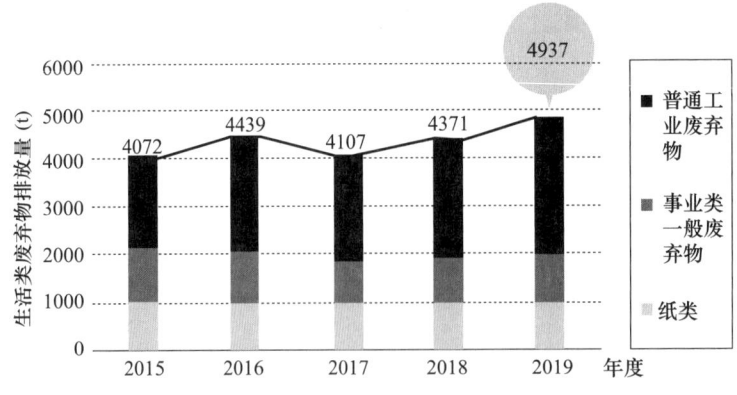

图 7.23　京都大学生活废弃物总排放量逐年变化值[13]

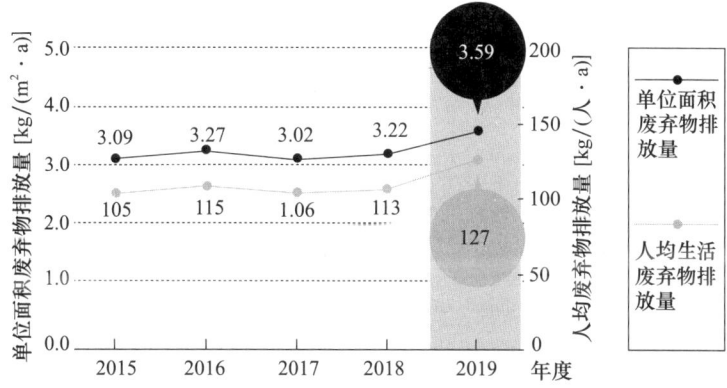

图 7.24　京都大学单位面积及人均生活废弃物排放量逐年变化值[13]

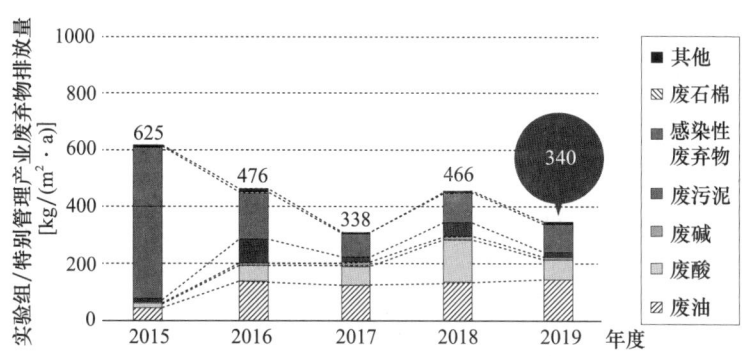

图 7.25　实验室废弃物总排放量[13]

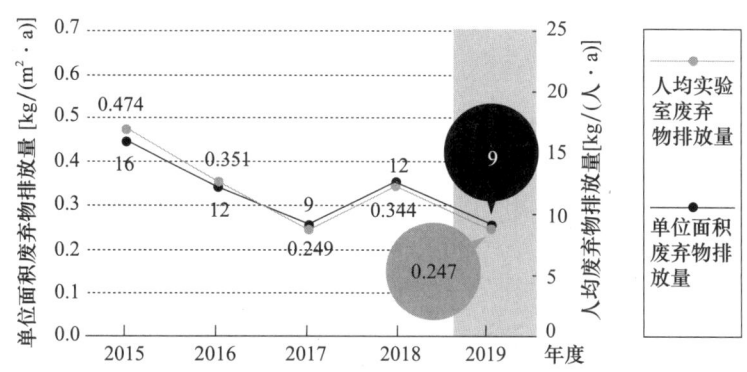

图 7.26　京都大学单位面积及人均实验室废弃物排放量逐年变化值[13]

(6) 化学物质的排放量

化学物质（日本化学物质控制法指定物质）排放到环境中（空气、公共水、土壤）和转移到校外（外包处理）的排放量如图 7.27 所示。这些化学物质主要包括乙腈排放量、三氯甲烷排放量、二氯甲烷排放量、甲苯排放量、正己烷排放量、N,N-二甲基甲酰胺排放量[13]。其中，2019 年度乙腈排放量和二氯甲烷排放量略有上升，其他化学物质的排放量都呈现下降趋势。

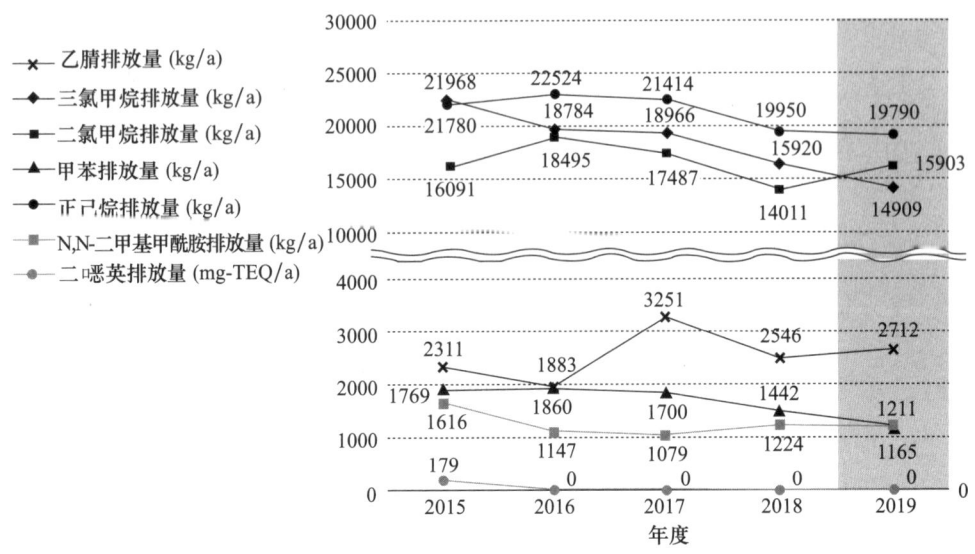

图 7.27 京都大学化学物质（日本化学物质控制法指定物质）排放量逐年变化值[13]

（7）资源回收再利用

减少纸张的使用量是减少可再生资源纸类直接填埋和焚烧量的有效措施。京都大学的纸张使用总量、人均使用量均呈逐年下降趋势，如图 7.28、图 7.29 所示[13]。其中，与 2018 年相比，2019 年度京都大学纸张使用总量减少了约 2.4%。这主要是因为学校大力提倡复印纸双面打印、重复利用以及会议文件无纸化等。

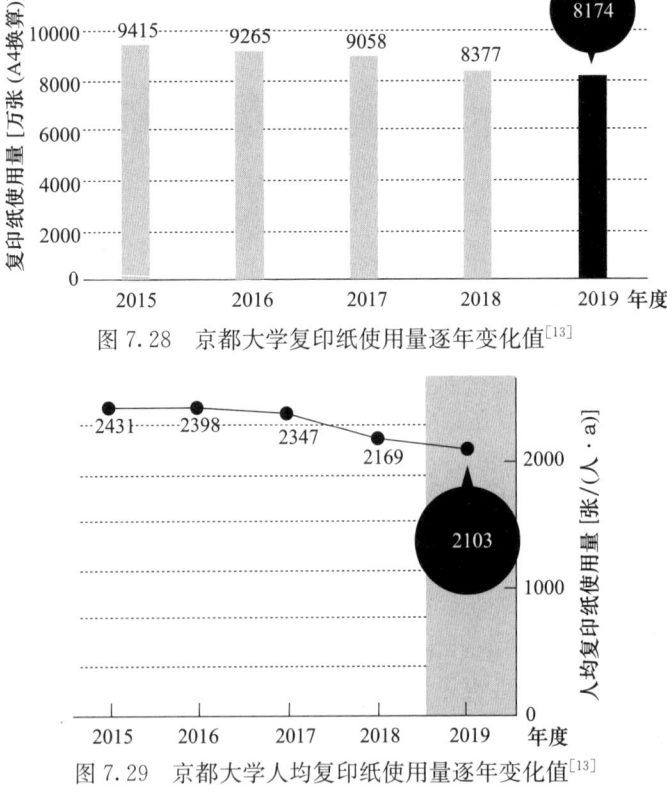

图 7.28 京都大学复印纸使用量逐年变化值[13]

图 7.29 京都大学人均复印纸使用量逐年变化值[13]

7.3.2 绿色校园建设措施

京都大学作为亚洲甚至全球绿色校园的典范，在绿色校园机构设置、校园运行、教育宣传等方面均有较全面、有效的管理措施和先进的技术措施。表7.8汇总了京都大学绿色校园建设的相关措施[13]。

表7.8 京都大学绿色校园建设措施汇总[13]

类别	项目	分项措施
绿色校园组织机构	建立健康、安全、环境组织管理机构	顶层设置董事会； 设置健康、安全、环境管理委员会； 设置可持续校园办公室、安全保护科、环境规划科等执行机构
绿色校园运行管理	资源回收利用	废纸废水回收利用
	可持续建筑设计	建筑获取LEED认证，校园获得STARS银级认证
	建筑节能改造	更换高效的热源设备； 更换LED节能灯； 安装太阳能系统，采用变风量空调、风冷热泵等节能技术和设备； 采用节能窗、保温隔热技术等
	校园用能管理	能效公示； 能耗审计，编制环境税收制度报告
教育宣传	可持续教育	开设了37个可持续课程，如通过环境资源课程建立了全球杰出中心项目［global COE（Centers of Excellence）projects］； 建立了能源与环境管理信息网站
	节能生活倡导	提倡行为节能

7.3.2.1 组织结构

京都大学在2002年制定了《京都大学环境宪章》，确定了"建立可持续环境管理系统"的基本方针。为了促进京都大学的绿色校园建设，2013年4月，学校建立了一个名为"健康、安全、环境组织机构（Agency for Health，Safety and Environment）"，以便于自上而下开展绿色校园建设，如图7.30所示[13]。该组织的最上层为执行董事会，由校长负责；下设一系列与健康、安全、环境相关的机构，包括环境和能源技术委员会、环境管理技术委员会、化学物品技术委员会、放射性同位素技术委员会、核燃料物质技术委员会、公共健康技术委员会、低温物质技术委员会等7个技术委员会，健康、安全、环境机构行政委员会和健康、安全、环境机构指导委员会等行政管理机构，以及环境管理部、安全管理部、辐射管理部、健康管理部、低温物质管理部等执行机构。此外，在该体系最下层的安全设施部健康、安全、环境科内设置了校园可持续办公室、安全提升办公室、环境规划办公室等部门，这些部分和各院系协作，通过各项节能环保管理及技术措施,以及宣传教育、能耗公示等各种活动来管理校园的可持续性运行,并确保学校的每一位成员都参与到绿色校园行动中来。

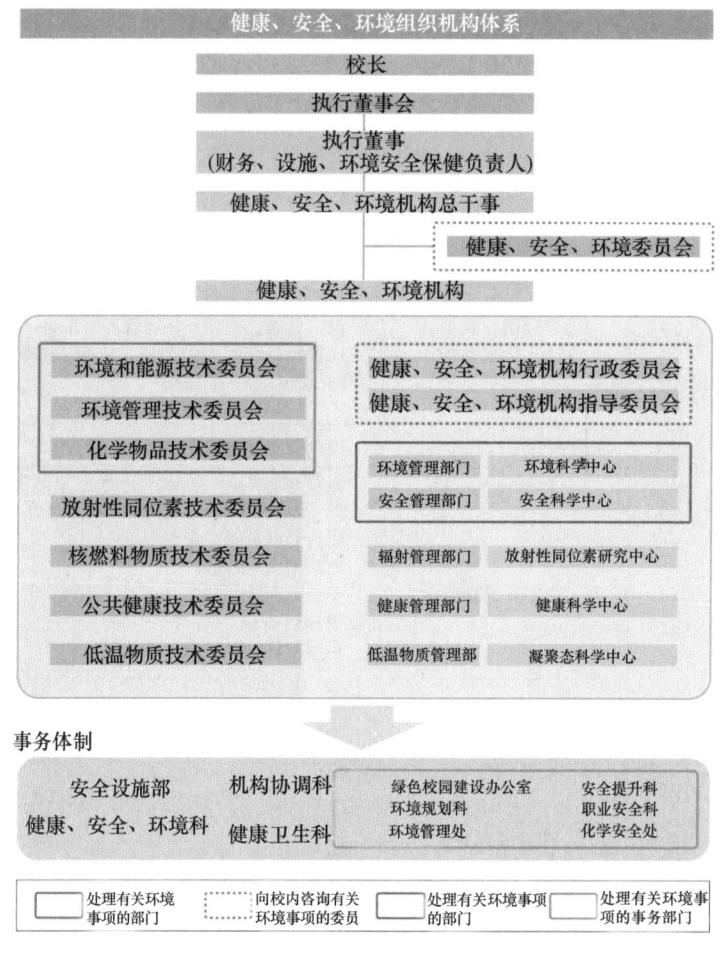

图 7.30　京都大学健康、安全、环境组织机构[13]

7.3.2.2　运行管理

京都大学绿色校园运行管理体现在建筑和设备的能效提升、基于需求响应的能源管理、废弃物管理、废水管理、化学物品管理、绿色采购、教育推广等方面。

（1）建筑和设备的能效提升

京都大学按照 LEED 标准设计新建建筑和改造既有建筑。通过对新建及改造建筑进行 LEED 认证,以及整个校园进行 STARS 认证等措施,来全面推进绿色园建设。目前,京都大学部分校园建筑获得了 LEED 认证,校园获得了 STARS 银级认证。

2019 年,京都大学的桂校区新建了图书馆,采用了双层玻璃窗、墙体屋面等隔热材料等高性能围护结构材料,大大降低了空调负荷。在能耗设备方面,通过购置符合《绿色采购法》的节能设备、LED 照明器具、太阳能光伏系统来实现节能减排。此外,还采取了升级现有冷热源系统、水泵变频、变风量控制等节能技术来提升空调系统能效,进而全面提升校园用能系统能效,降低校园建筑能耗。

(2) 基于需求响应的能源管理

为进一步通过多能互补和能源梯级利用等技术来降低能耗,京都大学校园内建立了多个可再生能源系统和分布式能源系统。在此基础上,根据供应侧产能情况和需求侧各类校园建筑的用能需求,由聚合协调员整合资源聚合器收集的信息,结合电网调配以及供需两侧的实时匹配发布调配指令到资源聚合器,指挥需求侧负荷调节以实现需求响应,如图7.31所示[13]。该举措对实现新一代智慧校园、降低校园能源运行成本、促进可再生能源大规模应用、节能减排等均有重要意义。

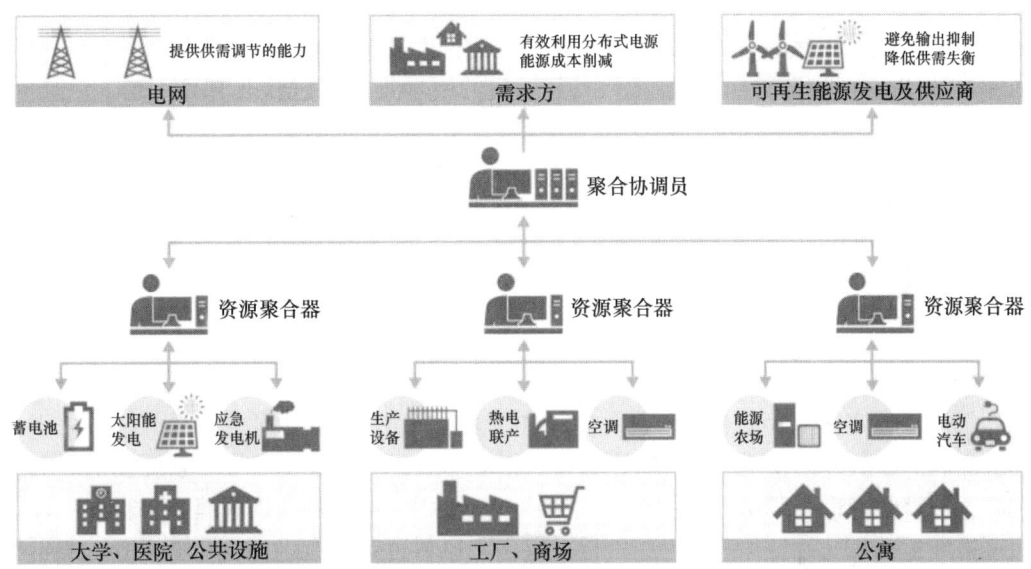

图7.31 京都大学需求响应机制框架[13]

(3) 废弃物管理

京都大学参照垃圾处理和清洁、专项化学物品排放、消防等相关环境法规,制定了校园废弃物管理办法,规定了校园废弃物排放标准。健康、安全、环境组织机构对学校废水和废弃物排放管理措施进行调查和审议,并在必要时协调有关部门,为废弃物集中管理提供指导意见。负责人根据《廃棄物の処理及び清掃に関する法律》(1970年法律第一百三十七号)的规定正确处理受管制的废弃物。此外,健康、安全、环境组织机构中的技术委员会等单位,可为校园环境提供技术支持和咨询服务。

2020年4月,《廃棄物の処理及び清掃に関する法律》(2017年法律第六十一号修订)开始生效,规定产生工业废物的企业必须使用电子清单。京都大学从2019年7月起,使用电子账单来记录试验产生的液体废物等,这提高了文书工作的效率,并能够提供更准确的废弃物排放信息。此外,京都大学严格按照《关于促进适当处理多氯联苯(PCB)废物的特殊措施使用的法律》,适当进行PCB废物的储存、运输和处理。

废塑料垃圾和可再生纸类也应进行分类处理。废塑料垃圾可作为生活废弃物进行处理,可再生纸类可以回收再利用。对于实验室废弃物中的有机废弃物,可按照处置工业废弃物的方式,在分馏后进行处理。

对于废弃物处理设施的维护，京都大学按时发布关于废弃物处理设施的相关维护信息。其主要内容包括每月废弃物处理的类型和数量，焚化设备燃烧室内燃烧气体的温度、燃烧气体流入集尘器的温度，废气中一氧化碳浓度的测试位置、日期及策略结果，冷却设备和废气处理设备上烟尘和灰尘去除的日期（其中二噁英浓度检测需每年至少报告一次，烟雾浓度检测需6个月报告一次），以及对烟囱废气的测量位置、日期、测试结果等。

（4）废水管理

京都大学参照废水、废液处理等相关环境法规，如《下水道法》（1958年法律第79号）、《水污染防治法》（1970年法律第138号）等，制定了实验室废水处理办法，规定了实验室废水排放标准。在试验器具洗涤时，原则上洗涤废弃物不排放到下水道，要求实验废液储存在不同属性的容器中。当某部门的废水排放超过标准值时，健康、安全、环境组织机构的环境管理部门会对该部门废弃物管理负责人联系，要求对超标的原因进行分析，并根据原因提出整改办法[13]。

（5）化学物品管理

高校使用化学物品的试验和研究很多，需要科学、安全的化学物品管理流程。化学研究室有数百种甚至数千种药品，药品的清理需要大量的时间和精力，这项工作也成为了很大的负担。为此，京都大学导入了化学物品管理系统（Kyoto University Chemicals Registration System，KUCRS）[13]。对于有毒物质每年实施2次盘点，对于其他药品和高压气体每年实施1次盘点。京都大学校内约780个实验室利用了这个系统，致力于化学药品和高压气体的安全使用和科学管理。需要申报的物质在KUCRS系统登记时会向用户发出警报，以提醒用户该物质的危险性。从2019年10月开始管理进一步加强，以往不需登记的麻药、精神药、兴奋剂以及兴奋剂原料也必须在KUCRS里注册，每年都要进行库存确认。化学安全办公室向化学物品管理的成员每两个月发行一次KUCRS简报，简报内容为管理规则的修改信息、事故案例，工作环境测量的实施状况、高压天然气储备量、KUCRS系统功能更新信息等，这对师生的化学物品安全使用意识提高起到重要的促进作用[13]。

（6）绿色采购

京都大学根据《关于促进国家和其他实体采购生态友好型商品和服务的法律》，每年制定并公布"采购环保物品的推进方针"（以下简称采购方针）。按照采购方针，学校在最大程度上积极采购对包括纸张、文具、办公设备等在内的环境负荷小的物品，以及劳务委托和公共工程中的特定产品。除环保产品的采购政策外，在产品订购、验收和交货环节都有明确的规定，并在学校专门的网站上可以查阅。数据显示，2019年度的学校物品采购和劳务委托保持着较高的绿色采购率[13]。另外，在公共工程方面，京都大学注重每个工程项目的特性和所需的强度、耐久性、功能的实现以及成本的降低等，积极使用采购方针中提出的材料、设备。较为有特色的是，京都大学还制定了针对特殊群体如残疾人的产品采购政策。

绿色采购流程分订购、验收和交货3个步骤。首先在订购过程中，教师根据可订购的清单范围自行选择商品完成购买流程。其次到货后，检验中心的审核人员会核对订单与商品，并进行验收。最后验收完成后，该物品会交由教师使用。整个过程遵循政府采购规定的标准、京都大学开放式报价指南,以及各项针对建筑、制造、服务、货物供应、货物购买、设计、调查等管理办法。采购类型主要有政府采购、一般性竞标采购、公募型采购、反向竞价和公开竞标这5种类型。其中政府采购适用于项目价格在1600万日元以上的产品,信息将公布在官方政府采购网站上。一般性竞标采购适用于计划价格1000万日元以上(不包括政府采购)的项目,信息会张贴在校园总部和采购部门的网站上。公募型采购一般适用于价格在500~1000万日元范围内的商品。反向竞价适用于价格不高于500万日元的商品,主要是电器、办公自动化设备、办公用品等。公开招标适用于需确定提案内容的采购,将提出最佳方案的企业作为合同中标方。

(7) 教育推广

京都大学健康、安全、环境组织机构平时通过各类教育推广活动来推进绿色校园建设。健康、安全、环境组织机构组织了与绿色校园相关的问卷调研,对学校每个部门过去5年的环境负荷数据变化进行了分析,各部门总结经验,共享成果,积极进行信息交换和委托合作[13]。

同时,京都大学为了推进环境教育,在全校通识科目的综合科学科目群中设置了"环境学",同时在少数教育科目群中也开设了很多环境相关的课程。校内各行政主管部门和学生组织积极举办校园宣传活动,开展了如海报竞选等活动来提高学生的节能环保意识;通过举办国际交流活动,鼓励学生积极加入各种国际环境组织,扩大可持续校园建设的影响力。京都大学建立了能源与环境管理信息网站,向社会公众开放能源使用与消耗水平的实时信息,让学校每个成员和社会公众都可以了解并监督校园的能源使用情况;能源使用者也可根据公示的能源信息,来改善自身的日常用能活动[13]。另外,对新教职人员和新生进行培训,特别是如何解决对环境影响较大的温室气体排放、废弃物处理以及化学物品排放和处理等问题。例如,每年都会针对化工学院师生举办有关化学物品(包括高压气体)的讲习会。2019年度共举办7次(春季6次,秋季1次),学员总数为1717名;秋季还试行了关于管理者年度课程的e-learning课程。另外,为了对留学生进行培训,学校还制作了部分内容的英语视频,并对外发布[13]。

此外,京都大学通过各种方式来倡导师生在办公、生活和学习中的节能行为。例如:提倡学生及时关掉用电设备,包括离开一段时间即关闭不使用的电脑,拔掉经常保持通电状态的电源以减少待机能耗;电脑设置节能模式,待机时削减能源消耗;在夏季或冬季及时清洗空调过滤器;使用可再生能源电力。此外,还通过开展教育、研究和医疗活动等建设绿色校园,减少温室气体的排放,以达成绿色校园的建设目标[13]。

7.4 美国高校——加利福尼亚大学伯克利分校

加利福尼亚大学伯克利分校(University of California-Berkeley,简称UC Berkeley、Berkeley或Cal,本文以下简称加州大学伯克利分校)是一所美国公立研究型大学,作为较早开展可持续校园建设的大学,其绿色校园建设具有较好的体系性与代表性[15]。

7.4.1 用能及碳排放现状

加州大学伯克利分校的可持续校园建设主要由 4 个文件和计划引导:《伯克利气候行动契约》,其中包含温室气体减排目标和行动框架;《伯克利大学 2020 年远期发展规划》和其附属的环境影响报告,其中包括为了达到 2020 年学校的学术目标和宗旨而设立的土地利用和主要投资框架;《加州大学可持续实践》,展现加州大学的整体校园系统如何将环境影响控制到最小;《草莓溪管理规划》,旨在提升草莓溪的水质。除了以上 4 个文件,还有一些附属文件,共同描绘学校的远期目标,它们分别是《2020 年伯克利学术计划战略》《新世纪规划》《景观总体规划》《景观遗产规划》和《校园自行车系统规划》[16]。在以上计划的指引下,学校的绿色校园运行管理实施效果如下。

(1) 能源

自 1990 年以来,校园建筑面积增长了 27%,但单位面积用能强度却降低了 15%。通过改善建筑围护结构性能、更换高性能照明设备等方式,2013 年减少了 250 万 kW·h 的能耗量。2018 年,《加州大学可持续发展实践政策》增加了使用清洁能源的目标,重点是通过减少需求和增加可再生能源使用量来支持碳中和目标。2008—2018 年,伯克利分校实施了提高能源效率的措施,将碳排放量减少了 1.5 万 t,节省了数百万美元。

加州大学伯克利分校在 137 座校园建筑物中安装了校园建筑的实时能耗监测平台。该平台由校园能源办公室管理,所有人员可以在网站平台上查看实时能源消耗量[17],可直观获取 24 小时、7 天、30 天及 1 年的电、天然气、蒸汽及水的使用情况,如图 7.32 所示。由该平台可以看到员工的节能行为对建筑物用能的累积影响,例如通过晚上关灯实现了照明能耗的减少。

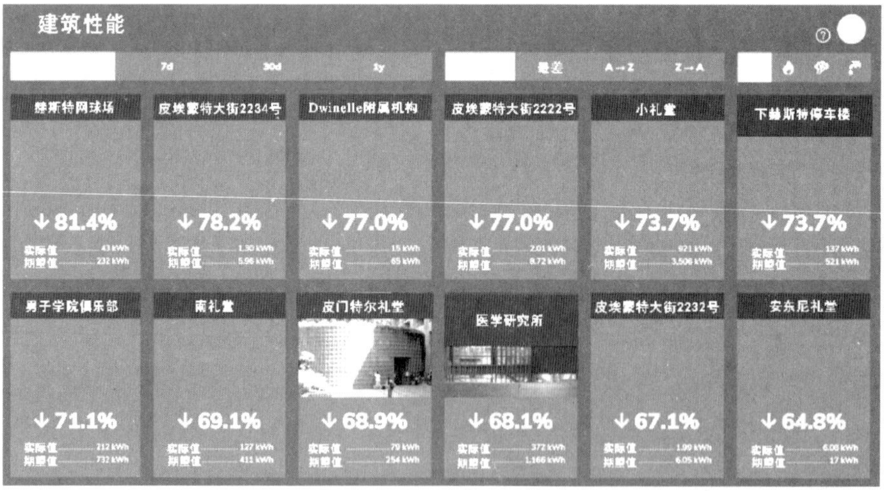

图 7.32 加州大学伯克利分校校园建筑能源监测平台

另外,加州大学伯克利分校目前正在 Martin Luther King Jr.(MLK)学生会、Eshleman Hall、休闲体育设施 Field House、大学村车库太阳能系统和 Jacobs Hall 等地方安装太阳能光伏发电系统,如图 7.33 所示[16]。MLK 学生会楼屋顶安装的太阳能电池板替换了生产力较低的原有光伏系统，Eshleman Hall 的太阳能电池板为 Lower Sproul 建筑群增加了更多的绿色能源，这两个系统每年共同为建筑物产生 150000kW·h 的电能。Field House 屋顶光伏系统每年可产生 340000kW·h 的电能，可满足该建筑物电力需求的近三分之一。大学村车库太阳能系统建成后，每年可产生 700000kW·h 的电力，可满足大学村 20% 的电力需求。Jacobs Hall 屋顶太阳能电池阵列每年将为建筑物产生约 120000kW·h 的电能。

图 7.33　加州大学伯克利分校太阳能光伏系统

（2）温室气体排放

加州大学伯克利分校计算了 10 种排放源产生的 3 种不同类别的温室气体排放：直接排放，包括天然气燃烧排放、应急发电机发电过程中产生的碳排放、校园车队运行排放、制冷剂排放等；间接排放，包括购置电力产生的排放；可选排放，包括学生通勤、教职工通勤、固体垃圾、水消耗、航空旅行等产生的碳排放。加州大学伯克利分校校园温室气体排放清单如表 7.9 所示[18]，其中 2019 年热电联产过程中燃烧天然气产生的温室气体排放量占总排放量的 69%，航空旅行碳排放量占 13%，教职工通勤碳排放量占 7%。1990—2019 年加州大学伯克利分校的校园温室气体人均排放量如图 7.34、图 7.35 所示，其中至 2025 年，范围 1 和范围 2 的各类排放源需实现零排放；至 2050 年，范围 1、范围 2 和范围 3 需实现零排放。

表 7.9　加州大学伯克利分校校园温室气体排放清单[18]

排放源	1990 年 CO_2 排放当量（t）	2008 年 CO_2 排放当量（t）	2018 年 CO_2 排放当量（t）	2019 年 CO_2 排放当量（t）
热电联产消耗的天然气	60457	66125	123888	130955
购置电力	40296	62384	4720	2320
航空旅行	19980	21865	22926	24566
教职工通勤	23142	18027	11818	12329
购置的天然气	8148	12453	11363	11505
学生通勤	4100	3824	6245	3245
水的使用	783	864	353	304
校车运行	1968	1701	1769	1755
固体垃圾	996	981	740	693

续表

排放源	1990年CO_2排放当量（t）	2008年CO_2排放当量（t）	2018年CO_2排放当量（t）	2019年CO_2排放当量（t）
制冷剂排放	237	66	779	469
其他低排放源	281	281	281	281
排放总量	160389	188572	184882	188422

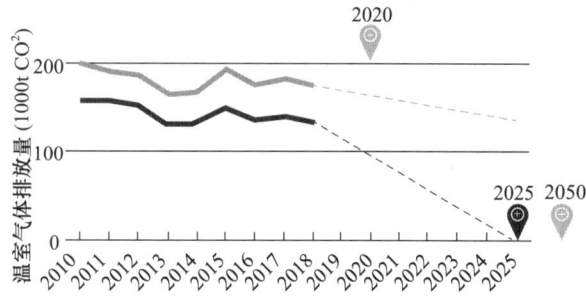

图 7.34　加州大学伯克利分校校园温室气体排放量[19]

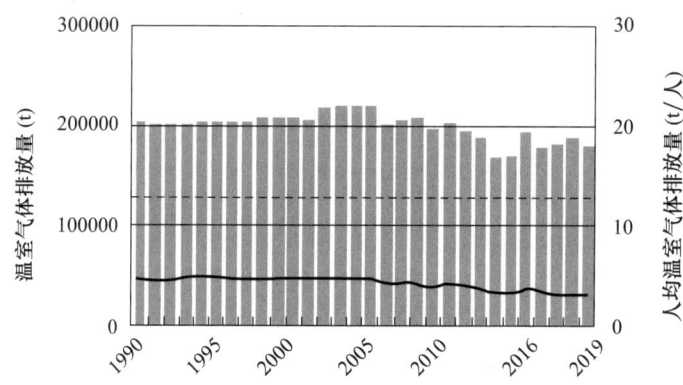

图 7.35　1990—2019 年加州大学伯克利分校校园温室气体人均排放量

（3）用水量及雨水回收利用

2019 年，该校区用水量为 5.84 亿 gal，比 2008 年减少 24%，实现了加州大学 2025 年减排目标[16]。同时，2019 年人均年用水量为 13185gal/人，2007—2019 年，人均用水量下降了 37%。校园的用水总量中约有一半是校园建筑的生活用水（包括冲厕用水、淋浴用水和水龙头用水）。实验室的用水量约占总用水量的四分之一，灌溉用水和蒸汽装置用水分别占 10%[16]。

另外，超过 90%的灌溉系统和气象站联动，根据气象参数进行自动灌溉。每年约有 24000gal 的雨水在 Boalt 法学院得到回收再利用，用于附近绿化带的灌溉。此外，Eshleman Hall 和 Chou Hall 也都装有雨水收集再利用系统[16]。

（4）绿色建筑

截至 2019 年，加州大学伯克利分校共拥有 22 个获得美国绿色建筑委员会能源和环境设计（LEED™）认证的建筑项目，占总建筑面积的 12%以上，其中 2 个白金级认证建筑、12 个金级认证建筑、7 个银级认证建筑和 1 个标准级建筑。获得 LEED 认证的建筑数量如图 7.36 所示[19]。

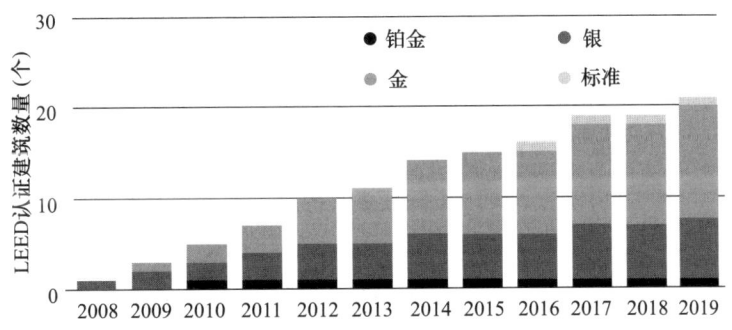

图 7.36　加州大学伯克利分校校园内获得 LEED™ 认证的建筑数量[19]

校园内的李嘉诚中心获得了黄金级 LEED™ 认证。该建筑采用了绿色屋顶、再生木镶板、低辐射办公室地板和橡胶实验室地板等技术，安装了可由用户控制的百叶窗，可对照明、能源和水的使用情况进行实时监控。另外，Pat Brown's Grill 是第一家获得 LEED™ 认证的校园餐厅。帕特·布朗（Pat Brown）大楼的改造工程采用了日光感应照明系统、能源之星认证的炊事设备。此外，雅各布斯设计创新学院被授予 LEED™ 铂金的最高荣誉，被美国建筑师协会评为全美可持续建筑和生态设计十大典范之一。其屋顶太阳能电池板每年可为建筑物产生约 120000kW·h 的清洁能源[16]。

（5）废弃物处理

2018 年，加州大学伯克利分校有 54% 的废弃物通过回收、堆肥、捐赠或转售等方式从垃圾掩埋场转移，从而减少了废弃物的处理量。从 2015 年至 2019 年，每天产生的人均垃圾量如图 7.37 所示，其中虚线表示 2025 年的人均日垃圾产生量较 2015 年基准降低 25% 的目标[19]。

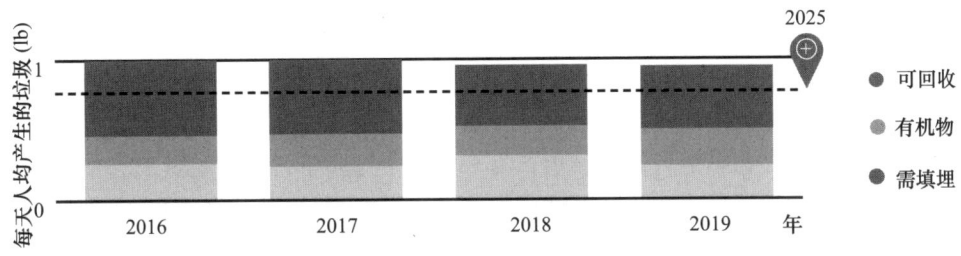

图 7.37　每天人均产生的垃圾量[19]

（6）绿色采购

加州大学伯克利分校在 2012 年购买了至少 1440 万美元的绿色环保产品，这个数据在此后 3 年内总计提高了 60%，其增长与校园内越来越多的绿色环保产品售卖店铺以及学生与教职工的大力配合有关。学校也跟踪采购部门购买的绿色环保产品数量，其中 80% 的电子产品中是已注册 EPEAT Gold 的产品，62% 的办公用纸可回收再利用，10% 的清洁产品经过了第三方认证，满足公认的可持续发展标准[16]。

（7）绿色交通

到2014年，师生通勤和校园车队的燃油消耗量已减少到1990年消耗量的25%。自2012年以来，自行车上下班/学的人数增加了约1.4%。2018年，日均有5500多人骑自行车上下班/学。校园交通调查发现，超过12%的校园师生通勤骑自行车，其中将近21%的教师、9%的职工、27%的研究生和7%的大学生骑自行车上下班/学。校园为自行车通勤的师生设置了两处提供免费服务的自行车修理点[16]。

（8）生物多样性保护

校园现正进行的生物多样性保护重要规划中包括里士满湾校园规划和草莓溪修复计划，计划的重点为保护自然开放空间，保护当地栖息生物，抵制外来物种侵袭等。其具体表现为在广阔的山丘和沼泽地上积极保护濒危和脆弱的物种，例如生活在伯克利全球校区草莓溪流域中的阿拉米达（Alameda）响尾蛇和沼泽鸟[16]。保护措施包括在校园内优先种植本地植物，以恢复生物多样性。

7.4.2 绿色校园建设措施

7.4.2.1 组织架构

自21世纪初以来，加州大学伯克利分校就开始向可持续实践和环境管理迈进。2003年，时任校长的贝尔达（Berdahl）成立了可持续发展咨询委员会（the Chancellor's Advisory Committee on Sustainability，CACS），该委员会成员来自教职员工、学生和校友。在委员会成立的第一年，CACS主持了首届年度加州大学伯克利分校可持续性峰会，并获得了进行校园可持续性评估的资金，建立了绿色校园校长基金。CACS旨在促进校园环境管理和可持续发展，通过与校园进行持续的对话达成环境可持续性，将环境可持续性与现有的校园课程相结合，用于教育、研究、校园运营和公共服务，并建立可持续的长期规划和形成前瞻性的校园文化。该委员会每年会颁布校园可持续计划和环境发展报告，以监督和引导学校的可持续发展。

2008年，CACS建立了可持续发展办公室，并发布了2008年校园可持续发展评估报告。可持续发展办公室的主要职责如下：对校园的气候、建设环境、能源、餐饮、土地利用、采购、废弃物等进行统一管理；与来自各个校园学科的教职员工合作，开展年度研讨会，以激励教职员工将可持续性概念纳入教学课程。该研讨会的重点是将可持续性的范围和定义扩展到传统学科之外，并探讨与环境相关的当前热门话题[16]。

可持续发展办公室下设能源办公室，在整个校园范围内跟踪监督和管理校园能源使用，以降低能源使用成本，改善建筑物的设计、性能和运营，并向建筑使用者提供有关能源使用的反馈。该办公室也会持续监督校园设施的运营和维护，跟进其设施的运营和公用事业消耗，并与楼宇管理人员保持沟通。能源办公室还管理各类能源效率提升项目，包括基于建筑运行调适、节能照明和暖通空调系统改造。已完成的项目每年可为校园节省数百万美元的能源运行成本。

学生团队对可持续发展办公室的工作起到重要支持作用。学生协助参与了多项可持续发展计划的执行工作，如组织零废弃物联盟（Zero Waste Coalition）的学生参与废弃物减量和回收处理；组织学生参与能源、绿色建筑和气候倡议，以支持 2025 年实现碳中和；加强学生参与周边社区的活动和行为改变计划；参与可持续的相关培训和全球新问题的探讨；参与水资源的回收利用、绿色交通等。2017 年，加州大学伯克利分校成立了零废弃物学生咨询委员会。在 2019 年春季，妮可·海恩斯（Nicole Haynes）重新组建了该委员会，并将其更名为零废弃物联盟。随着当地居民对校园废弃物回收处置兴趣的不断增强，校园与社区的协作与交流得到了极大的改善，从而导致了一些活动的成功举办。如 2020 年 3 月，5000 多名学生和教职员工进行了为期一周的推进堆肥教育宣传。此外，2020 年 4 月，加州大学伯克利分校承诺实施塑料禁令，计划到 2030 年消除所有不必要的一次性塑料，并采用可行的替代品。

此外，加州大学伯克利分校于 2006 年成立了加州气候行动伙伴关系（The Cal Climate Action Partnership，CalCAP），该组织是由教职员工、行政管理人员和学生组成的合作组织，致力于减少温室气体（GHG）排放并达到校园碳中和。该组织负责撰写了年度温室气体排放量清单，并编制了三份气候规划文件，分别是《2007 年 CalCAP 可行性研究》《2009 年气候行动计划》和《2025 年碳中和规划框架》。2007 年，组织的主席比尔格瑙（Birgeneau）提出目标，要求到 2014 年将校园内温室气体排放量降低到 1990 年的水平。加州大学伯克利分校于 2012 年实现了这一目标，比原计划提前了两年，比加州大学的政策要求和加州的州目标提前了 8 年。

7.4.2.2 运行管理

加州大学伯克利分校对建筑环境的运行管理提出了以下三个目标：一是最大程度地减少能源和水的消耗以及废水的产生；二是任何新建建筑或大型改造工程均不得再使用化石燃料供暖和供热水；三是基于可持续设计原则和生命周期成本进行资本投资决策。校园节能运行管理主要措施有以下几个方面。

（1）节能措施

向清洁能源结构转型。随着校园内热电联产系统的老化，加州大学伯克利分校在寻找新的方法，以改善能源输送系统能效，并考虑替代燃料来源，如利用太阳能发电和生物质能以获得更多的清洁能源。计划到 2025 年，现场太阳能光伏发电能力增加 2.5MW。到 2050 年，校园将 100%使用清洁、可再生的能源[16]。

所有新建建筑项目和大型建筑改造项目将至少达到黄金级 LEED™ 认证，并在可行的情况下建设太阳能光伏及蓄电系统或其他可再生能源系统。通过有效利用现有建筑空间，减少未来十年内的新建建筑需求。对于现有建筑改造，计划通过多种改造措施使其能耗强度同比降低 2%。如通过自动控制和设备的改进，减少采暖、制冷、通风、实验室设备和照明的能源使用。同时，加州大学伯克利分校的能源办公室正在探究更多的建筑节能方案，例如如何在具有许多历史建筑的高密度校园建筑中安装更多的可再生能源发电系统。并且，在实验室、办公室、宿舍等诸多地方设置了节能运行的提示，如关闭暂不使用的电器、购买节能产品、选择 LED 灯泡、启用计算机的睡眠模式、降低亮度并提高显示器的对比度等[16]。

另外，学校要求至少每五年更新一次加州大学伯克利分校的能源使用政策，以实现节能目标。

（2）节水措施

加州大学伯克利分校制定了可持续水行动总体规划，包括雨水和绿色基础设施总体规划、一系列的节水和回用建议以及超越加州大学总体目标的减排目标。具体节水目标为与2006—2008年的三年平均基准相比，2025年的饮用水消耗将降低36%，以推进学校的用水可持续性。另外，伯克利校园内的20多个建筑物中设立了续水站，以鼓励师生尽可能减少购买一次性瓶装水，而是采用可重复使用的水杯来装盛饮用水[16]。

此外，将格林内尔GLADE灌溉系统升级，通过灌溉来节约用水，并减少雨水径流。同时，Dwinelle停车场重新设计透水铺装的人行道和植被集水区，以减少流入草莓溪的径流，改善草莓溪的生态功能和稳定性[16]。

（3）废弃物处理

加州大学伯克利分校正在努力改造废弃物回收和处理系统，全面实施校园零废物计划，重点是减少一次性商品的使用和增加部分材料的回收再利用。所有新建和改建的建筑内部和外部都安装有填埋、堆肥、回收标识的垃圾箱等设施，鼓励师生将垃圾正确投放到对应垃圾箱，以进行垃圾的填埋回收和堆肥再利用。计划到2025年，人均废弃物排放数量比2015年降低25%，到2030年，人均废弃物排放数量比2015年降低50%。

同时，针对在使用后会成为废弃物的商品包装材料有具体的规定。禁止销售、采购或分销包装泡沫，如食品容器和包装材料，但用于实验室供应或医疗包装和产品的包装泡沫除外。此外，在零售和餐饮服务上不使用塑料袋。到2023年，在餐饮服务中不使用一次性塑料包装盒，用可堆肥或可再利用的包装盒取代。对于在校外大量生产并在大学地点转售的预包装和密封的商品，优先选购有可回收或可堆肥包装的商品。

（4）绿色交通

为更好地促进校园碳中和目标的实现，学校制订了校园车辆可持续发展实施计划。所有更换、租赁和购买车辆的申请都需要评估是否合理，在有条件时采购或租赁零排放、可持续燃料、非柴油和高能效的车辆。计划到2030年，停止使用所有柴油车。到2022年，所有学校班车采用零排放、可持续燃料、非柴油或混合动力车辆取代原有车辆。到2030年，所有的校内观光车都将是全电动或零排放的车辆。

同时，鼓励步行和骑行成为校园通勤的首选方式。自行车停车场至少可供5%的常规高峰期校园师生使用。在可行的情况下，在涉及停车场的建设和改造中，安装电动汽车充电设备。

校园也正在建造更多的学生宿舍和教师公寓，以减少通勤能耗[16]。计划到2025年，员工个人驾驶汽车通勤的比例将降低到36%。

（5）绿色采购

绿色采购因直接影响废弃物排放、水的利用和校园碳排放，在绿色校园建设中起着关键作用。加州大学伯克利分校制订了一项绿色采购计划，该计划要求所有采购的产品均符合加州大学可持续采购准则（UC Sustainability Practices），确保绿色、健康用品的采购量，提高物品的可持续性，并降低总成本。大学的采购部门把可持续目标纳入绿色采购流程和实践。在采购过程中，将产品的可回收性、耐用性和其他生命周期问题列为优先考虑的问题。如竞争性招标时尽可能使产品和服务采购符合可持续采购目标。尽可能采购具有ENERGYSTAR、Water Sense、Green Seal认证的产品。另外，伯克利分校每学期举办一次"零碳排放和供应链管理"宣传活动,以展示和推广常见办公用品的环保替代品,以及产生的废弃物比同类产品少或由可回收材料制成的产品[16]。

(6) 教育推广

加州大学伯克利分校可持续性办公室负责绿色校园建设人员培训。培训由10个模块组成,被培训的人员可自由安排完成时间及顺序。这些模块涵盖环境、社会和经济可持续性发展等方面的内容,包括碳中和、零浪费、生态系统和生物多样性、建筑环境、绿色交通、绿色采购、废弃物管理等。成功完成这10个模块后,学校员工可获得"员工可持续发展培训结业证书"。同时,学校对学生提供了600多门可持续发展方面的课程。这些环境、社会和经济可持续发展领域的课程占到了校园总课程数的50%。每个伯克利分校的本科生都必须修读一门以社会、经济或环境可持续性发展为主题的课程。加州大学伯克利分校还提供广泛的选修课程,包括近30个研究生课程和超过25个本科课程。除校内开设的课程外,为推广教育,学校还提供了一系列与可持续性相关的校外扩展培训课程,包括可持续性设计、可持续性能源和环境监测等内容。所有学生均可以参加,以补充常规课程、进行自我拓展、并获得证书[16]。

另外,2020年5月,校园制订了一个"绿色实验室行动"计划,包括短期计划和长期计划,以改善校园实验室的绿色实践,具体包括实验室节水和节能技术、废弃物管理及绿色采购等方面的内容。该计划涵盖所有化学或工程实验室、设计工作室、建筑工作室、电子产品工作室、机器人技术工作室、3D打印工作室和制造工作室[16]。

此外,学校设置了与绿色校园建设相关的近50个学生组织和俱乐部,并设置了奖学金,如学生环境资源中心(Student Environmental Resource Center,SERC)、加州大学联合学生会(Associated Students of the University of California,ASUC)的可持续发展团队(The ASUC Sustainability Team,STeam)、加州大学可持续发展奖学金(The UC President's Bonnie Reiss Carbon Neutrality Student Fellowship)等[16]。

本章参考文献

[1] 浙江大学. 学校概况 [EB/OL]. (2021-10-20) [2022-06-30] http://www.zju.edu.cn/512/list.htm.

[2] Macquarie University. Sustainability Targets Tracking-2020 Status Report [R/OL]. (2020-11-04) [2021-10-19] https://www.mq.edu.au/_data/assets/pdf_file/0011/1104896/2020_sustainability_targets_tracking_report_web_v1.pdf.

[3] Macquarie University. About sustainability at Macquarie, our awards [EB/OL]. (2020-10-21) [2021-09-18]. http://www.mq.edu.au/about/about-the-university/strategy-and-initiatives/strategic-initiatives/sustainability/about-sustainability-at-macquarie2.

[4] Macquarie University. Annual Sustainability Report 2019 [R/OL]. (2021-09-14) [2022-03-17] https://www.mq.edu.au/_data/assets/pdf_file/0011/993737/Macquarie-University-Annual-Report-2019.pdf.

[5] Macquarie University. Operating plan 2020-2024 [EB/OL]. (2021-06-23) [2022-03-17] https://www.mq.edu.au/about/about-the-university/strategy-and-planning/operating-plan-2020-24.

[6] Macquarie University. Energy and Emissions [EB/OL]. http：//www. mq. edu. au/about_us/strategy_and_initiatives/sustainability/areas_of_focus/energy_and_emissions.

[7] Macquarie University. Water [EB/OL]. （2021-11-25）［2022-02-27］http：//www. mq. edu. au/about_us/strategy_and_initiatives/sustainability/areas_of_focus/water.

[8] Macquarie University. Waste management [EB/OL]. （2020-10-23）［2021-12-22］https：//www. mq. edu. au/about/about-the-university/strategy-and-planning/other-university-initiatives/sustainability/what-is-macquarie-university-doing/sdg-alignment.

[9] Macquarie University. Campus Ecology [EB/OL]. （2021-11-22）［2022-02-12］https：//www. mq. edu. au/about/about-the-university/strategy-and-planning/other-university-initiatives/sustainability/what-is-macquarie-university-doing/resource-efficiency-trends/campus-ecology.

[10] Macquarie University. Procurement [EB/OL]. （2021-11-15）［2022-03-12］http：//www. mq. edu. au/about_us/strategy_and_initiatives/sustainability/areas_of_focus/procurement.

[11] Macquarie University. Engagement [EB/OL]. （2021-10-09）［2022-03-22］http：//www. mq. edu. au/about_us/strategy_and_initiatives/sustainability/areas_of_focus/engagement.

[12] Kyoto University. Data about Kyoto University International Students [EB/OL]. （2020-11-20）［2022-03-22］http：//www. kyoto-u. ac. jp/en/education-campus/international/students1/introduction. html.

[13] Kyoto University Environmental Report Working Group，Agency for Health，Safety and Environment. KYOTO UNIVERSITY Environmental Report 2020 [R].

[14] 蔚东英，王民. 亚洲绿色大学建设与实践 [J]. 环境保护，2010（17）：47-49.

[15] 丁奇，钱佳. 校园整体可持续发展框架下的绿色校园评价体系研究：以加州大学伯克利分校为例 [J]. 城市建筑，2014（30）：50-50.

[16] UC Berkeley. Sustainability & Carbon Solutions [EB/OL]. （2021-08-20）［2021-11-12］https：//sustainability. berkeley. edu.

[17] UC Berkeley. Energy Dashboard [EB/OL]. （2021-08-23）［2021-12-18］https：//engagementdashboard. com/ucb/ucb.

[18] UC Berkeley. Greenhouse Gas Inventory [EB/OL]（2021-03-17）［2021-09-16］. https：//sustainability. berkeley. edu/carbon-neutrality/greenhouse-gas-inventory.

[19] UC Berkeley. Sustainable practices Berkeley performance report 2018-2019 [R/OL]. （2021-09-14）［2022-03-17］https：//sustainability. berkeley. edu/sites/default/files/sustainable_practices_berkeley_performance_report_2018-2019. pdf.

8 结论与展望

8.1 本书主要研究结论

本书旨在根据当前我国高校绿色校园运行管理的现状，参考 ISO 14001 环境管理体系，借鉴 PDCA 循环理论，建立一套合理的高校绿色校园运行管理体系理论，为我国高校绿色校园运行管理提供系统科学的理论指导和方法支持。主要结论如下。

① 基于 20 所高校的调研，分校园建筑节能管理、建筑环境管理、垃圾管理、化学物品管理、绿色采购管理和绿化管理等部分，从管理机构、规章制度、实施方法、人员培训与宣传等方面全面揭示了我国高校运行管理现状及问题，并进行了总结分析。分析结果表明，我国高校的校园运行管理工作还处于起步阶段，各高校开展的校园运行管理工作比较零散，缺乏系统性、连续性、深度和广度，同时执行力差，效果不明显。主要问题体现在以下方面。

节约型校园示范高校通常成立专门的组织机构进行管理。但是，大部分高校均没有主管机构牵头和主管领导负责，各个部门互相独立，基本无沟通协调。如高校建筑节能管理部分仅仅是后勤服务集团或水电中心的工作和责任；各部门鲜有制定运行管理相关目标和行动；各高校均没有建立涵盖高校校园运行管理所有环节的完整制度体系；对于校园建筑能耗统计、审计和公示，各高校对全校总能耗均有统计，但大部分高校缺乏深入分析；当前少部分高校已经开展建筑能耗审计工作，但缺乏连续性；绝大部分高校都没有进行校园建筑能耗公示；当前高校用能定额工作已在少数地区逐步开展起来，但还未全面推广；在建筑节能技术的应用上，节约型校园示范高校采用的节能技术要多于普通高校，而技术的应用难度和高成本成为了其普及的主要障碍；大部分高校都会进行环保相关宣传，但宣传力度有限、宣传深度不够，目前没有系统化地进行校园环境相关的宣传；运行管理相关的人员培训更是一片空白。分析高校校园运行管理现状的成因发现，缺乏对校园运行管理进行整体规划的理念、缺乏完善的管理制度以及缺乏具有运行管理能力的人员等，都是阻碍高校绿色校园运行管理发展的重要原因。

② 界定了高校校园运行管理体系的控制范围，即高校校园的物理边界及边界内的建筑、土壤、水体、绿化、空气等均属于高校绿色校园运行管理的现场区域和管理边界。校园运行管理体系适用于整个校园的所有活动、产品和服务。高校校园运行管理所涉及的利益相关方包括学校工作人员、学生、地方政府、能源资源供应商、废弃物处置承包商等。同时，利用 PDCA 循环理论，从技术端和管理端两个方面，确立了高校校园运行管理体系的涉及内容及运行模式，建立了校园运行管理体系的框架结构。其中，

技术端主要涉及高校校园能源资源及环境审计、高校校园运行管理影响因素的识别、高校校园运行管理相关标准的识别、高校校园运行管理要素的识别、高校校园运行管理基准的建立、高校校园运行管理目标的制定（P 计划）；能源及设备的绿色采购、节能减排基建项目、设备运行管理、垃圾及化学废弃物的回收与处理、校园绿化活动、应急准备和响应（D 执行）；监测、测量、分析、合规性评价，以及不符合、纠正与预防措施（C 检查）；绩效公示、能源资源使用及环境绩效定额、改进方法的制定（A 处理）。管理端主要涉及校园能源资源使用及环境管理相关标准和导则的识别，高校绿色校园运行管理近期、中期、长期发展规划的制定，管理层组织机制的建立，绿色校园运行管理方案的确定（P 计划）；实施层组织机制的建立、相关人员的培训、体系文件编制、体系运行、交流与沟通（D 执行）；记录、内部审核方法的制定、内部审核（C 检查）以及管理评审（A 处理）。

③ 从校园运行管理影响因素、运行管理相关标准和运行管理要素等三个部分，对高校校园运行管理因素进行了识别。首先，分析了影响校园运行管理的内外部因素。校园运行管理体系的建立不仅仅与学校内部各部门息息相关，也与社会环境、市场等外部宏观因素有着密不可分的关系，还能在准确识别影响校园运行管理体系的潜在因素等方面具有重要作用。因此采用 PESTLE 分析，分别从政策、经济、社会影响、技术、法律、环境 6 大部分，对校园运行管理的外部和内部影响因素展开分析。其次，在此基础上，进一步对校园运行管理的相关标准、导则进行汇总。经过分析发现，相关标准涵盖建筑与区域设计、建筑节能、环境保护、废弃物管理、化学用品管理、采购、绿色校园评价等方面。但是，除《绿色校园评价标准》（GB/T 51356—2019）、《高校校园建筑节能监管系统建设技术导则》等针对高校绿色校园评价和节能监管平台建设的少数几个标准和导则外，关于建筑设计、环境保护、废弃物防治、采购等绝大部分的标准和法规并不是专门针对高校校园而制定。即使我国制定了《绿色校园评价标准》（GB/T 51356—2019），对新建、改建、扩建以及既有高校绿色校园的设计、建设和运营进行评价，但该标准中节能部分的条款要求也是参照我国现行的相关公共建筑节能标准。最后，借鉴 ISO 14001 环境管理体系对环境要素的定义，从与高校校园运行管理发生相互作用的活动、产品、服务等 3 个方面，对绿色校园运行管理的因素进行了识别。其中，对于活动要素，识别了"废气排放控制""化学物品的使用和存储""能源使用""水资源使用""垃圾管理""室内外环境""园林绿化"和"绿色采购"等 8 个与校园运行管理相关的活动领域、活动内容和活动要素；产品包括办公用品、设备及家具、建筑系统与设备、实验室仪器和材料等；服务是指与校园环境相关的宣传与培训、组织机制及能力建设。

④ 从技术端出发，确定了高校绿色校园运行管理绩效指标体系和各指标的绩效目标，进而确定了节能减排量的计算方法和修正方法，为高校绿色校园运行管理体系的建立提供技术支持。根据校园运行管理的各项活动，分别从能耗、碳排放、水耗、垃圾排放量、化学废弃物排放量、室内外环境、校园绿化等方面制定绩效指标。根据上述制定的运行管理绩效指标体系，确定需要实现的绩效目标。其中，室内外环境、校园绿化等部分类型指标可以根据相关国家标准来确定其控制目标。而对于节能减排量等指标，可以通过制定绩效基准以及与基准相比的节能减排比例来确定。此外，常用的节能减排量计算方法有直接比较法、账单分析法及软件模拟法。修正方法主要是针对不同的建筑类

型，对使用人数、使用时间以及气象等方面对绩效值进行修正。

⑤ 从管理端出发，建立了高校绿色校园运行管理方法。首先，建立了绿色校园运行管理机构框架，明确了管理体系的参与单位及其工作职责。其次，明确了绿色校园近期、中期和长期规划的重点。再次，确定了不同类型人员的培训内容，以及运行管理手册、支持性文件、运行记录文件、审计公示文件等各类运行管理体系文件清单。在此基础上，重点明确了体系中运行管理环节的节能管理、室内外环境管理、垃圾废弃物管理、化学废弃物管理、废水排放管理、废气排放管理、校园绿化管理，以及绿色采购管理等各项内容所涉及的管理技术、方法和流程。最后，确定了交流与沟通、内部审核和管理评审等环节的工作内容与参与单位。

⑥ 以中国浙江大学、澳大利亚麦考瑞大学、日本京都大学、美国加利福尼亚大学伯克利分校等四所高校为例，进行了高校绿色校园运行管理体系的应用实践案例分析。按照本书建立的绿色校园运行管理体系，在管理端分别从组织机制的建立、校园运行管理方案的制定以及人员培训等方面，技术端分别从校园运行管理要素的识别以及项目实施等方面，对浙江大学绿色校园运行管理进行了评价；对于其他三所大学，分析了校园用能、用水、固体废弃物排放、废气排放、校园交通用能、校园采购等校园能源资源使用及废弃物排放现状，并从建筑及设备能效提升及节能管理、节水措施、废弃物处理、化学物品管理、校园生态保护、绿色采购、教育推广等方面，总结了当前国外绿色校园的运行管理措施。

8.2 不足与展望

本著作以理论和实际调研分析相结合的方法，对高校绿色校园运行管理体系的建立进行了探讨。鉴于研究条件和调研数据有限，研究还不够深入，存在一些不足之处。笔者认为在以下几个方面可以开展进一步的研究。

① 从管理端看，由于高校绿色校园运行管理体系涉及后勤处、基建处、财务处、资产处、实验室管理处等多个部门，而绿色校园运行管理体系的建立需要对各个部门的工作进行深入了解和全面掌握，相关调研和数据收集需要各个部门的大力配合和支持，且具有相当程度的隐私性，因而具有较大的难度。因此，绿色校园运行管理方法还需要进一步细化和完善。

② 从技术端看，目前高校校园基本信息及能耗数据、环境管理相关信息尚不完整，指标及限定值的制定仍然缺乏足够的数据支持。若能扩展样本数量，构建全面的、公开的校园运行管理综合信息数据库，将定性的内容转变为定量的内容，将模糊不清的概念转变为清晰明了的数据，将为高校校园运行管理绩效目标的确定和节能减排潜力计算方法的制定提供有力支持，进而有助于高校设定更精确的运行管理目标和运行管理方案。

③ 高校建筑节能管理应与时俱进，其管理方式和方法也应与各个高校的地域环境、组织结构、校园文化相适应，结合学校自身实际进行优化。因此，本著作提出基于PDCA循环理论的高校绿色校园运行管理体系有待于通过更多的案例进行实证检验加以完善。